SPUREN DES GARTENS
IN ZEITGENÖSSISCHER FRANZÖSISCHER UND DEUTSCHER LANDSCHAFTSARCHITEKTUR

LES TRACES DU JARDIN
DANS L'ARCHITECTURE DU PAYSAGE CONTEMPORAINE FRANÇAISE ET ALLEMANDE

JÜRGEN WEIDINGER HRSG. ÉD.

Gärten sind Orte zwischen Natur und Kultur, Atempause und Erlebnis. Gerne lassen wir uns von ihren Atmosphären überraschen. In der französischen und deutschen Landschaftsarchitektur haben verschiedene Aspekte des Gartens vielfältige Spuren hinterlassen. Die Autorinnen und Autoren dieser Publikation gehen diesen Spuren nach. Das Buch ist im Anschluss des Symposiums Spuren des Gartens in französischer und deutscher Landschaftsarchitektur entstanden, das an der Technischen Universität Berlin in Kooperation mit der Französischen Botschaft in Deutschland stattfand. Ziel dieser Kooperation ist es, den Dialog zwischen Frankreich und Deutschland zur räumlichen Qualität von zeitgenössischer Landschaftsarchitektur zu fördern. Die Publikation richtet sich an Forschende, Studierende und Entwerfende in der Landschaftsarchitektur sowie an eine interessierte Öffentlichkeit, die an kulturellem Austausch zwischen Frankreich und Deutschland interessiert sind.

Les jardins sont des lieux entre nature et culture, à la fois espace de respiration et expérience. Nous nous laissons volontiers surprendre par leurs atmosphères. Dans l'architecture du paysage française et allemande, différents aspects du jardin ont laissé de multiples traces, que les autrices et auteurs de cette publication explorent ici. Cet ouvrage a été réalisé à la suite du symposium *Les traces du jardin dans l'architecture du paysage contemporaine française et allemande*, qui s'est tenu à la Technische Universität de Berlin en coopération avec l'Ambassade de France en Allemagne. L'objectif de cette coopération était et est toujours de promouvoir le dialogue entre la France et l'Allemagne sur la qualité spatiale de l'architecture du paysage contemporaine. La présente publication s'adresse à toutes celles et ceux qui font de la recherche, qui étudient, qui conçoivent l'architecture du paysage, ainsi qu'au public intéressé par les échanges culturels entre la France et l'Allemagne.

GRUßWORT

ANNE-MARIE DESCÔTES
BOTSCHAFTERIN FRANKREICHS IN DEUTSCHLAND VON 2017 BIS 2022

Als Orte des kulturellen und sozialen Lebens, der Begegnung und der Entspannung sind Parks und Gärten heute mehr denn je ein wesentlicher Bestandteil unserer Lebensqualität. Die Veranstaltung »Rendezvous im Garten« wurde in Deutschland als Echo auf die französische Veranstaltung ins Leben gerufen, die seit 2003 vom französischen Kulturministerium initiiert wurde. »Rendezvous im Garten« öffnet ein Wochenende lang die Türen zu einem manchmal verkannten Kulturerbe und bietet ein reichhaltiges Kulturprogramm für alle Zielgruppen. Historische wie zeitgenössische Parks werden zu kreativen Räumen für Kunstschaffende und zu Orten der Begegnung zwischen Besuchenden sowie Akteurinnen und Akteuren des Gartens.

Die beiden Kulturministerien wollten ein gemeinsames Projekt entwickeln, das nun jeden Frühling in Hunderten von öffentlichen oder privaten Parks und Gärten deutschlandweit in Partnerschaft mit dem Netzwerk des Institut Français Deutschland durchgeführt wird.

Das deutsch-französische wissenschaftliche Symposium *Spuren des Gartens*, das 2019 vom Institut français Deutschland und der Technischen Universität Berlin organisiert wurde, knüpft an dieses »Rendezvous im Garten« an. Zahlreiche Referierende aus der Hochschul- und Arbeitswelt hatten die Möglichkeit, in Vorträgen und Diskussionsrunden Ideen und Praktiken zum Thema Gärten und Landschaftsarchitektur auszutauschen. Die Veranstaltung, die unter der doppelten Schirmherrschaft der Botschaften von Deutschland und Frankreich stattfand, eröffnete somit neue Forschungsfelder und bot Mobilitätsmöglichkeiten für Studierende der Architektur und Landschafts-

Diese Veröffentlichung ist ein Beispiel für die Erneuerung der deutsch-französischen kulturellen und akademischen Zusammenarbeit

AVANT-PROPOS

ANNE-MARIE DESCÔTES
AMBASSADRICE DE FRANCE EN ALLEMAGNE ENTRE 2017 ET 2022

Lieux de la vie culturelle et sociale, de rencontre et de détente, les parcs et jardins sont aujourd'hui, plus que jamais, essentiels à notre qualité de vie. Le temps d'un week-end, « Rendez-vous im Garten », un évènement créé en écho à la manifestation française lancée en 2003 par le ministère de la Culture sur le thème du jardin, ouvre, les portes d'un patrimoine parfois méconnu, en proposant une riche programmation culturelle pour tous les publics. Les parcs, historiques comme contemporains, deviennent des espaces de création pour les artistes et des lieux de rencontres entre les visiteurs et les acteurs du jardin.

architektur, die sich austauschen und ihre Arbeiten präsentieren konnten. Dieses Buch zeugt von dem Reichtum und der Qualität dieses Austauschs. Ich möchte den Autorinnen und Autoren dieses Buches, das die Beiträge des Symposiums zusammenfasst, gratulieren. Diese Veröffentlichung ist ein Beispiel für die Erneuerung der deutsch-französischen kulturellen und akademischen Zusammenarbeit. Sie hebt den fachlichen und interkulturellen Austausch zwischen unseren beiden Ländern hervor und erweitert ihn auf neue Bereiche – das Gartenkulturerbe und andere verwandte Disziplinen wie die Landschaftsarchitektur.

Les deux ministères de la Culture ont souhaité construire un projet commun, qui se développe à présent chaque printemps dans des centaines de parcs et jardins publics ou privés sur l'ensemble du territoire allemand, en partenariat avec le réseau de l'Institut français d'Allemagne.

Le colloque scientifique franco-allemand intitulé *Sur les traces du jardin*, organisé en 2019 par l'Institut français d'Allemagne et la Technische Universität de Berlin, fait écho à ces rendez-vous. De nombreux intervenants,

C'est un exemple du renouvellement de la coopération culturelle et universitaire franco-allemande

issus de milieux universitaire ou professionel, ont eu la possibilité d'échanger idées et pratiques sur le thème des jardins et de l'architecture du paysage lors de conférences et tables rondes. Cette manifestation, qui s'est tenue sous le double parrainage des ambassades d'Allemagne en France et de France en Allemagne, a permis de proposer de nouveaux champs d'investigation et de mobilité aux étudiants en architecture et en paysage, qui ont pu échanger et présenter leurs travaux. Cet ouvrage témoigne de la richesse et de la qualité de ces échanges et je félicite les éditeurs qui ont réuni ici les contributions du symposium. C'est un exemple du renouvellement de la coopération culturelle et universitaire franco-allemande. Il met en valeur les échanges professionnels et interculturels entre nos deux pays, qui s'étendent à de nouveaux champs : le patrimoine des jardins et d'autres disciplines associées comme l'architecture du paysage.

GRUßWORT

HANS-DIETER LUCAS
BOTSCHAFTER DER BUNDESREPUBLIK DEUTSCHLAND IN FRANKREICH
UND IM FÜRSTENTUM MONACO VON 2020 BIS 2023

Der Garten hat Hochkonjunktur. Gerade in Krisenzeiten wird er mehr als zuvor zu einem Sehnsuchts- und Erholungsort für viele Menschen. Die in Voltaires *Candide* eingeführte Metapher des »Gartenbestellens« erscheint uns heute, angesichts einer unübersichtlichen Welt, auch in ihrem eigentlichen Sinn vernünftig und erstrebenswert.

Der Garten gewinnt zunehmend an Bedeutung und an Attraktivität, nicht zuletzt angesichts der fortschreitenden Urbanisierung. In Deutschland wohnt fast ein Drittel der Menschen in Großstädten, in denen der Bedarf an Wohnfläche wächst. Zugleich wird der Erhalt von Grünflächen und Gärten immer wichtiger – als Erholungsraum, aber auch, um die Qualität der Luft zu verbessern und die Lärmbelästigung zu reduzieren. Gärten und Parks ermöglichen eine Ruhe und Atemholen, aber auch ein Naturerleben, und sie schaffen Räume für Begegnungen und für Ästhetik und künstlerische Gestaltung.

Die wissenschaftliche Auseinandersetzung mit Gärten und Gartenkunst in der Landschaftsarchitektur hat im Herbst 2019 deutsche und französische Forscherinnen und Forscher, Expertinnen und Experten, Künstlerinnen und Künstler an der Technischen Universität Berlin zusammengeführt. Gemeinsam haben sie landschaftsarchitektonische, zugleich aber auch tiefgreifende kulturwissenschaftliche, historische, philosophische und ästhetische Fragen erörtert. Mein Vorgänger, Botschafter Nikolaus Meyer-Landrut, und I. E. Anne-Marie Descôtes, französische Botschafterin in Berlin, hatten die Schirmherrschaft für das interdisziplinäre Kolloquium übernommen, dessen Ergebnisse nun in dieser Publikation vorliegen.

AVANT-PROPOS

HANS-DIETER LUCAS
AMBASSADEUR DE LA RÉPUBLIQUE FÉDÉRALE D'ALLEMAGNE EN FRANCE ET DANS LA PRINCIPAUTÉ DE MONACO ENTRE 2020 ET 2023

Le jardin a le vent en poupe. Plus que jamais, en ces temps de crise, il devient pour beaucoup un lieu de nostalgie et de détente. Dans un monde de plus en plus confus, « cultiver son jardin », selon la métaphore de Voltaire dans *Candide*, nous semble aujourd'hui, au sens propre comme au sens figuré, à la fois censé et souhaitable.

Et indépendamment de la pandémie, le jardin occupe une place croissante et séduit toujours plus, notamment face à l'urbanisation croissante. En Allemagne, près d'un tiers de la population vit dans des grandes villes

Der Austausch zwischen Deutschland und Frankreich scheint mir auch auf dem Feld der Landschaftsarchitektur anregend zu sein, da komplementäre Vorstellungen von Natur, Kunst und Kultur aufeinandertreffen, die sich in jahrhundertelanger Nachbarschaft befehdet wie auch befruchtet haben

Ich gratuliere zu der Veröffentlichung, die von der Dichte und der Intensität dieser Begegnung zeugt. Der Austausch zwischen Deutschland und Frankreich scheint mir auch auf diesem Feld besonders anregend, da komplementäre Vorstellungen von Natur, Kunst und Kultur aufeinandertreffen, die sich in jahrhundertelanger Nachbarschaft befehdet wie auch befruchtet haben. Am Ende aber ist der offene Austausch von Konzepten, Ideen und Vorstellungen der Königsweg zu gemeinsamer Erkenntnis. Deswegen freue ich mich über diese Publikation. Sie ist eine schöne Gelegenheit, auf den Spuren des Gartens lustwandeln und so an diesem fruchtbaren deutsch-französischen Reflexionsprozess teilhaben zu können.

où le besoin en surface habitable augmente constamment. Dans le même temps, préserver les espaces verts et les jardins devient de plus en plus important, pour disposer de lieux de détente, mais aussi pour améliorer la qualité de l'air et réduire les nuisances sonores. Les parcs et les jardins permettent d'être au calme et de respirer, mais aussi d'être en contact avec la nature. Ils créent des lieux de convivialité, de beauté et de création.

Pour examiner le rôle du jardin et de l'art des jardins en architecture du paysage, des scientifiques, des expert·e·s et des artistes se sont réunis à la Technische Universität de Berlin à l'automne 2019. Ils se sont penchés sur le thème de la conception en architecture du paysage, mais aussi sur des questions de science des cultures, d'histoire, de philosophie et d'esthétique. Mon prédécesseur, l'ambassadeur Nikolaus Meyer-Landrut, et Son Excellence Madame Anne-Marie Descôtes, ambassadrice de France à Berlin, ont parrainé ce colloque interdisciplinaire dont les résultats paraissent aujourd'hui dans le présent ouvrage.

Je tiens à féliciter les auteurs de cette publication qui témoigne de la richesse et de la fécondité de ces rencontres. Dans ce domaine aussi, les échanges entre la France et l'Allemagne me semblent particulièrement stimulants, car, pendant des siècles de voisinage, deux visions complémentaires de la nature, de l'art et de la culture se sont affrontées, tout en se nourrissant mutuellement. Il n'en demeure pas moins que le meilleur moyen d'accéder à une connaissance commune est avant tout l'échange direct de visions, d'idées et de perceptions. Cette publication est donc à mes yeux une réussite à tous les points de vue. Elle nous donne une belle occasion de déambuler sur les traces du jardin et de participer ainsi à cette fructueuse réflexion franco-allemande.

Dans ce domaine aussi, les échanges entre la France et l'Allemagne me semblent particulièrement stimulants, car, pendant des siècles de voisinage, deux visions complémentaires de la nature, de l'art et de la culture se sont affrontées, tout en se nourrissant mutuellement

BEGEGNUNGEN MIT FRANZÖSISCHER LANDSCHAFTSARCHITEKTUR

JÜRGEN WEIDINGER

Anlass

Im Jahr 1993 fand in Berlin die Ausstellung *Aktuelle französische Garten- und Landschaftsarchitektur. 12 Beispiele für städtische Freiraumgestaltung* statt.[1] Als junger Landschaftsarchitekt hatte ich diese Ausstellung initiiert und mit Partnern organisiert. Nach fast drei Jahrzehnten war es an der Zeit nachzufragen, welche Wege die Landschaftsarchitektur in Frankreich seitdem eingeschlagen hat und welche Ähnlichkeiten und Unterschiede zu den Entwicklungen in Deutschland festgestellt werden können.

1 Katalog *Aktuelle französische Garten- und Landschaftsarchitektur. 12 Beispiele für städtische Freiraumgestaltung*, 1993

1 Catalogue *de l'exposition Architecture des jardins et du paysage en France aujourd'hui. Douze exemples d'aménagement de l'espace urbain*, 1993

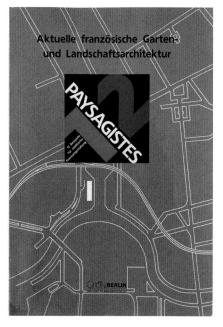

Am Fachgebiet Landschaftsarchitektur Entwerfen der Technischen Universität Berlin (TU Berlin) suchten meine Mitarbeiter und ich nach Möglichkeiten für eine erneute Begegnung mit französischer Landschaftsarchitektur. Wir fanden finanzielle Unterstützung durch die Französische Botschaft in Deutschland, durch das Institut für Landschaftsarchitektur und Umweltplanung der TU Berlin und durch die BEGA Gantenbrink-Leuchten KG. Die Kultur- und Hochschulattachés der Französischen Botschaft in Deutschland brachten mit der finanziellen Unterstützung eine eigene Agenda mit. Diese bestand

RENCONTRES AVEC L'ARCHITECTURE DU PAYSAGE FRANÇAISE

JÜRGEN WEIDINGER

Motif

En 1993, l'exposition *L'Architecture des jardins et du paysage en France aujourd'hui. Douze exemples d'aménagement de l'espace urbain* était présentée à Berlin[1]. Le jeune paysagiste que j'étais alors en avait eu l'idée et son montage put se faire grâce au soutien de partenaires. Presque trente ans plus tard, il était grand temps d'observer quelles voies l'architecture du paysage française avait suivies depuis et d'examiner quelles ressemblances et divergences se dessinent aujourd'hui par rapport à son évolution en Allemagne.

Mes collaborateurs du département d'architecture du paysage de la Technische Universität Berlin (université technique de Berlin ou TU de Berlin) et moi-même avons donc cherché le moyen de renouveler cette rencontre avec l'architecture du paysage française. Nous avons trouvé un soutien financier auprès de l'ambassade de France en Allemagne, de l'Institut für Landschaftsarchitektur und Umweltplanung der Technischen Universität Berlin (institut d'Architecture du paysage et de l'Environnement de la TU de Berlin) et de la société BEGA Gantenbrink-Leuchten KG. Les attachés de coopération universitaire et culturelle de l'ambassade de France en Allemagne ont souhaité coupler leur soutien financier à un objectif personnel : s'engager en faveur des jardins et de la culture des jardins afin de promouvoir les échanges franco-allemands autour de ce thème. Dans le cadre et le champ examiné au département de projet en architecture du paysage à la TU de Berlin, le jardin – entendu comme le lieu d'activités horticoles en terrain privé – ne jouait pas un rôle prépondérant.

im Engagement für Gärten und Gartenkultur, um mit dem Thema Garten deutsch-französische Begegnungen zu fördern. Bei uns am Fachgebiet spielte der Garten, verstanden als der Ort für gärtnerische Aktivitäten auf privaten Grundstücken, bisher keine Rolle.

Andererseits wird der Begriff des Gartens von vielen Menschen sehr positiv wahrgenommen und das Gärtnern, das heißt Erde anfassen, Pflanzen hegen und Früchte ernten, ist besonders beliebt. Dazu kommt, dass der Garten schon immer außerordentliche Aufladungen erfahren hat. Zuerst handelte es sich um mythische Vorstellungen, dann religiöse Ideen und später Sozialutopien. Aktuell wird der Garten mit der Suche nach Natürlichkeit und dem Erhalt der Gesundheit, bis hin zu esoterischen Vorstellungen, in Verbindung gebracht. Diese Aufladungen waren eine weitere Ursache für die anfängliche Skepsis, den Garten zum Thema der Begegnung mit den französischen Kolleginnen und Kollegen zu machen.

Wir fragten uns, welcher Zusammenhang zwischen dem Garten und der Landschaftsarchitektur heute relevant ist und thematisiert werden sollte. Am Ende entschieden wir uns, keine der aktuellen Spekulationen zum Verhältnis zwischen dem Garten und der Landschaftsarchitektur in den Mittelpunkt zu stellen, sondern zu akzeptieren, dass am Beginn der Gestaltung der Umwelt durch den Menschen der Garten eine wichtige Rolle spielte und architektonisches Handeln auslöste. Damit ist der Garten einer von mehreren Ausgangspunkten für die relativ junge Disziplin der Landschaftsarchitektur. Welche Aspekte des Gartens sind in heutiger Landschaftsarchitektur (noch) enthalten und in welcher Form? Mit dem Thema »Spuren des Gartens in zeitgenössischer Landschaftsarchitektur« wurde der inhaltliche Rahmen des Symposiums abgesteckt.

Darüber hinaus standen die Begegnung und der Austausch mit dem landschaftsarchitektonischen Denken und Entwerfen in Frankreich im Vordergrund. Es wurden Kolleginnen und Kollegen aus Frankreich und aus Deutschland angefragt, manche mit dem Arbeitsschwerpunkt in der Praxis und andere mit wissenschaftlichem Arbeitsschwerpunkt. Es ging uns um die Eröffnung unterschiedlicher Zugänge, die im Rahmen des Symposiums im Hinblick auf Ähnlichkeiten und Unterschiede der beiden landschaftsarchitektonischen Kulturen identifiziert werden sollten. Für dieses Sammeln und das Gegenüberstellen der Positionen wählten wir ein Ver-

Pourtant, la notion de jardin revêt pour la plupart une connotation positive, et le jardinage, c'est-à-dire mettre les mains dans la terre, prendre soin des plantes ou récolter des fruits, jouit d'une grande popularité. Par ailleurs, le jardin a toujours été le support de projections : d'abord de visions mythiques, puis d'idées religieuses, plus tard, d'utopies sociales. Aujourd'hui il est associé à la quête du naturel, à la préservation de la santé, voire à des conceptions ésotériques. Ces charges sémantiques de la notion de jardin étaient une raison supplémentaire du scepticisme initial à en faire le thème de la rencontre avec nos homologues français.

Il s'agissait de trouver sous quel angle pertinent le lien entre jardin et architecture du paysage devait être abordé aujourd'hui. Finalement, nous avons décidé de ne choisir aucune des considérations théoriques contemporaines, mais de suivre l'acception selon laquelle le jardin a joué un rôle capital lors des premiers pas de l'aménagement humain de l'environnement et qu'il a catalysé l'acte architectonique. Il est ainsi l'une des nombreuses sources de cette discipline relativement jeune nommée architecture du paysage. Quels aspects du jardin sont encore présents dans l'architecture du paysage actuelle et sous quelle forme ? En posant le sujet « les traces du jardin dans l'architecture du paysage aujourd'hui », le cadre thématique du symposium était jalonné.

Par ailleurs, c'est la rencontre et l'échange avec la pensée et la conception de l'architecture du paysage en France qui était au premier plan. Nous avons sollicité des collègues de France et d'Allemagne, dont les spécialisations étaient soit axées sur la pratique, soit sur le travail scientifique. L'objectif était d'ouvrir le sujet à différentes approches qu'il s'agirait d'identifier dans le cadre d'un colloque consacré aux similitudes et différences entre les deux cultures de l'architecture du paysage. Pour récolter et comparer ces positions, nous avons choisi un format de manifestation comprenant des conférences, des discussions et des exposés en dialogue, c'est-à-dire tenus conjointement par des participantes et participants des deux pays.

En guise d'introduction aux diverses contributions de la publication résultante, j'ai décidé de décrire mes rencontres personnelles, au fil de ces trente dernières années, avec l'architecture du paysage en France et en

Mes rencontres de ces trente dernières années avec l'architecture du paysage en France servent de toile de fond à cette réflexion

anstaltungsformat mit Vorträgen, Diskussionen und auch Dialogvorträgen, die von französischen und deutschen Teilnehmerinnen und Teilnehmern gemeinsam gehalten wurden.

Persönliche Begegnungen der letzten 30 Jahre mit Landschaftsarchitektur in und aus Frankreich als Hintergrund für diese Überlegungen

Als Einleitung und Hintergrund für die einzelnen Beiträge für diese Publikation entschied ich mich dafür, meine persönlichen Begegnungen der letzten 30 Jahre mit Landschaftsarchitektur in und aus Frankreich zu beschreiben und diese Begegnungen als Basis für eine Beschreibung der Beziehung französischer und deutscher Landschaftsarchitektur heranzuziehen. Es werden im Folgenden Begegnungen mit Landschaftsarchitektur in und aus Frankreich aufgeführt: erste Begegnungen durch eine Veröffentlichung und durch einen Vortrag, Begegnungen mit Lehrerpersönlichkeiten 1985 bis 1991 an der École nationale supérieure de Paysage (ENSP), Begegnungen im Rahmen der Ausstellung *Aktuelle französische Garten- und Landschaftsarchitektur* im Jahr 1993 und verschiedene Bereisungen von landschaftsarchitektonisch gestalteten Orten in Frankreich in den Jahren 1993 bis 2019. Ich verstehe diesen Beitrag als Bericht individueller Erinnerungen, der durch wissenschaftliches Interesse motiviert ist und der unterhalb der Schwelle geschichtswissenschaftlicher Untersuchungen manövriert, um freier spekulieren zu dürfen. Wenn die Beobachtungen und Thesen dieses Texts die Theorie und Geschichte der Landschaftsarchitektur zur Vertiefung anregen, wäre ein zusätzliches Ziel erreicht. Die Beobachtungen am Schluss sind auch als Überleitung für eine zweite Veranstaltung dieser Art gedacht, die in Frankreich stattfinden soll.

Begegnungen mit französischer Landschaftsarchitektur während des Studiums

Ich begann 1984 das Studium in Wien, an der Universität für Bodenkultur, im Rahmen eines Studiengangs mit der Bezeichnung »Studienversuch Landschaftsökologie und Landschaftsgestaltung«. Schnell wurde mir klar, dass Wien auch damals schon eine interessante Stadt war und die Universität für Bodenkultur für das Studium der Landschaftsarchitektur zu dieser Zeit ein eher uninteressanter Ort war. Das Curriculum folgte den Lehrplänen der Land- und Forstwirtschaft und beinhaltete nur wenige

provenance de France, et de m'en servir de point de départ pour une première réflexion sur les relations entre l'architecture du paysage française et allemande.

Je développerai ci-après différents types de rencontres : mes premières rencontres-découvertes à travers une publication et une conférence, des rencontres-expériences avec des personnalités marquantes de l'enseignement à l'École nationale supérieure du Paysage (ENSP) entre 1985 et 1991 ; les rencontres-échanges dans le cadre de l'exposition *Sur l'architecture du paysage en France* en 1993 ;

2 Plakat der Konferenz *Spuren des Gartens in zeitgenössischer deutscher und französischer Landschaftsarchitektur*, 2019

2 Affiche de la conférence *Les traces du jardin dans l'architecture du paysage allemande et française aujourd'hui*, 2019

et enfin, des rencontres-explorations dans divers lieux d'architecture du paysage en France entre 1993 et 2019. Je vois cette contribution comme un récit de souvenirs individuels motivé par un intérêt scientifique. Elle manœuvre délibérément en dessous du seuil des recherches scientifiques et historiques afin de pouvoir spéculer plus librement. Si ces observations et thèses motivent le champ de la théorie et l'histoire de l'architecture du paysage à les approfondir, elles auront atteint un objectif supplémentaire. Les réflexions finales sont aussi conçues comme une transition vers une nouvelle manifestation de ce genre à prévoir en France.

Rencontres avec l'architecture du paysage française pendant mes études

J'ai commencé mes études en 1984 à Vienne en Autriche, à l'Universität für Bodenkultur (université des Ressources naturelles et Sciences de la vie), dans un cursus appelé « études expérimentales en écologie du paysage et conception du paysage ». Je me suis rapidement rendu compte de deux choses : d'une part, que Vienne était une ville intéressante, déjà à l'époque ; d'autre part, que l'Universität für Bodenkultur n'était pas un lieu très intéressant pour étudier l'architecture du paysage. Le cursus suivait les programmes d'enseignement en agriculture et en sylviculture

3 Katalog *L'invention du parc. Parc de la Villette Paris. Concours international / International competition*, 1982–1983

3 Catalogue *L'invention du parc. Parc de la Villette, Paris. Concours international / International competition*, 1982–1983

Inhalte zur Landschaftsarchitektur. Glücklicherweise entdeckte ich 1985 den Katalog *L'invention du parc. Parc de la Villette, Paris: Concours international / International competition*, 1982–1983.[2] Diese Publikation mit zahlreichen Darstellungen führte vor, wie mit Mitteln der Landschaftsarchitektur individuelle Ideen umgesetzt werden können. Der Wettbewerb für den *Parc de la Villette* wurde von Bernhard Tschumi gewonnen, vor Rem Koolhaas mit seinem Office of Metropolitan Architecture (OMA). Tschumis Arbeit ist auch aus heutiger Sicht exzellent komponiert. Die beiden Arbeiten nutzen den landschaftsarchitektonischen Wettbewerb für die Durchsetzung eigener Diskursideen, die eher in der Architekturtheorie beheimatet waren. Französische Landschaftsarchitekten konnten sich mit ihren Arbeiten im Wettbewerb nicht durchsetzen. Das Ergebnis des Wettbewerbs stellte, wenn man so will, eine Niederlage der französischen Landschaftsarchitektur dar.

Das Ergebnis des Wettbewerbs stellte, wenn man so will, eine Niederlage der französischen Landschaftsarchitektur dar

Es ist interessant, sich die Arbeiten der französischen Wettbewerbsteilnehmer heute noch einmal anzusehen. Im Gegensatz zu den in postmoderner Weise symbolhaft aufgeladenen Gestaltungsideen (zumeist von Hochbauarchitekten), präsentieren sich die Beiträge der französischen Landschaftsarchitekten Gilles Vexlard und Michel Corajoud als eindrücklich ›landschaftsarchitektonische‹ Landschaftsarchitektur. Der Beitrag von Corajoud baut auf Ideen und Kompositionsansätzen auf, die er bereits vorher im Wettbewerb für den *Parc du Sausset* eingesetzt hatte.[3] Die Arbeit von Vexlard beinhaltet Gestaltungsmotive, die er 15 Jahre später im Wettbewerb zum Landschaftspark *Riemer Park* in München wieder einsetzen wird.[4] Die Beschäftigung mit den Arbeiten im Katalog verstehe ich heute als eine erste Begegnung mit Landschaftsarchitektur *in* Frankreich.

1988 zog ich von Wien nach Berlin, um am damaligen Fachbereich 14 der TU Berlin mit der Bezeichnung »Landschaftsentwicklung«[5] mein Studium

et n'avait que très peu de contenus en rapport direct avec l'architecture du paysage. Heureusement, j'ai découvert en 1985 le catalogue *L'invention du parc. Parc de la Villette, Paris. Concours international / International competition, 1982–1983*[2]. Cette publication richement illustrée montrait comment l'on pouvait mettre en œuvre des idées et des conceptions personnelles au moyen de l'architecture du paysage. Le concours du *Parc de la Villette* avait été remporté par Bernhard Tschumi, devant Rem Koolhaas et son agence Office of Metropolitan Architecture (OMA). Même d'un point de vue actuel, le travail de Tschumi reste remarquablement composé. Les deux lauréats ont su utiliser le concours de paysage pour faire passer leurs propres visions, essentiellement ancrées dans la théorie architecturale. Les propositions de projets des équipes françaises n'avaient pas réussi à convaincre. Le résultat de ce concours signifiait autrement dit une sorte de défaite du paysagisme français.

Le résultat de ce concours signifiait autrement dit une sorte de défaite du paysagisme français

Il est intéressant de revoir aujourd'hui les travaux de ses représentants. Contrairement aux partis d'aménagement chargés de symboles d'inspiration postmoderne (le plus souvent conçus par des architectes), les contributions des paysagistes Gilles Vexlard et Michel Corajoud développent

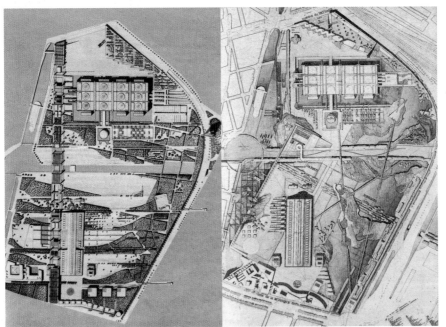

4 Wettbewerbsplan von Gilles Vexlard und Laurence Vacherot für den *Parc de la Villette*, 1982 (links)

4 Plan de présentation pour le concours du *Parc de la Villette*, Gilles Vexlard et Laurence Vacherot, 1982 (à gauche)

5 Wettbewerbsplan von Michel und Claire Corajoud für den *Parc de la Villette*, 1982 (rechts)

5 Plan de présentation pour le concours du *Parc de la Villette*, Michel et Claire Corajoud, 1982 (à droite)

Dieses Hinterfragen war radikal und führte bis kurz vor die Selbstabschaffung der Disziplin

im Studiengang »Landschaftsplanung« fortzusetzen. Landschaftsplanung als Projektstudium bedeutete zu dieser Zeit, dass in den sogenannten Plena intensiv über gesellschaftliche Fragen, die Rolle der Natur und über die Möglichkeiten der Einflussnahme auf die Umweltpolitik diskutiert wurde. Diese Auseinandersetzungen standen damals im Vordergrund, da vorher in den 1970er-Jahren auch die Planungsdisziplinen von einem gesellschaftskritischen Turn erfasst wurden. Planer und Gestalter in Academia sahen sich aufgefordert, die gesellschaftspolitischen Grundlagen ihres Handelns zu hinterfragen.[6] Dieses Hinterfragen war radikal und führte bis kurz vor die Selbstabschaffung der Disziplin.

Ich erinnere mich an ein Plenum, in dem die Frage diskutiert wurde, ob Gestaltung grundsätzlich abzulehnen sei, da jede gestalterische Entscheidung andere denkbare Lösungsmöglichkeiten diskriminiere und deshalb Gestaltung in ethischer Hinsicht abzulehnen sei. Diese Diskussionen nahmen viel Platz ein und hatten zur Folge, dass damals im Studium der Landschaftsarchitektur nur wenig entworfen wurde. Es wurde kaum gezeichnet, Modellbau wurde nicht eingesetzt. Die gesellschaftspolitischen Ziele der studentischen Projekte waren ambitioniert, jedoch blieben die gestalterischen Entwurfsresultate deutlich dahinter zurück. Ohne umfangreiche Texte konnten die angestrebten Ziele kaum vermittelt werden. Der damalige Studiengang an der TU Berlin und die Mehrheit der beteiligten Lehrpersonen verstanden Lehre und Forschung als Landschaftsentwicklung auf Basis wissenschaftlicher Grundlagen, wie Landschaftsökologie, Landschaftsökonomie und Gesellschaftswissenschaften und formten so eine Art Soziotop der wissenschaftlichen Landschaftsentwickler.

Gestaltung und Entwerfen als Handlungswissen (Know-How) spielten nur eine untergeordnete Rolle und das Faktenwissen (Know-What) stand im Vordergrund. Das zeigt sich eindrücklich darin, dass unter den 25 Wahlpflichtfächern im Hauptstudium des Studiengangs Landschaftsplanung nur vier Wahlpflichtfächer im engeren Sinn mit dem Entwerfen von Landschaftsarchitektur zu tun hatten. Dabei ist das analytisch ausgerichtete Fach der »Geschichte der Gartenkunst, Landschaftsarchitektur und Siedlungsentwicklung« mit eingerechnet.[7] Von den wissenschaftlichen Landschaftsentwicklern unterschied sich mein Vorgänger am Fachgebiet (Hans Loidl) mit seinen Vorstellungen zur Landschaftsarchitektur deutlich.

un paysagisme étonnamment « architectonique », une véritable architecture du paysage. Le projet de Corajoud est bâti sur des idées et des approches de composition déjà mises en œuvre peu de temps auparavant pour le concours du *Parc du Sausset*[3]. La proposition de Vexlard contient déjà des motifs de conception qu'il réutilisera quinze ans plus tard pour le concours du parc paysager *Riemer Park* à Munich[4]. Aujourd'hui, je considère l'analyse des travaux de ce catalogue comme l'une des premières rencontres avec l'architecture du paysage *en* France.

En 1988, j'ai déménagé de Vienne à Berlin afin de poursuivre mes études de « Landschaftsplanung » (« planification du paysage » ou aménagement du territoire) à l'ancienne faculté 14 de la TU de Berlin, intitulée « Landschaftsentwicklung » (« développement du paysage »[5]). La planification du paysage étant un cursus du projet, cela se traduisait à l'époque par de ferventes discussions lors de plénums sur des questions de société, le rôle de la nature ou les possibilités d'exercer une influence sur la politique environnementale. Ces débats étaient au premier plan depuis que les disciplines du projet avaient elles-aussi été entraînées dans le tourbillon de la critique sociétale des années 1970. Planificateurs et concepteurs universitaires se sentaient contraints de remettre en question les fondements sociopolitiques de leur activité.[6] Il s'en est fallu de peu que cette remise en question radicale ne conduise à l'auto-abolition de la discipline.

Il s'en est fallu de peu que cette remise en question radicale ne conduise à l'auto-abolition de la discipline

Je me souviens de l'une de ces séances plénières, au cours de laquelle il s'agissait de discuter s'il fallait rejeter la conception en soi, car toute décision de conception discriminait d'autres solutions possibles et n'était donc pas juste d'un point de vue éthique. Ces discussions prenaient beaucoup de place, avec pour conséquence que l'on concevait finalement très peu dans le cursus d'architecture du paysage. On ne dessinait quasiment jamais, on ne travaillait pas en maquette. Les objectifs sociopolitiques des projets d'étudiants étaient ambitieux, mais les résultats en matière de conception restaient nettement en deçà. D'autre part, les intentions du projet ne pouvaient pas être transmises sans textes à rallonge. À l'époque, la filière développement paysager » de la TU Berlin et la majorité des enseignants impliqués considéraient que l'enseignement et la recherche en la matière devait être basés sur des fondements scientifiques,

Technische Universität Berlin
FACHBEREICH 14 LANDSCHAFTS-ENTWICKLUNG

STUDIENFÜHRER
für den Studiengang Landschaftsplanung

Stand: Juni 1987

6 Studienführer des Studiengangs Landschaftsplanung,
TU Berlin, 1987

6 Guide de l'étudiant en
planification du paysage,
TU de Berlin, 1987

Als ich 1988 als Student an die TU Berlin kam, hatte er sich leider bereits in eine Art innere Immigration zurückgezogen. Die damals vorherrschende ablehnende Haltung gegenüber dem Entwerfen trug vermutlich dazu bei. Im Lehrbetrieb dieser Zeit tauchte er nur selten auf, sodass noch weniger Entwerfen im Studienverlauf präsent waren.

In dieser Zeit fand meine zweite Begegnung *mit* französischer Landschaftsarchitektur statt. Jaques Simon hielt einen Vortrag an der TU Berlin. Diesen habe ich als eine Art Happening in Erinnerung, das sich von den Auftritten und Argumentationen der Lehrenden am damaligen Fachbereich 14 unterschied. Der Abendvortrag fand in einem dunklen, höhlenartigen Hörsaal im Hauptgebäude statt. Ich erinnere mich, wie Simon den gesamten Bühnenraum in Anspruch nahm. Er rollte Blaupausen seiner Pläne aus, lief darüber, zeichnete darauf und zerstörte Teile davon. Wenn ich mich recht entsinne, zeigte er dazu Dias seiner Fotos und Zeichnungen, die man aus seinen Publikationen[8] kennt und die der Do-it-yourself-Machart und Ästhetik etwa des *Whole Earth Catalogs*[9] und der Xerox-Ästhetik damaliger Fanzines der Gegenkultur nicht unähnlich waren. Er begeisterte sich und das Publikum für die Gestaltung mit Erde und Steinen. Ich meine mich zu erinnern, dass er sogar Erde und Steine mitgebracht und in seinen Vortrag einge-

> **Ich meine mich zu erinnern, dass er sogar Erde und Steine mitgebracht und in seinen Vortrag eingebaut hatte**

baut hatte. Sein Auftritt versprühte Gestaltungsdrang und Unmittelbarkeit und zeigte einen bemerkenswerten Kontrast zum Argumentationsstil in den Plena der ›wissenschaftlichen Landschaftsentwickler‹ am Fachbereich 14.

Die Teilnahme an diesen Plena ging mir immer mehr auf die Nerven und durch den sogenannten UniMut-Streik der Studierenden in den Jahren 1988/89 entstand für mich eine Zwangspause. Es stellte sich das Gefühl ein, am Fachbereich 14 am falschen Ort zu sein, und so dachte ich darü-

tels que l'écologie du paysage, l'économie du paysage, les sciences sociétales, ce qui donnait lieu à une sorte de sociotope de scientifiques développeurs de paysage.

La conception et le projet en tant que savoir-faire agissant (know-how) ne
jouaient qu'un rôle secondaire, tandis que le savoir factuel (know-what)
était au premier plan. Ce constat est évident lorsque l'on considère que
parmi les 25 options obligatoires du cursus principal de Landschaftsplanung, seules quatre matières avaient un véritable rapport à la conception
(know-how) de l'architecture du paysage stricto sensu ; et encore, en y
incluant la matière analytique « histoire de l'art des jardins, de l'architecture du paysage et du développement urbain »[7]. Mon prédécesseur au
département, Hans Loidl, se distinguait radicalement du sociotope des
« scientifiques développeurs de paysage » par sa vision du paysagisme.
Lorsqu'étudiant je suis arrivé à la TU, il s'était malheureusement déjà retiré dans une sorte d'exil intérieur. L'attitude de rejet de la conception et
du projet qui prévalait à l'époque y a probablement contribué. Il ne faisait
que de rares apparitions en cours, si bien que l'aspect de la conception
architectonique du paysage était encore moins présent dans la formation.

C'est à cette époque qu'a eu lieu
une deuxième rencontre *avec* l'architecture du paysage française.
Jacques Simon fut invité à donner
une conférence à la TU de Berlin. Je
m'en souviens comme d'une sorte
de happening qui se démarquait radicalement des prestations et des
modes d'argumentation des enseignants de la faculté 14. Cette conférence du soir avait lieu dans un au-
ditorium sombre et caverneux du
bâtiment principal. Je me souviens
de la manière dont Simon occupait
tout l'espace scénique. Il déroulait
ses plans, de longs tirages Diazo
bleutés, marchait dessus, dessinait dessus, en détruisait des par-

7 Publikation von Jacques Simon,
1992

7 Publication de Jacques Simon,
1992

ber nach, das Studium an einem anderen Ort fortzusetzen. Bis zu diesem Zeitpunkt waren mir Frankreich und Frankophilie fremd. Auch die beiden bisherigen Begegnungen mit Landschaftsarchitektur in und aus Frankreich lösten bis dahin noch kein gesteigertes Interesse an französischer Landschaftsarchitektur aus. 1989 bekam ich einen Hinweis auf die Landschaftsarchitekturschule in Versailles. Meiner Erinnerung nach stammte dieser Hinweis von Daniel Sprenger, der Wissenschaftlicher Mitarbeiter am FB 14 war. Durch Ironisierung und Infragestellung der vorherrschenden Diskursthemen kritisierte er das Soziotop der wissenschaftlichen Landschaftsentwickler und so wurde ich auf ihn aufmerksam. Ich teilte diese kritische Haltung an der Ausrichtung des Fachbereichs Landschaftsentwicklung und das steigerte mein Interesse auf diese andere Herangehensweise an die Landschaftsarchitektur in Versailles.

Ich sandte daraufhin eine Bewerbung an die École nationale supérieure du Paysage (ENSP) und erhielt wenig später eine Antwort mit einer Einladung zum Bewerbungsgespräch. Übrigens erfolgte das alles per Post und ganz einfach ohne Erasmus-Verwaltungen, ohne Learning-Agreement mit ETCS-Aufstellung (ETCS = European Credit Transfer and Accumulation System) durch Brief und Antwortbrief. Im Frühsommer 1990 fuhr ich zum Bewerbungsgespräch nach Versailles. Heute weiß ich nicht mehr, wer das Gespräch mit mir führte, und auch nicht mehr, was wir besprachen. Das Resultat war, dass meine Bewerbung angenommen wurde. Bei diesem ersten Besuch besichtigte ich die Gebäude und Arbeitsräume der ENSP und war sofort von den zahlreichen Modellen, Objekten, Zeichnungen und Plänen beeindruckt. Man spürte eine Leidenschaft für Gestaltung und individuellen Ausdruck. Insgesamt lag eine Aura von Challenge in der Luft, was mich zusätzlich anspornte. Einige Tage später erhielt ich die schriftliche Zusage, dass meine Bewerbung akzeptiert wurde und ich im Oktober 1990 das Studium im dritten Studienjahr beginnen kann. Erst während meines Aufenthalts an der ENSP erfuhr ich, dass man, um sich an der ENSP bewerben zu können, zuerst zwei Jahre in einem anderen Studiengang als Vorbereitung verbracht haben musste. Für die Bewerbung musste eine Mappe mit eigenen Arbeiten vorbereitet werden. Die Bewerberinnen und Bewerber, und davon sogar nur eine Vorauswahl, durchliefen danach einen mehrere Tage andauernden Aufnahmetest. Es wurden theoretische Kenntnisse und praktisches Ad-hoc-Machen-Können abgefragt. Im Vergleich dazu war das Gespräch, das ich zu überstehen hatte, nicht

ties. Si je me souviens bien, il montrait aussi des dia-
positives de ses photos et dessins que l'on connaît de
ses publications[8] et qui n'étaient pas sans rappeler le
style bricolé do-it-yourself prôné par le *Whole Earth Ca-*
talog[9] et l'esthétique Xerox des fanzines de la contre-culture de l'époque.
Il s'enthousiasmait, et le public avec lui, en parlant de créer avec de la
terre et des pierres. Je crois même qu'il en avait apporté et les avait inté-
grées dans la dramaturgie de sa conférence. Sa présentation respirait la
soif de créer et l'instantanéité, il avait un style d'argumentation magistra-
lement différent de celui des plénums des scientifiques développeurs du
paysage de la faculté 14.

Il déroulait ses plans, de longs tirages Diazo bleutés, marchait dessus, dessinait dessus …

Devoir participer à ces plénums m'agaçait toujours davantage et la grève
étudiante dite « UniMut » en 1988 et 1989 m'imposa une pause forcée. Peu
à peu s'enracinait le sentiment d'être au mauvais endroit pour les études
que voulais faire, et j'envisageai donc d'aller les poursuivre ailleurs.
Jusqu'alors, la France et la francophilie m'étaient étrangères. Même les
deux rencontres précédentes avec l'architecture du paysage en France et
en provenance de France n'avaient pas encore suscité en moi un intérêt
accru pour le paysagisme français. En 1989, on me parla de l'École nationale supérieure du paysage de Versailles. D'après mes souvenirs, cette
indication venait de Daniel Sprenger, qui était assistant à la faculté 14.
Usant d'ironie et remettant en question les thèmes discursifs dominants,
il critiquait ouvertement le sociotope, une position critique que je parta-
geais et qui attisa mon intérêt pour cette autre approche de l'architecture
du paysage.

J'envoyai donc un dossier de candidature à l'ENSP de Versailles et, peu
après, je reçus une réponse avec une invitation à passer un entretien. Le
tout se fit d'ailleurs par échange de courrier, sans administration Erasmus,
sans Learning-Agreement, sans bilan ETCS (système européen de transfert et d'accumulation de crédits), uniquement par lettre et lettre de réponse. À la fin de l'été 1990, je me rendis à Versailles pour passer l'entretien. Aujourd'hui, je ne sais plus qui l'a mené, ni de quoi nous avons parlé,
toujours est-il que ma candidature fut acceptée. Lors de ce premier passage à l'ENSP, je visitai également le bâtiment et ses ateliers, et je fus immédiatement impressionné par le grand nombre de maquettes, d'objets,
de dessins et de plans. On sentait le désir d'user d'une forme d'expres-

so anspruchsvoll. Vermutlich fand man es unterstützenswert, dass sich jemand auf den Weg von Berlin nach Versailles machte und mit holprigem Schulfranzösisch erste Entwurfsarbeiten vorstellte und ein Interesse für landschaftsarchitektonisches Entwerfen glaubhaft machen konnte.

Ausgestattet mit einem Stipendium der Wiener Wirtschaftskammer zog ich nach Paris. Das Budget für das Leben in Paris war, wie zu erwarten, knapp und ich musste als Österreicher, das heißt als Staatsbürger eines Landes außerhalb der EWG, ohne Arbeitserlaubnis Arbeit suchen. Ich hatte Glück und konnte zuerst bei Christophe Girot im Atelier Phusis an einem Wettbewerb mitarbeiten und danach im Büro Agence TER bei Henri Bava. Das erfolgte auf unbürokratische Weise, eine Anmeldung bei Finanzamt, Rentenversicherung und Krankenkasse, wie das heute in Deutschland für arbeitende Studierende notwendig ist, gab es nicht. So fand ich mich mitten in der dritten Begegnung mit Landschaftsarchitektur in Frankreich und mit Landschaftsarchitektur ›fabriquée en France‹. An der ENSP nahm ich vor allem an den Ateliers, das heißt den Entwurfsstudios und einigen Vorlesungen teil. Die freie Zeit nutzte ich, um Paris kennenzulernen und auch, um an anderen Universitäten Vorlesungen zu hören. Ich muss zugeben, dass ich meistens nicht viel verstanden habe. Aber bereits die Orte und die Menschen waren im Vergleich zu Berlin anders und daher interessant.

Theorie ohne Handlung und Machen ohne Theorie

Im Rahmen der Arbeit in den Ateliers war ich zuerst schockiert. Vorher an der TU Berlin dominierte in den Plena der sogenannten Projekte eine Art ›Theorie ohne Handlung‹. Die Ateliers an der ENSP machten am Beginn den Eindruck des ›Machens ohne Theorie‹. Diese Beschreibung habe ich überzeichnet, sie beschreibt jedoch meine damalige Wahrnehmung recht gut. Ich werde im Folgenden und am Ende auf das Verhältnis zwischen Theorie und Praxis zurückkommen, um zu versuchen, eine Deutung von Anspruch und Wirklichkeit französischer und deutscher Landschaftsarchitektur abzuleiten.

Für die Lehre in den Ateliers an der ENSP waren federführend die wenigen Professoren und fest angestellten Mitarbeiter verantwortlich. Die Durchführung der Lehre lag überwiegend in den Händen von Lehrbeauftragten, die selbst praktizierende Landschaftsarchitekten waren. Die Studierenden arbeiteten in der Regel viel und produzierten viel. Am intensivsten waren die Phasen vor der Abgabe, und Nachtschichten vor den Präsentatio-

sion individuelle et il planait là-dessus un esprit de défi qui me stimula encore davantage. Quelques jours plus tard, je reçus la confirmation écrite que je pourrai commencer mes études à l'ENSP en troisième année, au mois d'octobre 1990. Ce n'est qu'une fois à Versailles que j'ai appris que pour pouvoir postuler à l'ENSP, il fallait avoir suivi deux ans d'étude après le bac, en guise de préparation. Les candidat·e·s présélectionné·e·s préparaient un dossier avec leurs travaux personnels et passaient ensuite un concours d'admission qui durait plusieurs jours, au cours desquels on évaluait leurs connaissances théoriques et leurs compétences pratiques lors d'une épreuve de création *ad hoc*. En comparaison, l'entretien auquel j'avais dû me soumettre était loin d'être aussi exigeant. On jugea probablement qu'un étudiant ayant fait le voyage de Berlin à Versailles pour présenter, dans un français scolaire cahoteux, ses premiers travaux de conception et pour convaincre de son intérêt pour l'architecture du paysage méritait d'être encouragé.

Muni d'une bourse de la chambre viennoise de l'Économie, pour laquelle j'avais postulé et que j'ai heureusement obtenue, je me suis installé à Paris. Comme on pouvait s'y attendre, mon budget était trop serré pour la vie parisienne, et il me fallut donc trouver un emploi, en tant qu'Autrichien – et donc citoyen d'un pays hors CEE – sans permis de travail. J'eus de la chance et pus dans un premier temps travailler sur un concours avec Christophe Girot à l'atelier Phusis, puis avec Henri Bava à l'Agence TER. Ceci se déroula sans complications administratives, sans inscription au fisc, à l'assurance retraite ou à la caisse d'assurance maladie, contrairement à ce qui est requis de nos jours en Allemagne pour les étudiant·e·s qui exercent une activité rémunérée. Je me trouvai ainsi au beau milieu de ma troisième rencontre avec le paysagisme français et une architecture du paysage « fabriquée en France ». À l'ENSP, je participais aux ateliers, c'est-à-dire aux projets de conception, et à quelques cours. Je profitais de mon temps libre pour découvrir Paris et assister à des séminaires à l'université. Je dois avouer que la plupart du temps, je ne comprenais pas grand-chose. Mais rien que les lieux et les gens si différents de ceux de Berlin les rendaient intéressants.

théorie sans acte et faire sans théorie

Au regard du travail en atelier, je fus d'abord sidéré. Auparavant, à la TU, c'était une sorte de « théorie sans acte» qui dominait dans les plénums des soi-di-

nen waren keine Seltenheit. Die Entwurfsergebnisse der Ateliers wurden immer intensiv besprochen und kommentiert. Daran waren häufig Gastkommentatoren, wie etwa die bekannten Entwerfer- und Lehrpersönlichkeiten Michel Corajoud, Gilles Clement oder Alexandre Chemetoff beteiligt. Vorher im Studium an der TU Berlin kamen die Projekte und Thesen dieser französischen Entwerfer- und Lehrpersönlichkeiten leider nicht vor. Der bereits damals in Deutschland durch seine Texte rezipierte Bernard Lassus,[10] der eine Art französische Spielart der Ästhetik des Laiengeschmacks aus der künstlerischen Perspektive der Art Brut entwickelte, war an der ENSP nicht präsent. Ich erfuhr später, dass zwischen ihm und Michel Corajoud nicht auflösbare Meinungsunterschiede bestanden. Dabei ging es um Lassus Vorliebe für, heute würde man sagen, minimalinvasive Eingriffe als Entwurfsmethodik. Corajoud setzte sich durch und Lassus verließ die ENSP.[11]

Es wurde nachdrücklich gelobt, aber auch harsche Kritik geübt

Die Argumentationen der Kommentatoren Corajoud, Clement oder Chemetoff bei den Abschlusspräsentationen waren faszinierend und für mich nicht immer leicht nachzuvollziehen. Das lag an meinen noch nicht ausreichenden sprachlichen Fähigkeiten, aber auch an der Herangehensweise und dem damit verbundenen Argumentationsstil dieser Kommentatoren. Zuvor an der TU Berlin wurde in der Regel nüchtern diskutiert und vorsichtig kritisiert. Die teilweise leidenschaftliche Argumentation an der ENSP hat mich beeindruckt. Es gab viel Lob, aber auch harte Kritik. Insgesamt wurde viel diskutiert, es handelte sich also nicht um ein Defizit an Reflexion und ›Theorie-Wollen‹. Erst einige Jahre später, nachdem ich die Publikationen der Kollegen gelesen hatte, konnte ich sowohl die Zielstellungen als auch den Argumentationsstil besser nachvollziehen.[12-14] Es bestand ein auffälliger Unterschied zwischen der Herangehensweise an Kritik in den Plena an der TU Berlin und in den Ateliers der ENSP. An der TU Berlin wurden systematische sozio-ökonomische Großtheorien und wissenschaftliche Definitionen für Landschaft und Natur herangezogen, deren Inhalte für die Studierenden zu abstrakt waren, um sie in konkrete Entwürfe übersetzen zu können. Die französischen Kommentatoren, die sowohl in der Gestaltungsarbeit und auch in der Reflexionsarbeit zu Hause waren, bezogen sich in unmittelbarer Weise auf Landschaftsarchitektur. Da immer Zeichnungen und Modelle die Grundlage der Diskussionen bildeten, ging es zunächst um räumliche Ideen und von dort aus um allgemeinere Ziele und Diskurse.

sant projets. Les ateliers de l'ENSP, en revanche, donnaient de prime abord l'impression d'un « faire sans théorie ». J'exagère volontairement cette description, mais elle rend assez bien compte de ma perception de l'époque. Je reviendrai plus loin sur ce rapport entre pratique et théorie, en m'essayant à une interprétation de l'ambition et de la réalité de l'architecture du paysage française et allemande.

La responsabilité pédagogique des ateliers de l'ENSP incombait essentiellement à quelques rares professeurs et aux employés permanents. La majeure partie de l'enseignement était assurée par des chargés de cours, qui étaient eux-mêmes des architectes paysagistes praticiens. En règle générale, les étudiant·e·s travaillaient et produisaient beaucoup. Les phases les plus intenses étaient celles qui précédaient le « rendu » ou la remise du projet, et les nuits de « charrette » à l'atelier n'était pas rares. Les présentations en atelier étaient toujours intensément discutées et commentées. Des intervenants extérieurs y étaient invités, parmi lesquels les célèbres concepteurs et enseignants Michel Corajoud, Gilles Clément ou Alexandre Chemetoff. Lors de mes études à la TU de Berlin, les projets et thèses de ces personnalités de la conception et de l'enseignement n'avaient malheureusement jamais été évoqués. Bernard Lassus[10], qui bénéficiait en Allemagne d'une certaine notoriété grâce à ses textes et qui avait développé une sorte de variante française de l'esthétique du goût profane vue sous l'angle artistique de l'art brut, n'était pas présent à l'ENSP. J'appris plus tard qu'il existait des divergences d'opinion insurmontables entre lui et Michel Corajoud. Il s'agissait surtout de la prédilection de Lassus pour une méthode de conception que l'on qualifierait aujourd'hui d'intervention minimale. Corajoud a eu gain de cause et Lassus a quitté l'ENSP[11].

Les arguments critiques de Corajoud, Clément ou Chemetoff lors des présentations finales me fascinaient, mais j'avais parfois du mal à les comprendre. C'était évidemment dû à mes capacités linguistiques encore insuffisantes, mais aussi à l'approche et au style d'argumentation. À la TU, on parlait généralement avec sobriété et on critiquait avec prudence. Les discussions parfois passionnées de l'ENSP m'impressionnaient. On y faisait des compliments appuyés, mais aussi des critiques cinglantes. Dans l'ensemble, on discutait beaucoup ; on ne pouvait donc pas déplorer un manque de réflexion ni un « vouloir théoriser » insuffisant. Ce n'est que

On y faisait des compliments appuyés, mais aussi des critiques cinglantes

Zeichnungen und Modelle bildeten immer die Grundlage für die Auseinandersetzungen mit allgemeineren Zielstellungen und Diskursen

Im Rahmen der Bearbeitung aller Maßstabsebenen ging es um Stadtgestaltung auf der Basis von Landschafts- und Freiraumgestaltung. So plante man großflächige, stadtplanerische Strukturen, entwarf städtebauliche Gefüge und gestaltete Freiräume um Gebäude. Im Gegensatz zur Auffassung der Landschaftsentwicklung an der TU Berlin, bei der die indirekte Steuerung durch die Instrumente und Verfahren der Stadt- und Landschaftsplanung im Vordergrund standen, ging es an der ENSP um konkrete Gestaltungen. Daher waren die meisten Hinweise der Kommentatoren an der ENSP für die Studierenden ebenso konkret und unmittelbar verwendbar, im besten Sinne ›quick and dirty‹. Es war die Zeit vor der Digitalisierung, deshalb wurden die Projekte aufwendig durch Zeichnen und durch Modellbau dargestellt. Die Ideen der Entwürfe zeigten sich durch Pläne, Bilder und Modelle.

Vorher an den Universitäten in Wien und Berlin dominierte auch beim landschaftsarchitektonischen Entwerfen der Text. Texte hatten dort die Aufgabe zu beschreiben, was man hätte entwerfen wollen. In den Ateliers der ENSP dagegen waren beeindruckende und auch großflächige Darstellungen von Landschaftsarchitekturen und Stadtlandschaften zu sehen, die die Betrachtenden in die entworfenen Räume hineinzogen und eine Art immersive Erfahrung auslösen konnten. Bei der Anfertigung dieses Texts habe ich mich gefragt, ob die beschriebene Herangehensweise an die Landschaftsarchitektur an der ENSP auch durch die damals zeitgenössischen Konzepte der Postmoderne beeinflusst war. Als Student in Versailles kannte ich die Theorien der Postmoderne französischer Prägung, wie das Wilde Denken, die Bricolage oder die Gleichzeitigkeit verschiedener Wahrheiten noch nicht. Heute erscheint es mir interessant zu untersuchen, inwieweit diese Theorien die Landschaftsarchitektur an der ENSP beeinflusst haben oder ob sich diese Argumentationskultur aus anderen Gründen, etwa den disziplinspezifischen Bedingungen der Landschaftsarchitektur, entwickelt hat.

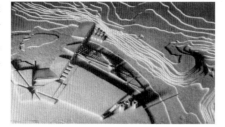

8 Modell Studienarbeit des Autors, 1991

8 Maquette de projet de l'auteur, 1991

Vor allem die Haltung der französischen Kollegen, die das Zusammenspiel von Machen und Nachdenken über das Machen betonte,

quelques années plus tard, après avoir lu des publications de mes collègues, que j'ai mieux compris les
objectifs de fond et la dialectique mise en œuvre[12-14].
Il y avait une différence frappante entre l'approche de
la critique dans les plénums de la TU de Berlin et dans
les ateliers de l'ENSP de Versailles. À la TU, on faisait
appel à de grandes théories socio-économiques systé-
matiques et à une définition scientifique du paysage et de la nature, dont
le contenu était trop abstrait pour être traduit en projets concrets. Les en-
cadrants français, qui étaient aussi à l'aise dans le travail de conception
que de réflexion, se référaient directement à l'architecture du paysage.
Comme les dessins et les maquettes constituaient toujours la base des
discussions, on parlait d'abord d'idées spatiales avant d'en arriver à des
objectifs et des discours plus généraux.

Comme les dessins et les maquettes constituaient toujours la base des discussions, on parlait d'abord d'idées spatiales avant d'en arriver à des objectifs et des discours plus généraux

Quelle que soit l'échelle traitée, il s'agissait toujours d'interventions sur
l'urbain en partant de l'aménagement du paysage et des espaces ouverts. Ainsi, on planifiait des structures urbanistiques à grande échelle,
on concevait des tissus urbains et aménageait des espaces ouverts autour du bâti. Contrairement à l'idée du développement paysager à la TU,
dont la priorité était une gestion indirecte par des instruments et procédures d'urbanisme et de planification du paysage, il s'agissait à l'ENSP de
conceptions concrètes. Ainsi, la plupart des commentaires et conseils
des intervenants français aux futurs paysagistes de Versailles étaient-ils
tout aussi concrets et directement applicables – dans le meilleur sens
du terme, « quick and dirty ». C'était avant l'ère du numérique : tous les
projets impliquaient donc un long et laborieux travail de représentation
en dessins et en volume. Les idées du projet étaient transmises en plans,
images et maquettes. Dans les universités de Vienne et de Berlin, c'était
le texte qui dominait, même pour un projet d'architecture du paysage. Les
textes avaient pour fonction de décrire ce que l'on aurait voulu concevoir.
Dans les ateliers de l'ENSP, on pouvait voir d'impressionnantes représentations d'architectures de paysage et de paysages urbains, parfois de
grand format, qui vous happaient dans les espaces conçus et pouvaient
procurer une sorte d'expérience immersive.

En rédigeant ce texte, je me suis demandé si l'approche de l'architecture
du paysage à l'ENSP était marquée par les concepts – alors contemporains

fand ich schon damals besonders interessant, und dieses Verhältnis von Praxis und Theorie, als reflexive Praxis, wurde im Rahmen meiner späteren Tätigkeiten zu einer wichtigen Methode für die wissenschaftliche Beschäftigung mit dem Entwerfen. Ein Ergebnis davon ist das *Programm entwurfsbasierte Promotion* (PEP)[15] für die Entwurfsdisziplinen an der TU Berlin, das ich 2016 mit Kolleginnen und Kollegen aus der Architektur gegründet habe. Der Zusammenhang von Machen und Reflexion des Machens wird hier als Methode eingesetzt. Die Argumentationsweisen von Michel Corajoud oder von Gilles Vexlard sehe ich als Inspiration und auch eine Art Vorläufer für das entwurfsbasierte Nachdenken, das im PEP angewendet wird.

Vor allem die Haltung der französischen Kollegen, die das Zusammenspiel von Machen und Nachdenken über das Machen betonte, fand ich damals interessant

Eine der wichtigsten Begegnungen während meines Studiums an der ENSP war das Auftreten und Argumentieren von Gilles Vexlard im Rahmen der Entwurfsateliers. Ich nahm an einem von ihm begleiteten Entwurfsatelier teil, in dem es um die Gestaltung des nördlichen Rands des Parks Bois de Vincennes in Paris ging. Ich erinnere mich, wie Vexlard in den Ateliers agierte. Er trat an die Tische der Studierenden und es ging direkt zur Sache. Er betrachtete die Arbeit und wollte keine langen Erläuterungen der Studierenden hören. Er stellte chirurgisch präzise Nachfragen und durch seine punktgenauen analytischen Diagnosen traf er unmittelbar ins Zentrum der Entwurfsidee und erläuterte Stärken und Schwächen der Arbeit. Als noch beeindruckender habe ich seine Fähigkeit in Erinnerung, profane Stadtbausteine und Stadtstrukturen in poetische Bilder zu übersetzen. In alltäglichen Strukturen wie Baumbestand, Relief und Gebäudeensembles sah er etwas anderes als nur Funktionales, Technisches oder Biologisches. Durch die metaphorischen Beschreibungen eröffneten sich für die Studierenden neue Gestaltungsthemen, die dann weiterverfolgt werden konnten. Damals war es für mich ungewohnt, dass solche metaphorischen Interpretationen gewagt werden dürfen und dass sich landschaftsarchitektonisches Entwerfen an Bildern und gestalterischen Themen orientieren kann. Vorher in den Studiengängen in Wien und Berlin sprach niemand in dieser Weise oder zumindest nicht so selbstbewusst und klar über gestalterische Techniken. Bei den Naturwissenschaftlern und Technikern an der Universität für Bodenkultur in Wien und auch an der TU Berlin im Soziotop der wissenschaftlichen Landschaftsentwickler galten gestalterische Techniken als unwissenschaftlich und wurden

– du postmodernisme français, comme la pensée sauvage, le bricolage ou la simultanéité de vérités différentes, notions que je ne connaissais pas encore à l'époque. Il me semble intéressant aujourd'hui de comprendre en quelle mesure ces concepts inspiraient effectivement l'enseignement à l'ENSP, ou si cette culture de l'argumentation s'était développée autour d'autres motifs, par exemple en raison de conditions propres à la discipline de l'architecture du paysage.

C'est surtout la position de mes homologues français – mettre l'accent sur l'interaction entre faire et penser en insistant sur le faire –, qui m'intéresse et m'intéressait déjà à l'époque. Dans le cadre de mes activités ultérieures, cette relation entre pratique et théorie en tant que pratique réflexive est devenue une méthode essentielle à l'analyse scientifique de la conception. L'un de ses aboutissants est le PEP (*Programm entwurfsbasierte Promotion*), que j'ai fondé en 2016 avec des collègues architectes, un programme adressé aux disciplines de la conception à la TU de Berlin et visant l'obtention d'un doctorat sur la base de projets[15]. Le lien entre le faire et la réflexion sur le faire y est établi comme méthode. Je vois aujourd'hui dans les modes de raisonnement de Michel Corajoud ou de Gilles Vexlard une source d'inspiration et une sorte d'antécédent de la réflexion fondée sur la conception pratiquée dans le cadre du PEP.

L'une de mes rencontres les plus marquantes pendant mon séjour à l'ENSP fut l'intervention et la façon d'argumenter de Gilles Vexlard dans le cadre des ateliers de projet. J'ai participé à l'un d'eux qui portait sur l'aménagement de la lisière nord du parc du bois de Vincennes à Paris. Je me souviens de la façon dont Vexlard se comportait à l'atelier : il s'approchait des tables à dessin et entrait directement dans le vif du sujet. Il regardait les travaux et ne s'intéressait pas aux longues explications des étudiant·e·s. Il posait des questions d'une précision chirurgicale et par la justesse de ses diagnostics analytiques, il touchait directement au cœur de l'idée en révélant les forces et les faiblesses du projet. Ce qui m'impressionnait encore davantage, c'était sa capacité à traduire de profanes modules de ville et structures urbaines en images poétiques. Dans chaque composante ordinaire du paysage – les arbres existants, le relief ou les ensembles bâtis – il voyait autre chose qu'un élément purement fonction-

C'est surtout la position de mes homologues français – mettre l'accent sur l'interaction entre faire et penser en insistant sur le faire –, qui m'intéresse et m'intéressait déjà à l'époque

daher abgelehnt. Ich habe mich später weiter mit dem Einsatz von Metaphern beim Entwerfen beschäftigt. Per Definition sind Metaphern rhetorische Figuren, die ein Phänomen durch die Gegenüberstellung bisher nicht verknüpfter Attribute oder Phänomene beschreiben. Dadurch wird etwas deutlich, was man sonst nicht oder nicht so einfach beschreiben könnte, beim Entwerfen wie auch im Rahmen wissenschaftlichen Arbeitens. Diese Interpretationen Vexlards in den Ateliers trugen dazu bei, dass sich für mich später ein weites Feld geöffnet hat.

Ein weiteres und besonderes Gestaltungsseminar möchte ich nicht unerwähnt lassen. Jacques Simon, der zu dieser Zeit nur noch sporadisch an der ENSP unterrichtete, fuhr uns mit einem Kleinbus zu einem verfallenen Gutshof in einem verwilderten Park. Dort stellte er uns die Aufgabe, Installationen zu bauen, die nur aus Objekten und Materialien bestehen sollen, die am Ort gefunden wurden. Danach teilte er mit, dass er uns an diesem Ort zurücklassen und in vier oder fünf Stunden zurückkommen wird, um sich die Ergebnisse anzusehen. Dann fuhr er ab. Was für eine tolle Aufgabe für Studierende: die unmittelbare Begegnung mit einem Ort, das handgreifliche Begreifen der Situation und die Gestaltungsarbeit im Maßstab 1:1 konfrontierten uns mit einigen essentiellen Themen der Landschaftsarchitektur. Dazu gehören etwa das schnelle Verständnis des Ortes, strategisch-logistische Überlegungen zu Aufwand und Zeitplanung und die Beschäftigung mit dem ökonomischen Einsatz der Mittel, um eine maximale Wirkung zu erzielen. Jacques Simon eröffnete so nicht nur einen unmittelbaren Zugang zu diesen Themen, sondern vermittelte durch diese Aufgabenstellung auch eine grundsätzliche Handlungsanweisung für alle Gestalterinnen und Gestalter. Wenn man noch am Anfang steht und noch nicht einschätzen kann, was zu tun ist, dann muss man einfach anfangen und so eigene Erfahrungen sammeln. Später reflektiert man diese Erfahrungen, um die Ziele zu präzisieren und diejenigen Wissensgebiete zu finden, die man für den eigenen Weg benötigt und die man sich sowieso selbst aneignen muss.

Die Studierenden an der ENSP arbeiteten und zeichneten viel und man reiste häufig. Während meines Aufenthalts ging es zu mehrtägigen Zeichenkursen in die Bretagne und in die Ardèche-Schlucht, zu einem mehrwöchigen Workshop nach Lissabon und zu den verschiedenen Entwurfsorten. Ich glaube mich zu erinnern, dass wir Studierende nur einen geringen Teil

nel, technique ou biologique. Grâce à ses descriptions métaphoriques, les personnes qui l'écoutaient voyaient s'épanouir de nouveaux thèmes de conception à approfondir. Oser cette interprétation métaphorique et se servir d'images ou de thèmes liés à la création pour guider la conception en architecture du paysage était pour moi inédit. Dans les cursus de Vienne et de Berlin, personne ne parlait de cette manière, ou du moins pas avec tant d'assurance et de clarté, de techniques de représentation et de création. Parmi les scientifiques et les techniciens de l'Université für Bodenkultur de Vienne et dans le sociotope des scientifiques développeurs de paysage de la TU de Berlin, les techniques de conception étaient considérées comme ascientifiques et donc rejetées. Plus tard, j'ai continué à m'intéresser de près à l'usage des métaphores dans la conception. Par définition, les métaphores sont des figures rhétoriques qui décrivent un phénomène en lui juxtaposant des attributs ou des phénomènes qui ne lui étaient pas associés jusqu'alors. Cela permet de mettre en évidence quelque chose que l'on ne pourrait pas ou pas aussi facilement décrire sinon – que ce soit en concevant ou en menant un travail scientifique. Les interprétations de Gilles Vexlard lors des ateliers de Versailles ont contribué à m'ouvrir par la suite un vaste champ de réflexion.

Il me faut nommer une autre séance créative très particulière. Pour un petit exercice de conception, Jacques Simon, qui à cette époque n'enseignait plus que de manière sporadique à l'ENSP, nous conduisit en minibus dans un manoir en ruine au milieu d'un parc à l'abandon. Sur place, il nous donna comme exercice de concevoir des installations uniquement composées des objets et matériaux trouvés sur les lieux. Il annonça qu'il reviendrait quatre ou cinq heures plus tard pour prendre connaissance des résultats. Puis il s'en alla. Quel formidable exercice pour des étudiant·e·s ! La rencontre immédiate avec un lieu, l'appréhension concrète de la situation et l'exercice de création à échelle réelle nous permettaient d'être aux prises avec quelques thèmes essentiels de l'architecture du paysage. Parmi eux, la perception rapide d'un lieu, l'analyse stratégique et logistique de l'effort et du temps imparti, la réflexion sur l'usage économe des moyens pour obtenir un déploiement maximal de l'effet. À travers cet exercice, non seulement Jacques Simon nous ouvrait un accès immédiat à ces sujets, mais il transmettait aussi une sorte de mode d'action essentiel à tout concepteur. Quand on est encore débutant et encore incapable d'estimer ce que signifie le « faire », il faut tout simplement se

Wenn man noch am Anfang steht und noch nicht einschätzen kann, was zu tun ist, dann muss man einfach anfangen und so eigene Erfahrungen sammeln

der Kosten selbst zahlen mussten, die Reisen wurden als Beitrag zu Bildung vom Staat bezahlt. Im Vergleich dazu: heute bezuschusst die TU Berlin Studierende nur mit 15 Euro pro Tag für Exkursionen, damit kommt man nicht weit. An der ENSP fanden regelmäßig Kolloquien statt, an denen die Studierenden als Zuhörende teilnehmen sollten. Darüber hinaus versorgte das großformatige und delikat gestaltete Magazin *Pages Paysages*[16], das von Absolventinnen und Absolventen der ENSP, darunter unter anderen von Catherine Mosbach und Marc Claramunt, herausgegeben wurde, die Szene der Landschaftsarchitektur mit der Vorstellung interessanter Projekte und mit anspruchsvollen Theoriebeiträgen.

Diese dritte Begegnung mit französischer Landschaftsarchitektur beeinflusste mein Verständnis von Landschaftsarchitektur nachhaltig. Durch das kraftvolle und ›empowernde‹ Gestaltungshandeln an der ENSP wuchs die Distanz zur ingenieurwissenschaftlichen Herangehensweise an der Universität für Bodenkultur, und zur gesellschaftskritischen Herangehensweise der Berliner Landschaftsentwicklung. Die Zeit in Versailles erinnere ich als abwechslungsreich, kurzweilig und anspruchsvoll. 1991 kehrte ich nach Berlin zurück. Nach der Wiedervereinigung hatte sich ein boomender Markt für Planung, Architektur und Landschaftsarchitektur entwickelt, an dem ich mich als junger Landschaftsarchitekt gerne beteiligen wollte.

10 Zeitschrift
Pages Paysages, 1989

10 Revue
Pages Paysages, 1989

9 Fotos aus dem Gestaltungsseminar bei Jacques Simon, 1991

9 Photos faites lors de
la journée d'exercice
avec Jacques Simon, 1991

lancer et acquérir une expérience personnelle. Plus tard, la réflexion sur
ces expériences aide à préciser les objectifs et à trouver les domaines de
connaissances dont on a besoin pour son propre parcours – et qu'il faut
de toute façon acquérir par soi-même.

Les futurs paysagistes de l'ENSP travaillaient beaucoup, dessinaient beaucoup et voyageaient souvent.
Pendant mon séjour, je suis parti plusieurs jours en
Bretagne et dans les gorges de l'Ardèche dans le cadre
des cours de dessin, plusieurs semaines à Lisbonne
pour un atelier, sans compter les visites des différents

**Quand on est encore débutant et
encore incapable d'estimer ce
que signifie le « faire », il faut tout
simplement se lancer et acquérir
une expérience personnelle**

terrains de projet. Je crois me souvenir que nous ne devions payer qu'une
très faible part des frais, les voyages étant financés par l'État en tant que
contribution à la formation. En comparaison, la TU de Berlin subventionne
aujourd'hui les excursions étudiantes à hauteur de 15 euros par jour ; cela
ne permet pas d'aller bien loin. L'ENSP organisait aussi régulièrement des
colloques auxquels les étudiants devaient assister. Et enfin, *Pages Paysages*[16], la revue trimestrielle grand format, soigneusement mise en page
et éditée par des diplômés de l'ENSP – parmi lesquels Catherine Mosbach
et Marc Claramunt –, nourrissait le milieu français de l'architecture du
paysage de projets intéressants et d'articles théoriques ambitieux.

Cette troisième rencontre avec l'architecture du paysage française a in-
fluencé durablement ma compréhension de la discipline. L'agir créatif et
l'autonomisation rencontrés à l'ENSP ont creusé ma distance à l'égard de
l'approche scientifico-biologique et ingénieuriale de l'Université für Bodenkultur viennoise et la démarche socio-économique engagée du développement du paysage de Berlin. Je me souviens de toute cette période
versaillaise comme toujours variée, divertissante et exigeante. En 1991,

Begegnungen im Rahmen der Ausstellung *Aktuelle französische Garten- und Landschaftsarchitektur*, 1993

Nach der Rückkehr nach Berlin habe ich eines meiner Entwurfsprojekte an der ENSP weiterbearbeitet und in Berlin als Diplomarbeit eingereicht. Die Diplomarbeit beschäftigte sich mit der Konversion und Neugestaltung der Seine-Insel Ile de Seguin in Boulogne-Billancourt. Die Flussinsel war bis 2005 vollständig von Industrieanlagen der Firma Renault belegt und wird auch heute immer noch zu einem Wohn- und Kulturquartier weiterentwickelt. Einige Monate nach der Einreichung der Diplomarbeit erhielt ich von der TUB-Verwaltung den Hinweis, dass das Diplomzeugnis bei der Verwaltung abgeholt werden kann. Wie Anfang der 1990er-Jahre üblich, war das ein Abschluss ohne Pathos.

Die gesamte Zeit in Versailles erinnere ich als abwechslungsreich, kurzweilig und anspruchsvoll

Damals stellte ich mir vor, dass ich mit diesem Zeugnis unmittelbar als selbstständiger Landschaftsarchitekt arbeiten könne. Diese naive Hoffnung erfüllte sich nur langsam. Wenn man keine realisierten Arbeiten vorweisen konnte, war es auch trotz des Planungsbooms nicht einfach, an interessante Gestaltungsaufträge heranzukommen. Trotz dessen fand ich meine ersten Projekte in den Plattenbaugebieten Ost-Berlins im Kontext der großflächig angesetzten Programme für Wohnumfeldverbesserung.

Statt des Nachweises der Eintragung in der Architektenkammer, den ich damals noch nicht besaß, legte ich meine Mitgliedsbescheinigung des Bundes Deutscher Landschaftsarchitekten (BDLA) als Berechtigung für die Erstellung von Bauvorlagen vor. Diese plumpe Täuschung haben die Bezirksämter nicht bemerkt oder es hat sie nicht interessiert. Zeitgleich habe ich begonnen, an Wettbewerben teilzunehmen.

Die Landschaftsarchitektur in Berlin erschien mir in den späten 1980er-Jahren wenig aufregend und kaum an Neuerungen interessiert. So verkörperte der *Britzer Garten* in Berlin Neukölln beispielhaft die landschaftsarchitektonische Gestaltungsauffassung der 1980er-Jahre in Deutschland. Man ahmte weiterhin die Ideen und die Stilistik des Volksparks nach und wiederholte die organische und landschaftsparkbasierte Formsprache, für die wir damals die Bezeichnung ›Brezelweg-Landschaftsarchitektur‹ verwendeten. Diese Kritik an der Landschaftsarchitektur ›Made in Germa-

je suis rentré à Berlin. En tant que jeune architecte paysagiste, je voulais prendre part au marché en plein essor, suite à la réunification, des domaines de la planification, de l'architecture et du paysage.

Rencontres dans le cadre de l'exposition *L'Architecture des jardins et du paysage en France aujourd'hui*, 1993

De retour à Berlin, j'ai approfondi l'un de mes projets de l'ENSP pour le présenter comme sujet de diplôme. Il portait sur la reconversion et le réaménagement de l'île Seguin à Boulogne-Billancourt. Entièrement occupée par les usines de l'entreprise Renault jusqu'en 2005, cette île au milieu de la Seine a fait et fait toujours l'objet d'un grand plan de reconversion en quartier résidentiel et culturel. Quelques mois après avoir rendu mon travail, l'administration de la TU me fit savoir que mon certificat de diplôme pouvait être retiré dans ses bureaux. Comme c'était l'usage au début des années 1990, ce fut un épilogue sans pathos.

À l'époque, j'imaginai que mon nouveau titre me permettrait de travailler immédiatement comme architecte paysagiste indépendant. Cet espoir naïf ne s'est concrétisé que lentement. En n'ayant guère de réalisations à faire valoir, il n'était pas facile, malgré le boom des projets, d'accéder à des commandes d'aménagement intéressantes. J'ai malgré tout déniché mes premières commandes autour des grands ensembles de l'ancien Berlin-Est, dans le cadre de vastes programmes de réaménagement des abords de logements collectifs.

Je me souviens de toute cette période versaillaise comme toujours variée, divertissante et exigeante

Pour avoir le droit de soumettre un dossier de maîtrise d'œuvre, j'ai présenté mon certificat d'adhésion à la BDLA, l'association des architectes paysagistes allemands, au lieu du justificatif requis d'inscription à l'ordre des architectes – que je ne possédais pas encore. Les mairies d'arrondissement ne remarquèrent pas le subterfuge ou ne s'y intéressèrent pas. Parallèlement, je commençai aussi à participer à des concours. À la fin des années 1980, l'architecture du paysage à Berlin ne me semblait pas passionnante et peu intéressée par les innovations. Le Britzer Garten à Berlin-Neukölln, un vaste parc paysager construit en limite sud du territoire ouest-berlinois à l'occasion de la Bundesgartenschau (exposition fé-

Die Kritik an der Landschafts-architektur ›Made in Germany‹ basierte auf Landschafts-architekturprojekten, die ich vorher in Frankreich kennengelernt hatte

ny‹ basierte auf Projekten, die ich zuvor in Frankreich gesehen hatte. Unterstützt wurde die kritische Haltung durch die respektlosen Collagen und Arbeiten von Yves Brunier,[17] dessen Gestaltungsansatz durch einen schrillen Hyperrealismus niederländischer Prägung beeinflusst war. Auch im Diskurs der Landschaftsarchitektur dominierten weiterhin eine Art ›Heile-Welt-Gestaltungen‹, die man als eine Entsprechung zur 16-jährigen Ära Helmut Kohls von 1982 bis 1998 interpretieren kann. Der Landschaftsarchitektur der 1980er-Jahre stehe ich heute altersbedingt milder gegenüber, aber auch im Rückblick bleibt die deutsche Landschaftsarchitektur dieser Zeit im Vergleich zur internationalen Landschaftsarchitektur blass.

Der Diskurs in der Landschaftsarchitektur änderte sich nach dem Mauerfall, zumindest was Berlin betrifft. Die zahlreichen Aufgaben der Stadtgestaltung und des öffentlichen Freiraums in Berlin und die Frage, wie diese zeitgemäß beantwortet werden können, lösten eine intensive Suche nach anderen Gestaltungsansätzen aus. Der Markt für Publikationen in der Landschaftsarchitektur war, und ist auch heute noch, ziemlich klein. Es erschienen nur selten Bücher über zeitgenössische Landschaftsarchitektur. Französischsprachige Bücher zur Landschaftsarchitektur wurden, außer vielleicht in der Berliner Buchhandlung *Bücherbogen*, nicht angeboten. Eine weitere Quelle war die Zeitschrift *Garten und Landschaft*, die von Zeit zu Zeit über internationale Landschaftsarchitektur berichtete.

Google-Recherche war damals noch nicht möglich

Google-Recherche war damals noch nicht möglich. Daher bedeutete die Suche nach anderen Gestaltungsansätzen und -lösungen, selbst zu reisen, in anderen Ländern zu studieren oder dort zu arbeiten. Um diese Kritik an der Landschaftsarchitektur ›Made in Germany‹ zu kommunizieren und andere Sichtweisen und Gestaltungshaltungen zur Diskussion zu stellen, dachte ich darüber nach, meine Begegnungen mit Landschaftsarchitektur aus Frankreich als Beitrag aufzubereiten. So entstand die Idee für eine Ausstellung von Projekten französischer Landschaftsarchitektinnen und Landschaftsarchitekten. Die Grün Berlin GmbH, damals unter der Leitung von Hendrik Gottfriedsen, zeigte Interesse und finanzierte die Produktion und Durchführung der Ausstellung. Unterstützt wurde ich auch durch Ralf Wollheim, der im Bereich Architektur publizistisch tätig war

dérale de jardins) de 1985, est un parfait exemple de la façon dont on voyait la conception architectonique du paysage des années 1980 en Allemagne. On continuait à imiter les idées et le style du Volkspark (parc populaire), à répéter le langage esthétique aux formes organiques du parc paysager, que nous appelions à l'époque « paysagisme à chemins en bretzels ».

Mon attitude critique envers l'architecture du paysage « made in Germany » venait de la en comparaison avec les projets que j'avais découverts auparavant en France. Elle était renforcée par les collages et travaux irrévérencieux d'Yves Brunier[17], dont l'approche était influencée par un hyperréalisme criard d'inspiration néerlandaise. Le discours de la discipline était également dominé par un esprit « petit bourgeois » , que l'on peut aujourd'hui interpréter comme le reflet de l'ère Helmut Kohl, qui dura seize ans entre 1982 et 1998. Bien que, l'âge aidant, j'aie aujourd'hui une attitude plus conciliante envers l'architecture du paysage allemande des années 1980, elle reste ostensiblement blafarde dans une comparaison internationale.

Mon attitude critique envers l'architecture du paysage « made in Germany » venait de la en comparaison avec les projets que j'avais découverts auparavant en France

Le discours issu du champ de l'architecture du paysage a changé après la chute du mur, du moins à Berlin. Le nombre croissant de missions d'aménagement urbain et d'espaces publics berlinois, de même que la recherche de réponses contemporaines aux problèmes posés, ont déclenché une intense prospection d'approches alternatives. Le marché des publications en architecture du paysage était et demeure assez restreint. Les livres sur le thème étaient rares, ceux en langue française quasiment inexistants, sauf peut-être dans la librairie *Bücherbogen*. Autre source, les revues *Garten und Landschaft* et *Topos*, qui traitaient de temps en temps de paysagisme international.

En revanche, faire des recherches sur Google n'était pas encore possible. Par conséquent, pour imaginer de nouvelles approches et solutions d'aménagement, il fallait voyager par soi-même, aller étudier ou travailler à l'étranger. Afin de communiquer cette critique de l'architecture du paysage « made in Germany » et de soumettre d'autres points de vue et positions à la discussion, j'ai pensé à apporter ma contribution en présentant le résultat de mes rencontres avec le paysagisme en France. C'est ainsi qu'est née

Faire des recherches sur Google n'était pas encore possible

Am 1. April 1993 wurde die Ausstellung *Aktuelle französische Garten- und Landschaftsarchitektur. 12 Beispiele für städtische Freiraumgestaltung* **in Berlin eröffnet**

und durch seine Mitarbeit in der Galerie *Aedes* bereits Erfahrungen mit Ausstellungen und Katalogerstellung hatte. Wir konzipierten die Ausstellung und schlugen der Grün Berlin GmbH interessante Projekte vor. 1993 fuhr ich mit einem Transporter nach Frankreich zu den Teilnehmerinnen und Teilnehmern der Ausstellung und besorgte Pläne und Modelle.

Am 1. April 1993 wurde die Ausstellung *Aktuelle französische Garten- und Landschaftsarchitektur. 12 Beispiele für städtische Freiraumgestaltung* in den Räumen der Grün Berlin GmbH am Friedrich-List Ufer eröffnet. Den Neubau zwischen Friedrich-List Ufer und Humboldthafen, in dem die Grün Berlin GmbH untergebracht war, gibt es heute nicht mehr. Er wurde später für die städtebaulichen Entwicklungen um den Hauptbahnhof und um den Humboldt-hafen abgerissen. Die Ausstellung stellte 12 Projekte vor. Die Teilnehmerinnen und Teilnehmer waren: Agence Ter (Henri Bava und Michel Hoessler und Olivier Philippe), l'Atelier de l'Entre-deux: Christine und Michel Péna, Claire und Michel Corajoud, Jacques Coulon, Michel Desvigne & Christine Dalnoky, Atelier Ilex, Yves Brunier und Isabelle Auricoste, Laurence Vacherot und Gilles Vexlard, Jacques Simon, Gilles Clement und Alain Provost, Christiophe Girot (Atelier Phusis) sowie Louis Maunoury mit Nils Udo. Nach Beendigung der Ausstellung in Berlin zeigten auch andere Institutionen Interesse daran. Als Wanderausstellung wurden die Projekte später unter anderem in München, Nürtingen und Wien gezeigt. Um den Diskurs zu befeuern und die Landschaftsarchitektur-Szene in Berlin mit den Motivationen und Argumentationsansätzen der französischen Kolleginnen und Kollegen bekannt zu machen, veranstalteten wir auch eine Diskussionsveranstaltung. Das Podium setzte sich zusammen aus Michel Corajoud, Jacques Coulon, Christiophe Girot und einigen Teilnehmerinnen und Teilnehmern aus Deutschland. Durch eine Simultanübersetzung für das mehrheitlich deutschsprachige Publikum und für die französischsprachigen Gäste konnten wir auf Englisch verzichten und die Gedanken wurden in den jeweiligen Muttersprachen Französisch und Deutsch vorgetragen, was eine unmittelbare und präzise Auseinandersetzung ermöglichte.

Ich erinnere mich an diesen Abend als eine denkwürdige Begegnung zweier unterschiedlicher Kulturen der Landschaftsarchitektur. Für die Beschreibung des Abends und der inhaltlichen Kontroverse möchte ich hier

l'idée d'une exposition de projets d'architectes paysagistes français. Grün Berlin GmbH (l'agence des espaces verts de la ville de Berlin), alors dirigée par Hendrik Gottfriedsen, s'est montrée intéressée et a fini par financer la production et la mise en œuvre de l'exposition. J'ai également été soutenu par Ralf Wollheim, qui travaillait dans le domaine de la publication architecturale et qui, grâce à sa collaboration avec la galerie *Aedes*, avait déjà engrangé de l'expérience dans l'élaboration d'exposition et de catalogues. Nous avons donc conçu cette exposition et proposé des exemples de projets intéressants à Grün Berlin GmbH. En 1993, je suis parti en camionnette à la rencontre des agences françaises choisies et en ai rapporté des plans et des maquettes.

Le 1er avril 1993, les portes de l'exposition *L'Architecture des jardins et du paysage en France aujourd'hui. Douze exemples d'aménagement de l'espace urbain* se sont ouvertes dans les locaux de Grün Berlin GmbH. Le bâtiment moderne situé entre le quai Friedrich-List et le bassin du Humboldthafen n'existe plus, il a été démoli dans le cadre des vastes travaux d'aménagement du quartier de la gare centrale. Les douze projets présentés venaient de : l'Agence Ter (Henri Bava, Michel Hoessler et Olivier Philippe), l'Atelier de l'Entre-deux (Christine et Michel Péna), Claire et Michel Corajoud, Jacques Coulon, Michel Desvigne & Christine Dalnoky, l'Atelier Ilex, Yves Brunier et Isabelle Auricoste, Laurence Vacherot et Gilles Vexlard, Jacques Simon, Gilles Clément et Alain Provost, Christiophe Girot avec l'Atelier Phusis et, enfin, Louis Maunoury avec Nils Udo. Après la clôture de la présentation de Berlin, d'autres institutions ont manifesté leur intérêt, de sorte que les projets ont pu être montrés à nouveau, sous forme d'exposition itinérante, à Munich, Nürtingen et à Vienne, entre autres. Pour alimenter la discussion et faire connaître les motivations et les arguments des collègues français·e·s au milieu paysagiste berlinois, nous avions également organisé un débat. Sur le podium se trouvaient Michel Corajoud, Jacques Coulon, Christophe Girot et quelques paysagistes d'Allemagne. Grâce à la traduction simultanée des échanges entre les invités francophones et le public majoritairement germanophone, nous avons pu nous passer de l'anglais et bénéficier de réflexions en langue maternelle, ce qui a permis de mener un débat direct et précis.

Le 1er avril 1993, les portes de l'exposition *L'Architecture des jardins et du paysage en France aujourd'hui. Douze exemples d'aménagement de l'espace urbain* se sont ouvertes

11 Modell *Parc de la Plage bleu*
in Valenton, Atelier Ilex

11 Maquette du *Parc de la
Plage-Bleue* à Valenton, Atelier Ilex

den Artikel von Ursula Poblotzki mit dem Titel »Zeitgenössische Konzeptionen französischer Freiraumgestalter – Paysagistes stellten sich vor« aus der Mai-Ausgabe des Jahres 1993 der Zeitschrift *Garten und Landschaft* zitieren:

»Paysagistes nennen sich die französischen Landschaftsgestalter, die, zum Teil aus den geistigen Schulen der Malerei, Architektur und Philosophie kommend, sich als Berufsgruppe allmählich formieren. Dass sie bereits eine dezidierte gestalterische Handschrift entwickelt haben, war im April in den Räumen der Grün Berlin GmbH zu sehen. Jürgen Weidinger hat die Schau mit Arbeiten von Agence TER, Isabelle Auricoste und dem früh verstorbenen Yves Brunier, Michel Desvigne und Christine Dalnoky oder Claire und Michel Corajoud konzipiert. Christophe Girots Entwurf für den Invalidenplatz *in Berlin-Mitte durfte hier ebenso wenig fehlen, wie der kürzlich fertiggestellte* Parc André Citroën *in Paris von Gilles Clement und Alain Provost. Als aufstrebende junge Gestalter stellte sich das Atelier Ilex, dessen* Parc de la Plage Bleue *in Valenton bei Paris ungünstige Lagefaktoren wie Hochspannungsmasten und Baggerseen mit dem dazugehörigen Aushub nicht in landschaftlicher Manier versteckt, sondern sie bewusst in eine von geometrischen Formen hergeleitete Gestaltung einbezieht. All das hätte man als nette Werkschau interessiert zur Kenntnis nehmen können, in der sich eine bislang etwas abgeschlossene Disziplin im Nachbarland vorstellt, hätte man nicht am 2. April eine Podiumsdiskussion zwischen deutschen und französischen Landschaftsgestaltern zum Nachdenken darüber Anlass gegeben, wie es eigentlich bei uns hier mit dem Denken übers eigene Gestalten bestellt sei. Dies um so mehr, als die französischen Mitglieder des Podiums, Michel Corajoud, Christophe Girot und Jacques Coulon ihre Auffassung und ihre gedankliche Entwicklung überzeugend darlegten. Die Abgrenzung von einer bloßen Naturnachahmung wurde von ihnen übereinstimmend hervorgehoben. Corajoud beschrieb die Entwicklung einer Gestaltungsauffassung, die zunächst der in den 60er Jahren durch den Einfluss von* Garten und Landschaft *herrschenden naturalistischen Gestaltung eine architektonischen Formansprache entgegensetzte, sicherlich von aus der Architektur kommenden Exponenten wie Jacques Simon beeinflusst. Man brachte nicht mehr die Natur in die Stadt, sondern die Gestaltung aufs Land*

Diesen Abend habe ich als denkwürdige Begegnung zweier unterschiedlicher Landschaftsarchitektur-Kulturen in Erinnerung

Je me souviens de cette soirée comme d'une rencontre mémorable entre deux cultures différentes de l'architecture du paysage. Pour rendre compte de l'évènement et de la controverse de fond, je souhaite citer ici l'article d'Ursula Poblotzki intitulé « Conceptions contemporaines des concepteurs français d'espaces ouverts – Des paysagistes se présentent », paru dans le numéro du mois de mai 1993 de la revue *Garten und Landschaft* :

Paysagistes. C'est le nom des concepteurs de paysages français, qui, issus en partie des écoles intellectuelles de la peinture, de l'architecture et de la philosophie, se constituent peu à peu en groupe professionnel. On a pu voir en avril dans les locaux de Grün Berlin GmbH qu'ils ont déjà développé un style de conception résolu. Jürgen Weidinger

Je me souviens de cette soirée comme d'une rencontre mémorable entre deux cultures différentes de l'architecture du paysage

a conçu l'exposition avec des travaux de l'Agence TER, Isabelle Auricoste et Yves Brunier (décédé prématurément), Michel Desvigne et Christine Dalnoky ainsi que Claire et Michel Corajoud. Il y avait également le projet de Christophe Girot pour l'Invalidenplatz à Berlin-Mitte, qui ne pouvait pas manquer à l'appel, tout comme le parc André Citroën à Paris, récemment achevé, de Gilles Clément et Alain Provost. L'Atelier Ilex s'y présentait en agence de jeunes créateurs en pleine ascension, avec le parc de la Plage Bleue à Valenton près de Paris : au lieu de faire disparaître les éléments peu favorables du site – pylônes à haute tension, anciennes gravières et déblais correspondants – en les ‹ paysageant ›, ils les ont intégrés délibérément dans une conception dérivée de formes géométriques. On aurait pu tout simplement considérer tout cela avec beaucoup d'intérêt, comme une exposition sympathique présentant les œuvres d'une profession jusqu'ici un peu repliée sur elle-même dans notre pays voisin. Or, une table ronde organisée le 2 avril entre paysagistes français et allemands a donné l'opportunité de réfléchir à l'état de la conception et création individuelle chez nous [en Allemagne] ; et d'autant plus que les participants français Michel Corajoud, Christophe Girot et Jacques Coulon ont su exposer leurs conceptions et l'articulation de leurs visions de manière fort convaincante. Tous les trois ont insisté sur leur rejet d'une simple imitation de la nature. Corajoud a décrit le développement d'un autre idéal et style en opposition à la conception naturaliste qui prévalait dans les années 1960 sous l'influence de Garten und Landschaft, l'avènement d'une approche plus architecturale de la forme, certainement influencée par des représentants venus de l'architecture, comme Jacques Simon : on ne cherche plus à ramener la nature en ville, mais le projet

und war auch von den geometrischen Qualitäten des ländlichen Ackerbaus inspiriert. Die Dimension der Zeit in der Landschaftsgestaltung zu erkennen und zu beachten, die Geschichte eines Ortes zu berücksichtigen – ohne sich dabei an alte Stile anzupassen, wie Coulon betonte, waren weitere Schritte auf dem Entwicklungsweg einer Theorie der Landschaftsgestaltung. Corajouds Argument, man solle die Natur in der Stadt nicht reproduzieren, da hier der Natur Gewalt angetan und gleichzeitig die Stadt nicht respektiert werde, hatten die deutschen Diskussionspartner offenbar nichts entgegenzusetzen. Es entspann sich kein Gedankenaustausch zwischen den erfahrenen Gestaltern auf dem Podium, welcher das vorwiegend junge Publikum zu eigenen Gedanken und Beiträgen hätte animieren können. Ohne dass man die eigenen Positionen dargelegt hatte, blieb es auf deutscher Seite bei Anspielungen, die Franzosen würden ›die Natur‹ der Gestaltung unterordnen, oder sie könnten gar ein wolkig beschriebenes ›natürliches Bewusstsein der Menschen für Natürliches‹ mit allzu viel Beton verschütten. Wenn man sich wirklich – so wie eine Stimme aus dem Publikum es darstellte – in ein Verständnis von Landschaftsarchitektur als ›Fachplanung für natürliche Reproduktion‹ geflüchtet hat, kann es wohl in der Disziplin mit einer reflektierten Gestaltungsauffassung nicht weit her sein. Die nachdenklichsten Ausführungen kamen vom Moderator auf dem Podium, dem Architekten Gerhard Auer, der mit seinen Bemerkungen über die Nichtexistenz unterschiedlicher nationaler Naturgefühle, gegen pädagogische Allmachtswünsche beim Gestalten und über die soziale Bedingtheit der Naturwahrnehmung versuchte, die Diskussion auf ein rationales Fundament zu setzen. Mit den eigenen Vorurteilen und Werthaltungen, auch mit dem völkischen Bodensatz in der deutschen Ideologie von der ›natürlichen‹ Gestaltung von Freiräumen in Stadt und Land müsste man sich eben auseinandergesetzt haben, wollte man über das eigene Tun und Handeln reden können. Gestaltung ist ein geistiger Prozess. Die von Girot selbstkritisch angesprochenen Defizite im wissenschaftlich-methodischen Bereich der Landschaftsarchitektur eine eher beide Nationen anstatt sie zu trennen. Girots Bemerkung führt aber genau zu jenem Punkt hin, an dem es für diejenigen, die sich mit der Gestaltung von Freiräumen auseinandersetzen, wirklich spannend wird: Dort, wo sich Natur- und Geisteswissenschaften und die Kunst treffen«.[18]

à la campagne, tout en s'inspirant également des formes géométriques de l'agriculture. Reconnaître et prendre en compte la dimension temporelle dans l'aménagement paysager, tenir compte de l'histoire d'un lieu – sans pour autant s'adapter aux styles anciens, comme l'a souligné Coulon – sont d'autres pas sur la voie du développement d'une théorie de l'aménagement du paysage. L'argument de Corajoud, selon lequel il ne faut pas reproduire la nature en ville car on fait violence à la nature tout en ne respectant pas la ville, n'a pas été rétorqué par les interlocuteurs allemands. Il ne s'est pas établi d'échange d'idées entre les

> « … les participants allemands en sont restés à de vagues allusions, selon lesquelles les Français subordonneraient « la nature » à la conception, ou qu'ils risquaient même d'ensevelir une « conscience naturelle des hommes pour le naturel », décrite de manière très nébuleuse, sous un excès de béton . » Ursula Poblotzki

concepteurs expérimentés du podium, alors que cela aurait pu inciter le public, essentiellement jeune, à réfléchir et à exprimer ses visions. Sans avoir exposé leurs propres positions, les participants allemands en sont restés à de vagues allusions, selon lesquelles les Français subordonneraient « la nature » à la conception, ou qu'ils risquaient même d'ensevelir une « conscience naturelle des hommes pour le naturel », décrite de manière très nébuleuse, sous un excès de béton. Si l'on se replie réellement – comme l'a exprimé une voix dans le public – sur une idée de l'architecture du paysage comme une discipline de « planification spécialisée pour la reproduction du naturel », la réflexion sur la conception ne peut pas aller bien loin. Les propos les plus réfléchis ont été tenus par l'animateur du podium, l'architecte Gerhard Auer, qui a tenté de construire le débat sur un fondement rationnel en avançant ses remarques sur l'inexistence de divergences nationales du sentiment de nature, en rejetant les désirs pédagogiques de toute-puissance en matière de conception et en mettant en évidence le conditionnement social de la perception de la nature. Si l'on veut pouvoir parler de ses propres actes, il faut avoir réfléchi à ses propres préjugés et à ses propres valeurs, de même qu'au résidu nationaliste (völkisch) de l'idéologie allemande de l'aménagement « naturel » des espaces ouverts en ville comme ailleurs. La conception est un processus intellectuel. Les déficits du volet scientifique et méthodologique de l'architecture du paysage, évoqués par Christophe Girot de manière autocritique, rapprochent les deux nations plutôt qu'ils ne les séparent. La remarque de Girot mène précisément là où les choses deviennent vraiment intéressantes pour tous ceux qui réfléchissent à la conception d'espaces ouverts : au moment où les sciences humaines et naturelles rencontrent l'art »[18].

»Wo es wirklich spannend wird: dort, wo sich Natur- und Geisteswissenschaften und die Kunst treffen.« Ursula Poblotzki

Diesen klugen Beschreibungen der Kontroversen dieses Abends ist an dieser Stelle nichts hinzuzufügen. Der intellektuelle Punktsieg der französischen Kollegen motivierte meine Generation von Gestaltern in der Landschaftsarchitektur, das Selbstverständnis der Landschaftsarchitektur zu erweitern und die im Text von Poblotzki erwähnte Auffassung der Landschaftsarchitektur als »Fachplanung für natürliche Reproduktion« und das gestalterische Klischee der Nachahmung des organisch komponierten Volksparks zukünftig hinter uns zu lassen. Wir wollten andere Ansätze ausprobieren, um die Banalität der vorherrschenden ›Brezelweg-Gestaltungen‹ zu überwinden. Dazu machten wir uns mit den Konzepten internationaler Landschaftsarchitektur vertraut. Wir suchten in benachbarten gestalterischen Disziplinen und anderen Wissenschaftsbereichen nach Inspirationen, Methoden und Begründungen für neue Gestaltungsansätze. Stadtverwaltungen, wie auch Berlin, luden nun häufiger Landschaftsarchitektinnen und Landschaftsarchitekten aus Frankreich, den Niederlanden und der Schweiz zu Wettbewerbsverfahren ein, um die Palette der Lösungsansätze für öffentliche Freiräume zu erweitern. Insgesamt und vielleicht auch ein wenig durch diese Ausstellung angestoßen, entstand in den 1990er-Jahren eine spürbare Dynamik in der deutschen Landschaftsarchitektur.

Nach Abschluss des Ausstellungsprojekts erhielt ich Mitte der 1990er-Jahre die Möglichkeit, als Wissenschaftlicher Mitarbeiter an der TU Berlin am Fachbereich 14 Landschaftsentwicklung, wo ich einige Jahre vorher studiert hatte, meine Suche nach neuen Ansätzen einzubringen. 1995 verbrachte ich auch einige Zeit als Gastlehrer an der ENSP. Später und durch die Initiative von Karin Helms erfolgte mehrmals ein Austausch von Studierenden der ENSP mit Studierenden der TU Berlin. Danach brach der intensive Kontakt zu den Vertreterinnen und Vertretern der Landschaftsarchitektur in Frankreich leider ab. Neben der Professur an der TU Berlin und der Arbeit an meinen eigenen Projekten blieb nicht genügend Zeit dafür. Heute leben in Berlin mehr französische Staatsbürgerinnen und Staatsbürger als jemals zuvor. In den Studiengängen Landschaftsarchitektur an der TU Berlin sind selten französische Studierende eingeschrieben. Das ist schade.

Der Einfluss der Landschaftsarchitektur aus Frankreich für die Landschaftsarchitektur in Deutschland erfolgte später besonders durch

Il n'y a rien à ajouter à cette description fine et pertinente des divergences de la soirée. La victoire aux points des collègues français sur le plan intellectuel a motivé ma génération de concepteurs paysagistes à élargir sa perception de l'architecture du paysage, à laisser derrière elle cette vision d'u ne discipline de « planification spécialisée pour la reproduction du naturel », pour citer Poblotzki, et à délaisser les poncifs aux formes organiques de simili parc populaire. Nous voulions expérimenter d'autres approches afin de dépasser la banalité prépondérante du style « chemins en bretzels ». Pour ce faire, nous nous sommes familiarisés avec les concepts de l'architecture du paysage internationale. Nous avons cherché dans les autres disciplines du projet et parmi d'autres sciences, des inspirations, des méthodes et des justifications pour de nouvelles approches de conception. Les administrations municipales, comme celle de Berlin, ont invité plus fréquemment des architectes paysagistes de France, des Pays-Bas et de Suisse à participer à des concours, afin d'élargir la palette des propositions pour les espaces publics. Dans l'ensemble, et peut-être aussi un peu sous l'impulsion de cette exposition, les années 1990 ont vu naître une réelle dynamique dans l'architecture du paysage allemande.

« ... là où les choses deviennent vraiment intéressantes : au moment où les sciences humaines et naturelles rencontrent l'art. » Ursula Poblotzki

Une fois ce projet d'exposition terminé, j'ai eu l'occasion, au milieu des années 1990, d'apporter ma contribution à la recherche de nouvelles approches en tant que collaborateur scientifique à la TU de Berlin : à la faculté 14 « Développement du paysage », celle où j'avais étudié quelques années auparavant. En 1995, je passai aussi quelque temps à l'ENSP comme enseignant invité. Grâce à l'initiative de Karin Helms, il y avait des échanges d'étudiants réguliers entre l'ENSP et la TU.

Par la suite, mes contacts intensifs avec les représentants de l'architecture du paysage en France ont malheureusement cessé. Avec un poste de professeur à la TU de Berlin et mon travail à l'agence, il ne me restait plus assez de temps. Aujourd'hui, Berlin compte plus de Françaises et Français que jamais auparavant. Il est pourtant rare d'en trouver dans les cursus d'architecture du paysage à la TU Berlin. C'est dommage.

L'influence du paysagisme venu de France sur l'architecture du paysage en Allemagne s'est par la suite exercée par l'intermédiaire de Christoph

Heute leben in Berlin mehr französische Staatsbürgerinnen und Staatsbürger als jemals zuvor Christophe Girot und Henri Bava, die Professuren an der ETH Zürich und am Karlsruher Institut für Technologie übernahmen. Christoph Girot steuerte zahlreiche Beiträge zum akademischen Diskurs im deutschsprachigen Raum bei. Henri Bava baute mit Agence TER ein beachtenswertes Œuvre von Projektumsetzungen auf, das international und auch in Deutschland rezipiert wurde.[19] Darunter befinden sich zum Beispiel die Gestaltung des Geländes der Zeche Zollverein in Essen und das großflächige regionale Entwicklungskonzept *Grünmetropole* für die 2000 Quadratkilometer umfassende Region des ehemaligen Steinkohlebergbaus, die Teile von Belgien, der Niederlande und Deutschland miteinanderverbindet. Gilles Vexlard hinterließ mit seinem 2005 fertiggestellten Projekt *Riemer Park* nördlich von München einen kraftvollen und ich würde sagen, einen sehr französischen Abdruck.

Bereisungen von Landschaftsarchitekturen in Frankreich, 1993 bis 2019

Trotz des Ausklingens der intensiven Phase des Austausches mit den Vertreterinnen und Vertretern der Landschaftsarchitektur in Frankreich interessierte ich mich weiterhin für die Landschaftsarchitektur in Frankreich. Nach Frankreich zu reisen und neue Landschaftsarchitekturen zu besichtigen, blieb ein freudvoller Teil meiner forschenden Aktivitäten zur Landschaftsarchitektur und des anhaltenden Interesses, die Ähnlichkeiten und Unterschiede französischer und deutscher Landschaftsarchitektur besser zu verstehen.

Die anschließende Fotostrecke (ab Seite 84) zeigt landschaftsarchitektonische Projekte in Frankeich, die ich in den letzten 20 Jahren besucht habe. Man kann es kurz machen: die gestalterische Qualität der Projekte

Girot et d'Henri Bava essentiellement, car ils ont occupé des postes de professeurs à l'ETH de Zurich et à l'Institut für Technologie de Karlsruhe. Christoph Girot a piloté de nombreuses interventions et contribué au discours universitaire dans l'espace germanophone. Henri Bava a produit avec l'Agence TER un ensemble remarquable de projets réalisés, apprécié tant au niveau international qu'en Allemagne[19]. Parmi ces projets, citons l'aménagement du site de la mine de charbon Zollverein à Essen et le plan de développement régional à grande échelle *Grünmetropole* pour la région des anciennes houillères s'étendant sur 2 000 kilomètres carrés, à cheval sur la Belgique, les Pays-Bas et l'Allemagne. Gilles Vexlard a laissé une empreinte remarquée et, je dirais, très française, avec son projet *Riemer Park* au nord de Munich, achevé en 2005.

Aujourd'hui, Berlin compte plus de Françaises et Français que jamais auparavant

Explorations de diverses architectures du paysage en France, 1993 et 2019

Malgré la cessation de cette phase d'échanges soutenus avec ses représentants, j'ai continué à m'intéresser à l'architecture du paysage en France et en provenance de France. Y voyager et découvrir de nouvelles

12 *Riemer Park* in München, 2019 (links, rechts)

12 Le *Riemer Park*, à Munich-Riem, 2019 (à gauche, à droite)

ist im Vergleich zu deutscher Landschaftsarchitektur überdurchschnittlich hoch. Darf man das sagen?

Beobachtungen als Fazit der Begegnungen

Am Ende und als Fazit der beschriebenen Begegnungen möchte ich einige Beobachtungen und Thesen skizzieren, die zum Weiterdenken anregen sollen. Diese leiten sich aus den beschriebenen Begegnungen, inklusive der Konferenz und zahlreicher Reisen nach Frankreich ab. Die Organisatoren der Konferenz in Berlin hoffen darauf, dass bald ein weiteres französisch-deutsches Zusammentreffen stattfinden wird, bei dem diese Beobachtungen weiter diskutiert werden könnten.

Beobachtung 1: Das Ziel, einen französischen Landschaftsurbanismus zu etablieren, ist nicht erreicht worden – anderseits sind beeindruckende Gestaltungen öffentlicher Freiräume entstanden.

Die gestalterische Qualität der Projekte ist im Vergleich zu deutscher Landschaftsarchitektur überdurchschnittlich hoch. Darf man das sagen?

Die von den französischen Kolleginnen und Kollegen veröffentlichten Ziele beziehen sich häufig auf größere räumliche Einheiten wie Landschaften, Stadtstrukturen bis hin zum Planeten Erde als Betrachtungsgegenstand. Die Titel der Publikationen verdeutlichen das, zum Beispiel: Michel Corajoud: *Le paysage,*[12] Gilles Vexlard und Laurence Vacherot: *Nouveaux paysages urbains,*[19] Alexandre Chemetoff: *Visits: Town and Territory,*[14] Gilles Clément *Le jardin planétaire,*[20] Henri Bava *Territoires – Révéler la ville par le paysage.*[21] Man könnte meinen, dass diese Publikationen auf das Diskursfeld zwischen Geographie, Landschaft und Regionalplanung abzielen. Der Buchtitel *Révéler la ville par le paysage* von Agence Ter und Lisa Dietrich deutet Ähnlichkeiten zum britisch-amerikanischen Landscape Urbanism an.

Gilles Vexlard berichtete in seinen Vorträgen darüber, dass die Besonderheit und Alleinstellung der Landschaftsarchitektur an der ENSP in der durch landschaftsarchitektonisches Gestalten gesteuerten Stadt- und Regionalplanung bestand. Diese Position und Arbeitsweise entstanden bereits, bevor Vertreter des angelsächsischen Diskursraums wie Mohsen Mostafavi[22] oder James Corner[23] begannen, das Konzept des Landscape Urbanism zu

réalisations demeure un aspect réjouissant de mes activités de recherche sur le thème et de mon intérêt durable à essayer de mieux comprendre les similitudes et les différences entre l'architecture du paysage française et allemande.

Une série de photographies (à la page 84) livre des impressions de quelques-uns des projets que j'ai explorés en France au cours de ces vingt dernières années. Inutile de faire un long discours : la qualité des projets de paysage en France est supérieure à la moyenne de ce que l'on peut voir en Allemagne. A-t-on le droit de le dire ?

Observations en guise de synthèse de mes rencontres

Pour clore la description de ces rencontres, j'aimerais esquisser quelques observations et thèses qui ont pour dessein d'inciter à poursuivre la réflexion. Elles dérivent de mes rencontres, du symposium organisé à Berlin en 2019 et de nombreux voyages en France. Les organisateurs de la conférence berlinoise espèrent qu'une nouvelle rencontre franco-allemande aura lieu prochainement, afin de poursuivre et d'approfondir le débat sur ces observations.

Observation n° 1 : l'objectif d'un urbanisme du paysage à la française n'a pas été atteint – en revanche, on a vu naître d'impressionnantes conceptions d'espaces ouverts et publics.

la qualité des projets de paysage en France est supérieure à la moyenne de ce que l'on peut voir en Allemagne. A-t-on le droit de le dire ?

Les enjeux des publications de collègues français se rapportent pour la plupart à de vastes unités spatiales, comme les grands paysages, les structures urbaines et même la planète Terre. Leurs titres l'illustrent : Michel Corajoud, *Le paysage*[12], Gilles Vexlard et Laurence Vacherot, *Nouveaux paysages urbains*[19], Alexandre Chemetoff, *Visits: Town and Territory*[14], Gilles Clément, *Le jardin planétaire*[20], Henri Bava, *Territoires – Révéler la ville par le paysage*[21]. On pourrait penser que ces publications visent le champ discursif géographie / planification / aménagement régional. Le titre de l'ouvrage *Révéler la ville par le paysage* de l'Agence Ter et Lisa Dietrich suggère des parallèles avec la notion d'urbanisme du paysage, le Landscape Urbanism anglo-américain.

Man könnte meinen, dass diese Publikationen auf das Diskursfeld Geographie – Landschaft – Regionalplanung abzielen

thematisieren. Vexlard führte weiter aus, dass er die Banlieue als ein Potential verstanden hatte, mit dem gute Wohnmöglichkeiten, gesellschaftliche und politische Teilhabe und darüber hinaus interessante Aufenthaltsqualitäten für alle zur Verfügung gestellt werden können, die in den Innenstädten begrenzt und daher teuer sind und somit dort nicht mehr für alle zur Verfügung stehen. Für die Banlieue forderten er und andere Kolleginnen und Kollegen eine gestalterisch agierende und integrierte Landschafts- und Stadtplanung, die sich einem renditebegründeten Funktionalismus widersetzen sollte. Ziel war es, die Banlieue mit Landschaftsarchitektur zu gliedern und auf diese Weise zu einer lebenswerten Stadt für alle zu machen. In einem persönlichen Gespräch konstatierte er, dass die ENSP und auch er versäumt hätten, dieses Konzept rechtzeitig und international zu labeln, so dass die Vertreter des angelsächsischen Diskurses, die das Ideen-Marketing professionell beherrschen, den französischen Vertretern zuvorkamen. So wurde diese französische Spielart des Landschaftsurbanismus durch den internationalen Diskurs übersehen.

So überzeugend diese Konzepte in den Publikationen entfaltet sind, zeigt sich bei den Bereisungen französischer Städte ein anderes Bild

So überzeugend und sympathisch das von Vexlard vorgetragene Konzept ist und so überzeugend diese Konzepte in den Publikationen von Corajoud, Chemetoff, Agence Ter oder auch von Michel Desvigne entfaltet sind, zeigt sich bei den Bereisungen französischer Städte ein anderes Bild. Bewegt man sich durch französische Städte oder Verbünde von Kommunen, kann man eine Gliederung der Stadtstrukturen durch zusammenhängende Landschaftsräume und Parkzüge nur selten erkennen. Wenn man sich durch die Stadtlandschaften bewegt, dominieren Straßen und sich überlagernde Linien von Autobahnen, National- und Départementalstraßen. Die Befahrung der Kreisverkehre erzeugt Schwindel und die hochbaulichen Strukturen sind selten in der Lage, eine Lesbarkeit der städtischen Strukturen zu erzeugen.

Auch in Deutschland fallen die realisierten Grünflächen, wenn man sie mit den ersten Darstellungen der Wettbewerbsarbeiten und Masterplänen vergleicht, schmaler und kleiner aus, aber sie sind vorhanden. In französischen Städten fehlen diese Grünräume häufig, so dass die Orientierung erschwert und die Bewegung im Raum meistens an die Straßen gebunden ist. In Nizza und Cannes hilft glücklicherweise die Topografie, aber zwi-

Gilles Vexlard expose dans ses conférences que la particularité et la position singulière de l'architecture du paysage à l'ENSP consistent en ce que la planification urbaine et régionale est pilotée par une conception architectonique du paysage. Cette position et cette méthode de travail sont apparues avant que des représentants de l'espace discursif anglo-saxon, comme Mohsen Mostafavi[22] ou James Corner[23], ne commencent à thématiser le concept du Landscape Urbanism. Vexlard poursuit en expliquant qu'il a lui-même toujours considéré la banlieue comme un vaste potentiel spatial pouvant offrir à tout le monde de bonnes conditions de logement, une réelle participation sociale et politique, des espaces ouverts intéressants, alors que les centres-villes, limités et chers, sont par conséquent des espaces non accessibles à tout un chacun. Vexlard a développé avec des collègues une démarche d'aménagement paysager et urbain intégré et créatif, dont l'objectif est de contrecarrer le fonctionnalisme fondé sur le rendement. Il s'agit de structurer la banlieue par l'architecture du paysage pour en faire un espace agréable à vivre pour tous. Lors d'un échange personnel, il m'a confié que l'ENSP et lui-même avaient omis de labelliser ce concept à temps et à l'échelle internationale : les représentants du discours anglo-saxon, qui maîtrisent le marketing d'idées de manière professionnelle, les ont par conséquent devancés. Cette forme française précoce du Landscape Urbanism n'a donc pas été remarquée par le discours international.

On pourrait penser que ces publications visent le champdiscursif « géographie – planification du territoire – aménagement régional »

Aussi convaincants et sympathiques que soient le concept de Vexlard, de Corajoud, Chemetoff, l'Agence Ter ou Desvigne développés dans les publications, les villes françaises révèlent une toute autre réalité. Quand on parcourt les villes ou les communautés de communes françaises, il est rare d'y reconnaître une structuration du tissu urbain par des coulées vertes et des espaces paysagers cohérents. Pour celui qui se déplace dans l'espace urbain, ce sont les routes, les ponts et les bretelles enchevêtrées des autoroutes enjambant les routes nationales et départementales qui dominent. S'engager dans des ronds-points donne le tournis, et même les structures bâties sont rarement en mesure de donner de la lisibilité à la ville.

Aussi convaincants et sympathiques que soient ces concepts développés dans les publications, les villes françaises révèlent une toute autre réalité

schen Biarritz und Bayonne geht man verloren. Wegen der enormen Ausdehnung trifft das auf die Banlieue von Paris in noch stärkerer Weise zu.

Die Differenz zwischen den Thesen der Kolleginnen und Kollegen zu Landschaft, Territorium, und Stadt in den Publikationen und der Realität sind auffällig groß. Ich kenne die raumplanerischen Verfahren und gesetzlichen Rahmenbedingungen der Stadt- und Landschaftsentwicklung in Frankreich nicht gut genug, aber es drängt sich die Vermutung auf, dass der beschriebene Landschaftsurbanismus französischer Prägung im Rahmen der Verfahren, bei der Umsetzung in Planungsrecht und bei Vermarktung und bei Realisierung auf der Strecke bleibt.

Die durch die genannten Autoren intendierte integrierte Landschafts- und Stadtplanung in Frankreich konnte nicht umgesetzt werden

Auf Basis meiner Bereisungen mit Pkw und Fahrrad komme ich zu der Einschätzung, dass die durch die oben genannten Autorinnen und Autoren intendierte integrierte Landschafts- und Stadtplanung in Frankreich nicht umgesetzt werden konnte. Bei den Bereisungen fällt auch auf, dass in Frankreich der punktuelle (und induktive) Stadtumbau mit Entschlossenheit und Intensität vorangetrieben wird. Dazu gehören, wie in Deutschland und anderen Ländern auch, die Neu- oder Umgestaltungen von Innenstädten, Industriebrachen, Flussufern und Hafenanlagen und somit einzelner Orte, wie Parks, Plätze, Straßen und Promenaden. An diesen Orten zeigt sich die gestalterische Kraft und auch, man kann es durchaus so benennen, die gestalterische Eleganz zahlreicher französischer Landschaftsarchitektinnen und Landschaftsarchitekten. Schon in den 1990er-Jahren hat der radikale Stadtumbau in der Innenstadt von Lyon zwischen den Flüssen Rhône und Saône viel internationale Aufmerksamkeit erregt. Die Zurückdrängung des motorisierten Individualverkehrs zugunsten der Fußläufigkeit und die elegante Einbindung der öffentlichen Verkehrsinfrastruktur ist ein Konzept, das seitdem zahlreiche Städte wie Nantes, Lille, Nizza, Tours, Paris erfolgreich angewendet haben. Auffällig sind die gestalterische Konsequenz und die zeitliche Kompaktheit der Umsetzungen. Der öffentliche Raum in französischen Städten wird vor allem in zentralen Bereichen mit hochwertigen Materialien gestaltet, ebenso wie die Bepflanzungen, die Ausstattung und die Beleuchtung. Aus der Perspektive der Besuchenden und Stadtreisenden vermitteln die Gestaltungen des öffentlichen Freiraums einen Willen zur Veränderung, die Bereitschaft der Stadtverwaltungen, diese Lösungen mitzutragen und die Freude der Bürgerinnen und Bürger, diese Freiräume zu benutzen. Die Gestaltun-

Certes, en Allemagne aussi, à comparer les espaces verts réalisés avec leurs premières représentations dans les projets de concours et les plans directeurs, on constate qu'ils sont généralement plus étriqués et plus petits ; mais ils sont là. En France, les articulations végétales de l'espace sont rares, l'orientation est brouillée et les déplacements sont généralement corrélés aux voies de circulations. À Nice et à Cannes, la topographie aide à s'y retrouver, mais entre Biarritz et Bayonne, on se perd. Il en va de même en banlieue parisienne et de manière exponentielle en raison de son étalement infini.

Entre les thèses avancées dans les publications de mes collègues sur le paysage / le territoire / la ville et la réalité, la divergence est frappante. Je ne connais pas suffisamment les législations ni les procédures d'aménagement en France, mais on peut supposer que l'urbanisme de marque française reste en partie sur le carreau au moment de le transposer en droit de la construction, de le commercialiser et de le réaliser.

Au regard de mes déplacements en voiture et à vélo sur le territoire français, j'en arrive à la conclusion que l'aménagement intégré du paysage et de la ville, voulu par les auteurs susmentionnés, n'a pas pu être mis en œuvre. À explorer ainsi les villes de France, il est également frappant de constater que les projets locaux de rénovation urbaine sont menés avec détermination et ferveur. Il s'agit, comme en Allemagne et ailleurs, d'aménager ou de réhabiliter des centres-villes, friches industrielles, berges de cours d'eau et installations portuaires, et donc aussi des lieux précis et définis : parcs, places, rues ou promenades. C'est dans ces lieux que s'affiche la force et, disons-le, l'élégance créatrice de beaucoup d'architectes paysagistes français·e·s. Dès les années 1990, la transformation radicale du centre-ville de Lyon entre le Rhône et la Saône a attiré l'attention de la communauté internationale. Reléguer les véhicules privés en faveur des piétons et intégrer élégamment des infrastructures de transport public est quelque chose qui a été repris et appliqué avec succès par de nombreuses villes comme Nantes, Lille, Nice, Tours et Paris. Ce qui frappe, c'est la cohérence de la conception et la brièveté du temps de mise en œuvre. L'espace public des villes françaises, surtout dans les centres-villes, est aménagé avec des matériaux, des plantations, un mobilier urbain et de l'éclairage de qualité. Aux yeux du visiteur et voyageur, les

j'en arrive à la conclusion que les aménagements voulus n'ont pas pu être mis en œuvre

In Frankreich wird der punktuelle (und induktive) Stadtumbau mit Entschlossenheit und Intensität vorangetrieben

gen zeigen auch ein Vertrauen in die Kompetenzen der Landschaftsarchitektinnen und Landschaftsarchitekten. Die Gestaltungen beinhalten immer wieder kleine oder größere Verrücktheiten und Akzente. Ich kann mir nicht vorstellen, dass beispielsweise die aufwendige Staudenpflanzung als Gliederung zwischen den Stellplätzen des Parkplatzes am Rathaus von Bayonne in Deutschland akzeptiert werden würde.

Ich vermute, dass dabei die Auffassung des öffentlichen Raums eine wichtige Rolle spielt. Die französische Tradition des intensiv gestalteten und auch geschmückten »jardin public« unterscheidet sich deutlich von der nordeuropäischen und sozialdemokratisch-wohlfahrtsstaatlichen Idee des Freiraums, der immer zugänglich und multifunktional nutzbar sein soll. Anderseits schützt die Einzäunung den Freiraum, so dass hier anders und in besonderer Weise gestaltet werden kann. Auch die Besuchenden reagieren auf diesen geschützten Ort und verhalten sich anders. Es ist anzunehmen, dass die Idee des immer zugänglichen und multifunktional nutzbaren Freiraums auch in Frankreich diskutiert wird. Es wäre interessant zu untersuchen, ob sich neue Mischformen herausgebildet haben und welche Mischformen entstanden sind.

Beobachtung 2: Stadtstrukturen in Deutschland sind in der Regel gut gegliedert – leider sind in Deutschland die Möglichkeiten, den öffentlichen Freiraum zu gestalten, limitiert.

Die französische Tradition des intensiv gestalteten und auch geschmückten »jardin public« unterscheidet sich deutlich von der nordeuropäischen und sozialdemokratisch-wohlfahrtsstaatlichen Idee des Freiraums

Die Landschaftsentwicklung an den deutschen Universitäten im Umfeld der ökobewussten Generation der 68er in Deutschland hat es geschafft, eine gesetzlich verankerte Raum- und Landschaftsplanung einzuführen, die in vielen Fällen zu gut gegliederten Stadt-Landschafts-Strukturen geführt hat. Das war gut so. So ist es in Berlin und anderen Städten möglich, weite Strecken in der Stadt zu Fuß oder mit dem Fahrrad durch Parkanlagen und Freiräume zurückzulegen, ohne Straßen queren oder befahren zu müssen. Diese Freiräume gliedern die Stadt, schaffen Orientierung, bieten Aufenthaltsangebote, und sind ein wichtiger Beitrag zur Klimafolgenanpassung. Jedoch präsentieren sich diese Freiräume in der Regel in einem schlechten oder sogar erbärmlichen Zustand. Der Grund

aménagements de l'espace public expriment une volonté de renouveau, une disposition des autorités municipales à soutenir ces réponses et à faire confiance aux paysagistes-concepteurs, ainsi qu'un véritable plaisir des citoyens à investir ces espaces. Les aménagements incluent aussi toujours une petite ou une grande folie, des accents. Je ne pense pas qu'une plantation de vivaces aussi élaborée que celle servant à structurer l'interstice entre les places de stationnement du parking de l'hôtel de ville de Bayonne serait acceptée en Allemagne.

Il est également frappant de constater que les projets locaux de rénovation urbaine sont menés avec détermination et ferveur

Je suis d'avis que la compréhension de l'espace public y est pour beaucoup. La tradition française du « jardin public », à l'aménagement intensif et décoratif, se démarque nettement de la vision nord-européenne – imprégnée de social-démocratie et de l'idée de l'État-providence – d'espaces ouverts et multifonctionnels accessibles à tous à tout moment. Par ailleurs, le fait de clôturer l'espace vert permet de le ménager et donc de l'aménager d'une autre manière : les utilisateurs réagissent à ce lieu protégé et se comportent différemment. Aujourd'hui, l'idée d'un espace libre toujours accessible et utilisable de multiples manières fait très certainement son chemin dans le débat français. Il faudrait observer si de nouveaux types d'espaces se développent et quels genres de formes mixtes voient le jour.

La tradition française du « jardin public », à l'aménagement intensif et décoratif, se démarque nettement de la vision nord-européenne – imprégnée de social-démocratie et de l'idée de l'État-providence – d'espaces ouverts et multifonctionnels

13 Bepflanzung Parkplatz am Rathaus in Bayonne, 2021

13 Plantations du parking de l'hôtel de ville de Bayonne, 2021

Protestantisch geprägte Ethik der Genügsamkeit: nicht zu exaltiert – dafür dauerhaft und robust

dafür sind zu knappe Bewirtschaftungsbudgets und restriktive Pflege-Regime. Die sozialdemokratisch-wohlfahrtsstaatliche Idee des Freiraums hat dazu geführt, dass es immer mehr öffentliche Freiräume gibt, was allgemein positiv bewertet wird. Jedoch wuchsen und wachsen die Baubudgets und Bewirtschaftungsbudgets nicht mit. Im Gegenteil, die Budgets für Landschaftsarchitektur wurden eher reduziert.

Ich sehe mehrere Erklärungsansätze für diese Situation. Es scheint so, dass dem politischen Handeln und dem Verwaltungshandeln immer noch eine protestantische Ethik der Genügsamkeit zugrunde liegt. Ganz ähnlich wie bei anderen Massenprodukten aus Deutschland, wie Automobilen, dem ICE, den Haushaltsgeräten von Bosch und der Kulinarik gilt auch für die Landschaftsarchitektur in Deutschland: nicht zu exaltiert – dafür aber dauerhaft und robust.

In deutschen Städten fehlt im politischen Raum ein Verständnis für die Schönheit der Stadt und für die Notwendigkeit, in den öffentlichen Raum zu investieren

Dazu kamen die Folgen des ökonomischen Liberalismus, besonders während der Ära Helmut Kohls, in der Form der Standardisierung des öffentlichen Bauens und der Bewirtschaftung sowie des Outsourcings staatlicher oder städtischer Dienste. An die Stelle dieser Dienste traten Kataloge für Bau- und Pflegestandards und die Ergebnisse von naiv konzipierten Bürgerbeteiligungen. Als Folge davon präsentiert sich der öffentliche Raum deutscher Städte als Resultat langwieriger Abstimmungsprozesse zwischen zu vielen Beteiligten und als ausgelaugter Kompromiss des ›kleinsten gemeinsamen Nenners‹. Die Regelwerke und die damit verbundene starke Position von Externen, die selten kompetent sind, was die Gestaltung angeht, macht es den Landschaftsarchitektinnen und Landschaftsarchitekten in Deutschland schwer, überraschende landschaftsarchitektonische Gestaltungen des öffentlichen Raums durchsetzen zu können. Ich bin sicher, dass die Erfindungsgabe der Landschaftsarchitektinnen und Landschaftsarchitekten in Deutschland dafür ausgebildet ist. In den deutschen Städten fehlt im

16 Waschmaschinen

16 Machines à laver

Observation n° 2 : en Allemagne, les structures urbaines sont en général bien articulées – malheureusement, les possibilités d'y concevoir des espaces publics sont réduites.

Les filières universitaires du développement paysager de la génération éco-consciente de 1968 en Allemagne ont réussi à introduire et à entériner une législation sur l'aménagement du paysage. Elle s'est traduite dans de nombreux cas par des structures ville-paysage bien articulées, ce qui est une bonne chose.

14 Generalfreiflächenplan, Berlin, 1929 (links)

14 Plan général des espaces verts et non-construits, Berlin, 1929 (gauche)

15 Grundzüge des Berliner Freiraumsystems, 2016 (rechts)

15 Grandes lignes du schéma des espaces verts et non-construits berlinois, 2016 (droite)

Ainsi, à Berlin et dans d'autres villes, il est possible de parcourir de longues distances à pied ou à vélo à travers des parcs et des espaces ouverts, sans devoir traverser ou emprunter de routes ni de rues. Ces espaces libres structurent la ville, permettent de s'orienter, sont autant de lieux de repos et de loisirs, sans oublier leur importante contribution à l'adaptation nécessaire au changement climatique. Cependant, ces espaces sont généralement en mauvais état, voire dans un état pitoyable, en raison de budgets trop serrés et d'une politique d'entretien restrictive. La vision sociale-démocrate et paternaliste de l'État-providence a donné jour à davantage d'espaces verts publics, ce qui est globalement positif, mais les budgets de mise en œuvre et de gestion n'ont pas suivi et ne suivent toujours pas. Au contraire, l'enveloppe allouée à l'architecture du paysage s'est plutôt réduite.

Je vois plusieurs explications à ce phénomène. Il semble que l'action politique et administrative est encore jugulée par l'éthique protestante

politischen Raum ein Verständnis für die Schönheit der Stadt und für die Notwendigkeit, in den öffentlichen Raum als den Salon und die Bühne für alle zu investieren. Das ist erstaunlich, da die politischen Programme heute bereits fordern, den multiplen Krisen, etwa des Klimawandels, der Energiesicherheit, der Mobilität und des gesellschaftlichen Zusammenhalts durch Stadtumbau mithilfe der Landschaftsarchitektur zu begegnen. Wenn in Deutschland diese Ziele erreicht werden sollen, sind ein Umdenken und ein Politikwandel in Bezug auf Ziel, Selbstverständnis, Organisation und Finanzierung des städtischen Freiraums notwendig. Die Chancen dafür müssten gegeben sein, denn seit den 1970er-Jahren hat in Deutschland, im Gegensatz zu den alten Vorurteilen gegenüber Deutschland, ein tiefgreifender Mentalitätswechsel bezüglich der individuellen Lebensführung, des Lifestyles und der Wirkungsmacht gesellschaftlicher Konventionen stattgefunden. Wir werden sehen, ob sich dieser Wandel noch weiter vertieft. Für Deutschland wäre es interessant, das französische Konzept des »jardin public« oder neue Mischformen zwischen dem »jardin public« und der sozialdemokratisch-wohlfahrtsstaatlichen Idee für den öffentlichen Freiraum auszuprobieren, um landschaftsarchitektonisch anregend gestaltete und überraschende Orte zu schaffen. Die französischen Beispiele können dafür Anregungen geben.

> **Für Deutschland wäre es interessant, das französische Konzept des »jardin public« oder neue Mischformen zwischen dem »jardin public« und der sozialdemokratisch-wohlfahrtsstaatlichen Idee für den öffentlichen Freiraum auszuprobieren**

Und noch eine Nachbetrachtung zu den Spuren des Gartens: Die Konzepte Garten und Natur sind in der Landschaftsarchitektur kein Widerspruch

Für die Frage nach den Spuren des Gartens in der Landschaftsarchitektur lieferte die Konferenz einige Antworten und einige interessante Interpretationen. Henri Bava berichtete über seine Bezüge zum Garten des *Potager du Roi*, in dem die École nationale supérieure du Paysage beheimatet ist. Judith Weiss stellte künstlerische Gestaltungen zum Thema Pflanzen und Garten vor, die durch digitale Mittel oder durch gemischte analoge und digitale Techniken erzeugt wurden. Der Einsatz von Digital Matter führt zu eigentümlichen Erfahrungen von Pflanzen und Gartenkunst.

de la frugalité. À l'image des principes s'appliquant à d'autres produits allemands – automobiles, train à grande vitesse ICE, appareils électroménagers de Bosch ou gastronomie – l'architecture du paysage en Allemagne doit elle aussi répondre à la devise : pas d'excentricité, du durable et du robuste.

l'architecture du paysage en Allemagne doit elle aussi répondre à la devise : pas d'excentricité, du durable et du robuste

S'ajoute à cela les conséquences du libéralisme économique, en particulier sous l'ère Helmut Kohl : la standardisation des travaux publics et de la gestion, ainsi que l'externalisation des services de l'État ou des villes. Ces derniers ont été remplacés par des catalogues de normes de construction et d'entretien ou par les conclusions d'enquêtes de participations citoyennes conçues avec naïveté. En conséquence, l'espace public des villes allemandes se présente comme le résultat d'interminables processus de concertation entre un trop grand nombre de participants : le pâle compromis du « plus petit dénominateur commun ». En Allemagne, les architectes paysagistes ont du mal à imposer des projets d'espace publics à la conception surprenante ou inédite, à cause de la réglementation et du pouvoir transféré à des personnes extérieures rarement compétentes en matière de conception. Or, je suis certain que la capacité d'invention des architectes paysagistes en Allemagne est suffisamment exercée pour concevoir des espaces plus audacieux.

Dans la sphère politique des villes allemandes, il n'y a pas de perception de la beauté de la ville, on ne voit pas la nécessité d'investir dans l'espace public, qui est pourtant le salon et la scène de tout un chacun. C'est étonnant, car les programmes politiques attendent aujourd'hui de l'architecture du paysage qu'elle brave les multiples crises – changement climatique, sécurité énergétique, mobilité et cohésion sociale – en restructurant la ville. Si l'on veut atteindre ces objectifs en Allemagne, il est nécessaire de remanier la politique en matière d'objectifs, d'image de soi, d'organisation et de financement de l'espace ouvert urbain.

Dans la sphère politique des villes allemandes, il n'y a pas de perception de la beauté de la ville, on ne voit pas la nécessité d'investir dans l'espace public

Les chances sont semble-t-il réunies, car depuis les années 1970, contrairement aux vieux préjugés à l'égard de l'Allemagne, un profond changement de mentalité s'est opéré concernant le mode de vie individuel, l'art

Christophe Girot gab Einblicke in sein privates Gärtnern und spekulierte zur Rolle von Langzeitbeobachtungen von Pflanzen und deren Veränderungen im Garten für das landschaftsarchitektonische Denken. Catherine Mosbach führte vor, wie sie Aufnahmen kosmischer Strukturen interpretiert und so Gestaltungsansätze für ihre Parks entwickelt. Thilo Folkerts sieht im Gärtnern eine Anleitung für das landschaftsarchitektonische Gestalten in direktem Bezug zu den Materialien Boden und Pflanzen. Die Beiträge von Karin Helms, Lisa Diedrich, Laure Planchais, Corinne Jaquand, Claire Trapenard und Gilbert Fillinger boten kluge Seitenblicke vom Garten auf die Landschaftsarchitektur. Alle Beiträge zeigten anregende Sichtweisen und Potentiale des Begriffs des Gartens auf.

Es ist kaum möglich, mit diesen wenigen Positionen allgemeingültige Aussagen abzuleiten. Anstelle einer Auswertung der Beiträge scheint es mir sinnvoller, noch weitere Positionen zum Thema Spuren des Gartens in der Landschaftsarchitektur zusammenzutragen. Daher möchte ich an dieser Stelle eine eigene Überlegung beisteuern.

Die Vorstellungen vom Garten und zur Natur ändern sich und vermischen sich. Der Garten war ursprünglich Schutz vor der ›wilden Natur‹ und ein ›befriedeter‹ Bereich. In der Neuzeit und Moderne wurde der Begriff des Gartens zum Träger hoffnungsreicher Sozialutopien. Noch zum Ende der 2000er-Jahre führten Slogans wie »die Welt als Garten« diese Vorstellung fort (so der Titel der Position des BDLA zur Weltausstellung Expo 2000 in Hannover). Parallel entstand ein umfangreicher Markt dekorativer gärtnerischer Produkte, Flower-Shows, Garten-Center, Gartenzeitschriften und Gartenberater.

Es hat sich eine eskapistische Sehnsucht nach grünen ›befriedeten Orten‹ entwickelt, sogar der vormals als ›spießig‹ angesehene Kleingarten ist auch bei Hipstern heute wieder in Mode. Parallel dazu erfolgte der Schock des zu lange verdrängten Klimawandels. Die Wissenschaften intensivieren den biologischen turn, das heißt die Biologie setzt sich als Leitdisziplin für viele Bereiche durch. Als Antwort auf die Frage des Zusammenhangs zwischen menschengemachter ›befriedeter Natur‹ und natürlicher Dynamik schlägt das Konzept des Anthropozäns vor, Naturprozesse und menschliche Aktivitäten als unauflösbar verwoben zu verstehen. Für die Rettung des Planeten werden ein neuer Materialismus als Bio-Variante und natur-

de vivre et le poids des conventions sociales. Nous verrons si ce changement perdure et s'accentue. Il serait intéressant de faire l'expérience en Allemagne du concept français de « jardin public » ou de nouvelles formes mixtes entre le « jardin public » et la vision sociale-démocrate de l'espace public, afin de créer des lieux surprenants et stimulants du point de vue de l'architecture du paysage. Les exemples français pourraient fournir une source d'inspiration.

Il serait intéressant de faire l'expérience en Allemagne du concept français de « jardin public » ou de nouvelles formes mixtes entre le jardin public et la vision sociale-démocrate de l'espace public

Une observation complémentaire sur les traces du jardin : en paysage, jardin et nature ne sont pas contradictoires

Sur la question des traces du jardin en architecture du paysage, la conférence a livré quelques réponses et des points de vue intéressants. Henri Bava a évoqué ses relations au jardin du *Potager du Roi* dans lequel est sise l'École nationale supérieure du Paysage. Judith Weiss a présenté des créations artistiques sur le thème des plantes et du jardin créés au moyen du numérique ou de techniques mixtes (analogiques et numériques). La « matière numérique » permet de faire des rencontres singulières avec les plantes et l'art des jardins.

Christophe Girot, en donnant un aperçu de son expérience personnelle du jardinage, a devisé sur l'importance l'observation longue-durée des plantes et de leur évolution dans le jardin pour la réflexion sur l'architecture du paysage. Catherine Mosbach a montré comment elle interprétait les images de structures cosmiques et développait ainsi des approches pour concevoir ses parcs. Thilo Folkerts a exposé sa vision du jardinage comme mode d'emploi pour la création architectonique du paysage en relation directe avec les matériaux que sont le sol et les plantes. Les contributions de Karin Helms, Lisa Diedrich, Laure Planchais, Corinne Jaquand, Claire Trapenard et Gilbert Fillinger nous ont livré des regards « côté jardin » aussi plaisants que pertinents sur l'architecture du paysage. Toutes les contributions ont révélé d'autres approches et de nouveaux potentiels de la notion de jardin.

basierte Infrastrukturen vorgeschlagen. Es wird mehr ›wilde Natur‹ gefordert und die Naturgarten-Idee für die Steigerung der Biodiversität aus dem Ideenfundus geholt. Sogar im Kleingarten sollen naturbasierte Infrastrukturen umgesetzt werden und die Biodiversität gesteigert werden. Vor allem die Landschaftsarchitektur soll diese ambitionierten Ziele umsetzen. Ist das für die Landschaftsarchitektur etwas grundlegend Neues?

Landschaftsarchitektur bestand schon immer aus der unauflösbaren Verbindung von menschengemachter ›befriedeter Natur‹ und Naturdynamiken

Landschaftsarchitektur bestand schon immer aus der unauflösbaren Verbindung von menschengemachter »befriedeter Natur« und Naturdynamiken. Dabei stand häufig die »befriedete Natur« als Garten im Vordergrund, heute werden natürliche Dynamiken und Prozesse, solange es sich nicht um Naturkatastrophen handelt, wichtiger. Das Konzept des Anthropozäns fordert die Grundannahmen in vielen Bereichen der Gesellschaft heraus, jedoch ist das für die Landschaftsarchitektur nicht wirklich neu. Das Ineinandergreifen menschlicher Eingriffe, Aktivitäten und natürlicher Dynamiken ist Wesensmerkmal der Landschaftsarchitektur. Dieses Wesensmerkmal der unauflösbaren Verbindung von menschengemachter »befriedeter Natur« und Naturdynamiken findet Ausdruck in den Begriffen »Garten« und »Natur«. Daher kann angenommen werden, dass der Diskurs auch zukünftig entlang dieser Begriffe geführt werden wird, d.h. entlang der Dynamik der Natur einerseits und andererseits entlang der menschlichen Kontrolle – der Idee des Gartens.

Weder der Garten- noch der Naturbegriff sind meines Erachtens als bestimmende Leitbegriffe für die Landschaftsarchitektur geeignet. Der Garten ist vielfältig symbolisch aufgeladen. Die zu leistende Deutungsarbeit sollte man den Disziplinen der wissenschaftlichen Hermeneutik, wie Philosophie oder Kultur- und Religionswissenschaft übergeben. Die Natur ist durch die Naturwissenschaft in ein unüberschaubares Feld von Erkenntnissen aufgespalten, auch hier ist die Landschaftsarchitektur nur eine Disziplin von vielen, die naturwissenschaftliche Erkenntnisse anwendet. Landschaftsarchitektur hat die Aufgabe, nach Gestaltungslösungen zu suchen, die durch räumliche Kompositionen zeitgenössisches Befinden und natur- und ingenieurwissenschaftliche Erkenntnisse zusammenführen. Landschaftsarchitektur entsteht erst aus der Synthese der Konzepte Garten und Natur. Daran erinnert uns auch Poblotzki im oben zitierten

Il n'est guère possible de tirer des conclusions générales de ces quelques interventions. Plutôt que de les évaluer, il me semble plus judicieux de les compléter, et c'est pourquoi j'avancerai ici mes propres réflexions. Les re-présentations du jardin et de la nature changent et se mêlent. À l'origine, le jardin était un lieu protégé contre la « nature sauvage », un espace délimité et sécurisé, « pacifié ». À l'époque moderne et contemporaine, la notion de jardin est devenue le support d'utopies sociales porteuses d'espoir. Des slogans, tels que « le monde comme un jardin », perpétuaient encore cette idée dans les années 2000 (c'était la bannière de la BDLA pour l'exposition universelle Expo 2000 à Hanovre). Parallèlement, un vaste marché de pro-duits horticoles décoratifs, d'expositions florales, de jardineries, de maga-zines de jardinage et de conseillers en jardin a vu le jour.

Une aspiration escapiste vers des lieux pacifiés et verdoyants s'est déve-loppée, au point même que le jardin ouvrier ou familial, autrefois consi-déré comme ringard, est devenu à la mode dans le milieu bobo. Avec à cela, nous subissons le choc du changement climatique, trop longtemps occulté et refoulé. Les sciences accentuent leur virage biologique, dans le sens où la science du vivant est désormais la discipline phare de nom-breux domaines. Pour répondre à la question du lien entre la « nature pa-cifiée » par l'homme et les dynamiques naturelles, la notion d'anthropo-

17 Nippes aus dem Gartencenter

17 Babioles vendues en jardinerie

Es bleibt zu hoffen, dass sich als Folge der Klimakrise die Entwurfsdisziplinen an den Universitäten nicht wie in den 1970-Jahren wieder selbst abschaffen und Gefahr laufen, zu einer Art Zombie des Geo- und Eco-Engineering zu werden

Artikel: »der Punkt, an dem es für diejenigen, die sich mit der Gestaltung von Freiräumen auseinandersetzen, wirklich spannend wird: dort, wo sich Natur- und Geisteswissenschaften und die Kunst treffen«[18].

Deshalb möchte ich am Ende noch eine Besorgnis aussprechen. Heute, da die Katastrophe des Klimawandels und Biodiversitätsverlustes in besonderer Weise gesellschaftliche Diskussion und Aufgaben der Universitäten beeinflusst, beobachte ich die Tendenz, dass die durch Poblotzki beschriebene Auffassung der Landschaftsarchitektur als »Fachplanung für natürliche Reproduktion« als Lösungsansatz für diese Krisen eine Wiederauferstehung erfährt. Woran mache ich das fest? Was Poblotzki als »natürliche Gestaltung von Freiräumen für natürliche Reproduktion« bezeichnet, wird heute in Denglish als »Nature-based Solutions« und »Animal-Aided-Design« oder »Blue-Green-Infrastructure« bezeichnet. Die Hoffnung, die in der Idee der »Fachplanung für natürliche Reproduktion« enthalten ist, geht soweit, dass heute bei der Neubesetzung von Entwurfsprofessuren an den Universitäten (natur-)wissenschaftliche Leistungen stärker als die entwerferischen Kompetenzen bewertet werden. Es bleibt zu hoffen, dass

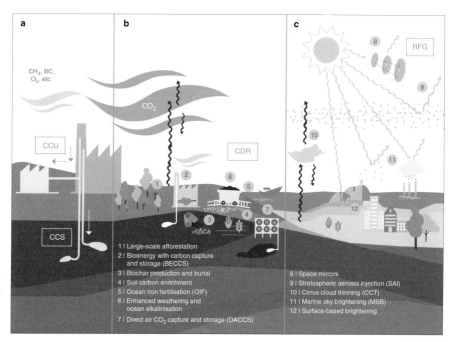

18 Methoden des Klima-Geoengineerings

18 Babioles vendues en jardinerie

cène propose que tous les processus naturels soient inextricablement liés aux activités humaines. Et pour sauver la planète, on avance une variante écologique d'un nouveau matérialisme et des infrastructures fondées sur la nature. On réclame davantage de « nature sauvage » et la notion du « jardin naturel » qui favorise la biodiversité est ressortie de la boîte à idées. Même dans les jardins ouvriers, il faut mettre en place des infrastructures écologiques et accroître la biodiversité. Et l'architecture du paysage doit mettre en œuvre tous ces objectifs ambitieux. Est-ce quelque chose de fondamentalement neuf pour notre discipline ?

L'architecture du paysage a toujours consisté en ce lien indissoluble entre une « nature pacifiée » par l'homme et les dynamiques naturelles

L'architecture du paysage a toujours consisté en ce lien indissoluble entre une « nature pacifiée » par l'homme et les dynamiques naturelles. La nature apprivoisée du jardin était jusqu'à présent au premier plan, mais aujourd'hui, les dynamiques et processus naturels – s'il ne s'agit pas de catastrophes naturelles – prennent les devants. Le concept d'anthropocène qui fdéfie les postulats de nombreux domaines de la société n'est pas une nouveauté pour l'architecture du paysage. L'enchevêtrement des interventions et activités humaines d'un côté et de processus naturels de l'autre est une caractéristique essentielle de l'architecture du paysage ; et ce lien indissoluble s'exprime dans les termes « jardin » et « nature ». On peut donc s'attendre à ce que le discours continue de se développer en suivant les axes de ces notions : dynamique de la nature et maîtrise humaine – l'idée du jardin.

Il reste à espérer que les disciplines universitaires du projet ne s'autodétruisent pas à cause de cela ou en raison de la crise climatique, comme ce fut le cas dans les années 1970. Elles risqueraient de devenir une sorte de zombie de la géo- ou de l'éco-ingénierie

Cela montre, de mon point de vue, que ni la notion de jardin ni celle de nature ne sont valables en tant que bannière de l'architecture du paysage. Le jardin contient de multiples charges symboliques. Il faudrait confier le travail de conceptualisation et d'interprétation aux disciplines de l'herméneutique scientifique, comme la philosophie ou les sciences culturelles et religieuses. Les sciences naturelles divisent et répartissent la nature sur un champ infini de connaissances ; là encore, l'architecture du paysage n'est que l'une des nombreuses disciplines à appliquer les connaissances du champ des sciences de la vie. La mission de l'architecture du paysage est de concevoir des solutions d'aménagement qui

sich dadurch und als Folge der Klimakrise die Entwurfsdisziplinen an den Universitäten nicht wie in den 1970-Jahren wieder selbst abschaffen und Gefahr laufen, zu einer Art Zombie des Geo- und Eco-Engineering (das heißt weder richtiger Ingenieur noch gestaltender Landschaftsarchitekt) zu werden. Diese Tendenz der Schein-Verwissenschaftlichung trifft auch für die Disziplinen Architektur und Städtebau zu.

Ich möchte diesen Text mit einem Zitat von Gilles Vexlard schließen. Im Rahmen eines persönlichen Gesprächs über die Situation der Universitäten, an denen Landschaftsarchitektur gelehrt und beforscht wird, sagte er: »je ne recherche pas, je trouve«. Dieser selbstbewusste Hinweis darauf, dass vor allem durch innovative Projekte landschaftsarchitektonisches Wissen entsteht, fordert dazu heraus, die Ausbildung und Forschung in der Landschaftsarchitektur wieder enger an der Landschaftsarchitektur selbst auszurichten.

Diese bibliographische Liste beinhaltet nicht nur Zitate, sondern versteht sich auch als Angebot an die Studierenden, sich der Geschichte und Theorie der Landschaftsarchitektur in und aus Frankreich durch diese Publikationen zu nähern.

1 Grün Berlin GmbH, Gesellschaft für Freiraumgestaltung mbh (Hrsg.): Aktuelle französische Garten- und Landschaftsarchitektur. 12 Beispiele für städtische Freiraumgestaltung. Berlin 1993.

2 L'invention du parc. Parc de la Villette, Paris. Concours international / International competition 1982-1983. Graphite. Établissement public du parc de la Villette. Paris 1984.

3 Ebd., S. 178–179.

4 Ebd., S. 50–53.

5 Weckwerth, Helmut: Die Ausbildung zum Landschaftsarchitekten an der Technischen Universität Berlin. Studienziele und -schwerpunkte im Wandel der Zeit – 1968–2008. In: Fritz Heinrich / Gerd Peschken: Zwölf Aufsätze für Vroni Heinrich. Zu Gartenkunst und Landschaftsplanung. - Landschaftsentwicklung und Umweltforschung / Schriftenreihe der Fakultät Architektur

Umwelt Gesellschaft Band S21. Universitätsverlag der TU Berlin. Berlin 2009, S. 21.

6 Michal Corajoud zu den Folgen des Mai 1968 für den Diskurs der Entwurfsdisuziplinen in Yann Nussaume: Entretien avec Michel Corajoud: La pédagogie à l' Ecole du paysage de Versailles. In: Laffage, Arnaud / Nussaume Yann: De l' enseignement du paysage en architecture. Teaching Landscape with Architecture. Éditions de la Villette. Paris 2009, S. 129.

7 Dekan des Fachbereichs 14 Landschaftsentwicklung der TU Berlin (Hrsg.): Studienführer für den Studiengang Landschaftsplanung. Stand Juni 1987, S. 22–23.

8 Vgl. Simon, Jacques: Aménagement des espaces libres. Croquis perspectifs de 130 Paysagistes. Collection Aménagement des Espaces extérieurs. N° 11. 1988.

9 Vgl. Brand, Steward (Hrsg.): Whole Earth Catalog. Access to tools. 1968.

10 Vgl. Lassus, Bernard: Une poétique du paysage: de démesurable (parties I et II). Paris Vancouver 1976.

11 Yann Nussaume: Entretien avec Michel Corajoud: La pédagogie à l'École du paysage

unissent, par la composition de l'espace, un état et un esprit contemporains avec les connaissances en sciences naturelles et ingénierie. L'architecture du paysage naît de la synthèse des notions de jardin et de nature.
L'article d'Ursula Poblotzki cité plus haut nous le rappelle : « [...] les choses
deviennent vraiment intéressantes pour tous ceux qui réfléchissent à la
conception d'espaces ouverts [...] au moment où les sciences humaines
et naturelles rencontrent l'art »[18].

C'est pourquoi j'aimerais pour finir exprimer mon inquiétude. Aujourd'hui,
alors que la situation catastrophique liée au changement climatique et à
la régression de la biodiversité pèse très directement sur le débat public
et les responsabilités de l'université, j'observe que la vision d'une architecture du paysage comme « planification spécialisée pour la reproduction du naturel », décrite par Poblotzki en 1993, a tendance à regagner
du terrain. Sur quoi se fonde mon appréciation ? Cette forme d'aménagement naturel des espaces ouverts que Poblotzki décrivait par cette
formule est aujourd'hui désignée par des notions en anglais, telles que
« Nature-based Solutions », ou AAD pour « Animal-Aided-Design » (solutions fondées sur la nature, soit SFN, et conception orientée animaux) ou
encore « Blue-Green-Infrastructure » (trames vertes et bleues). L'espoir
contenu dans l'idée de conceptions spécialisées pour reproduire du naturel va si loin que lorsqu'il s'agit de renouveler les chaires de projet en
architecture du paysage à l'université, les compétences en sciences naturelles prévalent sur les compétences en matière de conception. Il reste
à espérer que les disciplines universitaires du projet ne s'autodétruisent
pas à cause de cela ou en raison de la crise climatique, comme ce fut
le cas dans les années 1970. Elles risqueraient de devenir une sorte de
zombie de la géo- ou de l'éco-ingénierie, c'est-à-dire une discipline qui
ne produirait ni de véritables ingénieurs, ni de véritables concepteurs architectes paysagistes. Cette tendance à la « scientifisation » factice s'ap-
plique d'ailleurs tout autant aux disciplines universitaires de l'architecture et de l'urbanisme.

J'aimerais conclure ce texte en citant Gilles Vexlard. Dans le cadre d'un
échange personnel, concernant, entre autres, la situation des institutions dans lesquelles on enseigne et fait de la recherche en architecture
du paysage, il m'a dit : « je ne recherche pas, je trouve ». Cette remarque
pleine de confiance en soi, qui montre que c'est surtout par des projets in-

de Versailles. In: Laffage, Arnaud / Nussaume Yann: De l'enseignement du paysage en architecture. Teaching Landscape with Architecture. Éditions de la Villette. Paris. 2009, S. 134.

12 Vgl. Corajoud, Michel: Le paysage, c' est l'endroit où le ciel et la terre se touchent. Actes Sud/ENSP. Arles Versailles. 2010.

13 Vgl. Chemetoff, Alexandre: Visits. Town and Territory. Architecture in Dialogue. Birkhäuser. Basel Boston Berlin 2009.

14 Vgl. Clément, Gilles: Le Jardin en mouvement. Pandora. Paris 1991.

15 Weidinger, Jürgen: Das Programm Entwurfsbasierte Promotion PEP der Entwurfsfachgebiete Architektur und Landschaftsarchitektur der TU Berlin. In: Karsten Berr (Hg.): Landschafts-architekturtheorie. Aktuelle Zugänge, Perspektiven, Positionen. Wiesbaden 2017, S. 187–194.

16 Vgl. Association Paysage et Diffusion: Chapellière Valérie, Claramunt Marc, Jacotot Pascale, Mosbach Catherine, Tricaud Vincent (Ed.): Pages Paysages. Nr. 2: Ubi, quo, unde, qua?, Versailles 1988/89.

17 Vgl. Brunier, Yves: Landscape Architect Paysagiste. Birkhäuser. Basel Boston Berlin 1996.

18 Poblotzki, Ursula: Zeitgenössische Konzeptionen französischer Freiraum-gestalter. Paysagistes stellten sich vor, In: Garten + Landschaft, 5/1993, S. 4–5.

19 Annette Vigny: Latitude Nord. Nouveaux Paysages Urbains. Actes Sud, Ecole Nationale du Paysage 1998.

20 Vgl. Clément, Gilles, Le Jardin planétaire. Réconcilier l'homme et la nature. Albin Michel. Paris 1999.

21 Vgl. Dietrich, Lisa: Territoires: Révéler la ville par le paysage. Agence Ter. Henri Bava. Michel Hoessler. Olivier Philippe. Birkhäuser. Basel Boston Berlin 2009.

22 Vgl. Mohsen Mostafavi, Ciro Najle: Landscape Urbanism: A Manual for the Machinic Landscape, New York, NY: Princeton Architectural Press. 2003.

23 Corner, James (Hg.) Recovering Landscape: Essays in Contemporary Landscape Architecture. New York, NY: Princeton Architectural Press, 1999.

Abb. 1 Einband des Katalogs, Grün Berlin GmbH Gesellschaft für Freiraumgestaltung mbh (Hrsg.): Aktuelle französische Garten- und Landschaftsarchitektur. 12 Beispiele für städtische Freiraumgestaltung. Berlin 1993.

Abb.2 Plakat der Konferenz *Spuren des Gartens in zeitgenössischer deutscher und französischer Landschaftsarchitektur* 2019, von Juliane Feldhusen und Sebastian Feldhusen.

Abb. 3 Einband des Katalogs, Établissement public du parc de la Villette (Hrsg.): L'invention du parc. Parc de la Villette, Paris. Concours international / International competition 1982-1983. Graphite Paris. 1984.

Abb. 4 aus Établissement public du parc de la Villette (Hrsg.): L'invention du parc. Parc de la Villette, Paris. Concours international / International competition 1982-1983. Graphite Paris. 1984, S. 51.

Abb. 5 aus Établissement public du parc de la Villette (Hrsg.): L'invention du parc. Parc de la Villette, Paris. Concours international / International competition 1982-1983. Graphite Paris. 1984, S. 179.

Abb. 6 Deckblatt, Dekan des Fachbereichs 14 Landschaftsentwicklung der TU Berlin (Hrsg.): Studienführer für den Studiengang Landschaftsplanung. Stand Juni 1987.

Abb. 7 aus Simon, Jacques: Guide technique illustré des chantiers espaces verts, Nummer 10 der Reihe Aménagement des espces libres. 1992, S. 121.

Abb. 8 + 9 Jürgen Weidinger, 1991.

Abb. 10 Deckblatt, Claramunt, Marc / Pascale Jacotot / Catherine Mosbach (Hrsg.): Pages Paysages, Versailles Association Paysages et Diffusion. 1989.

novants que le savoir de notre discipline se développe, invite à réorienter la formation, la recherche et la conception en paysage plus directement sur l'architecture du paysage elle-même.

Cette liste recense les références et citations du texte, mais elle propose aussi aux étudiants de se familiariser avec l'histoire et la théorie de l'architecture du paysage en France et issue de France à travers ces publications.

1 Catalogue de l'exposition *Aktuelle französische Garten- und Landschaftsarchitektur. 12 Beispiele für städtische Freiraumgestaltung*, Grün Berlin GmbH – Gesellschaft für Freiraumgestaltung mbh (éd.), Berlin, 1993.

2 L'invention du parc. Parc de la Villette, Paris. Concours international / International competition 1982–1983, Marianne Bazilay (éd.), *Établissement public du parc de la Villette*, Graphite, Paris, 1984.

3 idem, p. 178–179.

4 idem, p. 50–53.

5 Weckwerth, Helmut, « Die Ausbildung zum Landschaftsarchitekten an der Technischen Universität Berlin. Studienziele und -schwerpunkte im Wandel der Zeit – 1968-2008 » in, Fritz Heinrich / Gerd Peschken, *Zwölf Aufsätze für Vroni Heinrich. Zu Gartenkunst und Landschaftsplanung, Landschaftsentwicklung und Umweltforschung / Schriftenreihe der Fakultät Architektur Umwelt Gesellschaft*, cahier spécial 21, éditions Universitätsverlag der TU de Berlin, Berlin, 2009, p. 21.

6 Michal Corajoud à propos des répercussions de Mai 1968 sur le discours des disciplines du projet, voir Yann Nussaume, « Entretien avec Michel Corajoud : la pédagogie à l'École du Paysage de Versailles », dans Laffage, Arnaud / Nussaume Yann, *De l'enseignement du paysage en architecture. Teaching Landscape with Architecture*, éditions de la Villette, Paris, 2009, p. 129.

7 Décanat de la faculté 14 « Développement du paysage » de la TU de Berlin (éd.), *Studienführer für den Studiengang Landschaftsplanung*, juin 1987, p. 22–23.

8 Voir Simon, Jacques, *Aménagement des espaces libres. Croquis perspectifs de 130 paysagistes*, n° 11, éd. Jacques Simon, Saint-Michel-sur-Orge, 1988.

9 Voir Brand, Steward (éd.), *Whole Earth Catalog. Access to tools*, Meno Park, Californie États-Unis, 1968.

10 Voir Lassus, Bernard, *Une poétique du paysage : le démesurable*, (parties I et II), Paris/Vancouver, 1976.

11 Yann Nussaume, « Entretien avec Michel Corajoud : la pédagogie à l'École du Paysage de Versailles » dans Laffage Arnaud / Nussaume Yann, *De l'enseignement du paysage en architecture. Teaching Landscape with Architecture*, éditions de la Villette, Paris, 2009, p. 134.

12 Voir Corajoud, Michel, *Le paysage, c'est l'endroit où le ciel et la terre se touchent*, Actes Sud/ENSP, Arles/Versailles, 2010.

13 Voir Chemetoff, Alexandre, *Visits : Town and Territory. Architecture in Dialogue*, Birkhäuser, Bâle/Boston/Berlin, 2009.

14 Voir Clément, Gilles, *Le Jardin en mouvement*, Pandora, Paris, 1991.

15 Weidinger, Jürgen, « Das Programm Entwurfsbasierte Promotion PEP der Entwurfsfachgebiete Architektur und Landschaftsarchitektur der TU de Berlin », dans Karsten Berr (éd.), *Landschaftsarchitekturtheorie. Aktuelle Zugänge, Perspektiven, Positionen*, Springer, Wiesbaden, 2017, p. 187–194.

16 Voir *Pages Paysages* n° 2 « Ubi, quo, unde, qua ? », Chapellière Valérie, Claramunt Marc, Jacotot Pascale, Mosbach Catherine, Tricaud Vincent (éd.), éditions Association Paysage et diffusion, Versailles, 1988-1989.

Abb. 11 aus: Grün Berlin GmbH Gesellschaft für Freiraumgestaltung mbh (Hrsg.): Aktuelle französische Garten- und Landschaftsarchitektur. 12 Beispiele für städtische Freiraumgestaltung. Berlin 1993, S. 37.

Abb. 12 Jürgen Weidinger, 2019.

Abb. 13 Jürgen Weidinger, 2021.

Abb. 14 Generalfreiflächenplan Berlin 1929 von Stadtbaurat Martin Wagner aus: https://www.berlin.de/sen/uvk/natur-und-gruen/landschaftsplanung/chronik-der-freiraumentwicklung/.

Abb. 15 Senatsverwaltung Stadtentwicklung und Umwelt Berlin (Hrsg.): Landschaftsprogramm und Artenschutzprogramm. Grundzüge des Berliner Freiraumsystems, 2016, Seite 10.

Abb. 16 + 17 Jürgen Weidinger.

Abb. 18 Darstellung von Methoden des Klima-Geoengineerings, aus Lawrence M. et al.: Evaluating climate geoengineering proposals in the context of the Paris Agreement temperature goals. In: Nature Communications, volume 9, Article number: 3734 (2018). open access: https://www.nature.com/articles/s41467-018-05938-3.

17 Voir Brunier, Yves, *Landscape Architect Paysagiste*, Birkhäuser, Bâle/Boston/Berlin, 1996.

18 Poblotzki, Ursula, « Zeitgenössische Konzeptionen französischer Freiraumgestalter. Paysagistes stellten sich vor », dans *Garten + Landschaft*, 5/1993, Munich, p. 4–5.

19 Annette Vigny, *Latitude Nord. Nouveaux paysages urbains*, Actes Sud / ENSP, Arles/Versailles, 1998.

20 Voir Clément, Gilles, *Le Jardin planétaire. Réconcilier l'homme et la nature*, Albin Michel, Paris, 1999.

21 Voir Dietrich, Lisa, *Territoires. Révéler la ville par le paysage. Agence Ter. Henri Bava Michel Hoessler Olivier Philippe*, Birkhäuser, Bâle/Boston/Berlin, 2009.

22 Voir Mohsen Mostafavi, Ciro Najle, *Landscape Urbanism: A Manual for the Machinic Landscape*, NY: Princeton Architectural Press, New York, 2003.

23 Corner, James (éd.) *Recovering Landscape: Essays in Contemporary Landscape Architecture*, NY: Princeton Architectural Press, New York, 1999.

fig. 1 Couverture du catalogue de l'exposition *Aktuelle französische Garten- und Landschaftsarchitektur. 12 Beispiele für städtische Freiraumgestaltung*, Grün Berlin GmbH Gesellschaft für Freiraumgestaltung mbh (éd.), Berlin, 1993.

fig. 2 Affiche de la conférence « Spuren des Gartens in zeitgenössischer deutscher und französischer Landschaftsarchitektur » 2019, conçue par Juliane Feldhusen et Sebastian Feldhusen.

fig. 3 Couverture du catalogue *L'invention du parc. Parc de la Villette, Paris. Concours international / International competition 1982–1983*, Établissement public du parc de la Villette (éd.), Graphite Paris, 1984.

fig. 4 *L'invention du parc. Parc de la Villette, Paris. Concours international / International competition 1982–1983*, Établissement public du parc de la Villette (éd.), Graphite Paris, 1984, p. 51.

fig. 5 *L'invention du parc*, ibid., p. 179.

fig. 6 Couverture du *Guide de l'étudiant en planification du paysage à la TU de Berlin*, *Studienführer für den Studiengang Landschaftsplanung*, Dekan des Fachbereichs 14 Landschaftsentwicklung der TU Berlin (éd), juin 1987.

fig. 7 Simon, Jacques, *Guide technique illustré des chantiers espaces verts*, série Aménagement des espaces libres, n° 10, 1992. p. 121.

fig. 8 + 9 Jürgen Weidinger, 1991.

fig. 10 Couverture de la revue *Pages Paysages n° 2 « Ubi, quo, unde, qua ? »*, Claramunt, Marc / Pascale Jacotot / Catherine Mosbach (éd.), édition Association Paysages et diffusion, Versailles 1989.

fig. 11 Catalogue de l'exposition *Aktuelle französische Garten- und Landschaftsarchitektur. 12 Beispiele für städtische Freiraumgestaltung*, Grün Berlin GmbH Gesellschaft für Freiraumgestaltung mbh (éd.), Berlin, 1993, p. 37.

fig. 12 Jürgen Weidinger, 2019.

fig. 13 Jürgen Weidinger, 2021.

fig. 14 Plan général d'aménagement des espaces verts et non-construits de Berlin, 1929, établi par Martin Wagner, architecte-urbaniste en chef de la ville https://www.berlin.de/sen/uvk/natur-und-gruen/landschaftsplanung/chronik-der-freiraumentwicklung/ (dernière consultation, 10 mars 2023).

fig. 15 Extrait du « plan de paysage et de protection de la diversité des espèces. Grandes lignes du schéma des espaces verts et non-construits berlinois », établi par le département du développement urbain et de l'environnement du sénat de Berlin Landschaftsprogramm und Artenschutzprogramm. Grundzüge des Berliner Freiraumsystems Senatsverwaltung Stadtentwicklung und Umwelt Berlin (éd.), 2016, p. 10.

fig. 16 + 17 Jürgen Weidinger.

fig. 18 Lawrence M. et al., « Evaluating climate geoengineering proposals in the context of the Paris Agreement temperature goals », dans *Nature Communications 9*, n° d'article 3734 (2018), accessible en ligne sous : https://www.nature.com/articles/s41467-018-05938-3 (dernière consultation, le 10 mars 2023).

BEREISUNGEN VON PROJEKTEN FRANZÖSISCHER LANDSCHAFTSARCHITEKTUR 1993–2019

FOTOGRAFIEN VON JÜRGEN WEIDINGER

VISITES DE PROJETS D'ARCHITECTURE DU PAYSAGE EN FRANCE 1993–2019

PHOTOGRAPHIES DE JÜRGEN WEIDINGER

2020
L'esplanade du pré Pré des Pêcheurs, Antibes
Agence aps

2014
Parc des Chantiers, Nantes
Alexandre Chemetoff, l'Atelier de l'Île de Nantes

2010
Jardin d'École / Parc de la Cour du Maroc, Paris
Michel et Claire Corajoud

2014
Jardin des Géants, Lille
Agence Mutabilis

2011
Front de mer, Saint-Valery-en-Caux
Coulon Leblanc & Associés Paysagistes

2015
La coulée verte, Nice
Péna Paysages

EINDRÜCKE

CATHERINE MOSBACH

Der Garten spricht die Bereitschaft an, sich zu projizieren, sich über die eigenen Grenzen hinaus zu öffnen, in Reaktion auf andere Wesen – andere Menschen, Pflanzen, Tiere, Mikroorganismen – oder auf die Elemente – Wolken, Licht, Regen, Luft, Wind

Spuren des Gartens gehen von der Sphäre des Besonderen, Singulären aus, oder genauer gesagt von Singularitäten. Spuren verweisen auf Intimes, Einzigartiges, auf Emotionen und die Fantasie, die offen ist für das potenziell Vorangegangene und Nachfolgende. Sie verweisen auf die Hybridisierung von Vergangenem, das in Spuren weiterbesteht, die es ermöglichen, an ihnen entlang in der Zeit zurückzugehen, um besser vorausblicken zu können. Sie tragen die Genealogie der Abdrücke in sich, spontane Begegnungen, die die Erinnerung an einen Kontakt, an eine glückliche Verbindung festhalten, bezeugen und weitertragen. Der Garten spricht die Bereitschaft an, sich zu projizieren, sich über die eigenen Grenzen hinaus zu öffnen, in Reaktion auf andere Wesen – andere Menschen, Pflanzen, Tiere, Mikroorganismen – oder auf die Elemente – Wolken, Licht, Regen, Luft, Wind. Er ist der Ort der Verschiedenartigkeit schlechthin, an dem jedes Wesen beziehungsweise Element mit einem anderen in Kontakt tritt. Auch wenn das auf den ersten Blick nicht der beruflichen Praxis von Landschaftsarchitektinnen und -architekten zu entsprechen scheint, die doch dafür ausgebildet sind, weite Räume von dauerhaftem Bestand für gemischte Gruppen von Besucherinnen und Besuchern zu entwerfen.

Wir sind im Spannungsfeld zwischen Spuren/Erinnerung und Garten/Intimität gefangen, das im Rahmen öffentlicher Aufträge bisweilen unauflösbar ist. Nie zuvor lag das Intime so offen zutage, wurde es derart der Allgemeinheit dargeboten und in grenzüberschreitenden Netzwerken zur Schau gestellt. Gleichzeitig wird es im wirklichen Erleben immer seltener. Die Zurschaustellung des »Intimen« stört die wechselseitige Bestäubung und hebt die Singularitäten in der Neutralität des Durchschnitts auf. Die

APERÇUES

CATHERINE MOSBACH

Les traces du jardin soulève la question de la sphère du singulier, ou plus précisément des singularités. Les traces pointent l'échelle de l'intime, de l'unique, de l'émotion, de l'imagination ouverte aux possibles antérieurs comme aux possibles postérieurs. Elles pointent l'hybridation de « choses » passées, qui survivent au travers de marques offertes aux esprits curieux afin de remonter le temps pour mieux l'anticiper. Elles relayent la généalogie des empreintes, rencontres impromptues qui enregistrent, témoignent et transmettent la mémoire d'un contact, d'une heureuse alliance. Le jardin stimule la propension d'une personne à se projeter, à s'ouvrir hors de ses limites en écho à d'autres êtres – homologues, plantes, animaux, microorganismes – en écho aux éléments – nuage, lumière, pluie, air, vent. Le jardin est le lieu de l'altérité par excellence où chaque être/élément se place au contact d'un autre, d'autres. Cette focale n'est pas spontanément assortie à l'exercice des architectes paysagistes, entraînés à imaginer de vastes espaces d'accueil de populations hybrides sur le temps long.

Traces – singularité, mémoire – Jardins – hybridation, altérité – ces polarités nous tiennent en étau entre les tensions parfois inextricables des commandes publiques. L'intime n'a jamais été autant ouvert, offert, exposé au plus grand nombre par le biais de réseaux transfrontaliers. Dans le même temps, il se raréfie dans l'expérience du réel. Surexposer l' « intime » dissout les ondes de pollinisation réciproques et absorbe les singularités par une neutralité médiane. La sphère des hybridations se réduit comme peau de chagrin à des herbes toujours vertes, à des proliférations sévèrement contrôlées, des sols inertes, des normes répétées,

Le jardin stimule la propension d'une personne à se projeter, à s'ouvrir hors de ses limites en écho à d'autres êtres – homologues, plantes, animaux, microorganismes – en écho aux éléments – nuage, lumière, pluie, air, vent

Hybridisierungen beschränken sich auf immergrünes Gras, streng kontrollierte Vermehrung, leblose Böden, die Wiederholung von Normen, anders ausgedrückt auf das Wohlfühlbild einer Zivilisation, die ständiger Wandel schreckt, die sich durch die Wiederholung des immer Gleichen selbst vergewissert, egal wohin es sie verschlägt. Heißt es nicht in der Medizin, dass das Leben in einer keimfreien Umgebung den Körper sehr anfällig mache, wohingegen sich beim Kontakt mit unterschiedlichsten Milieus von klein auf die Gegengifte selbstregulierter Biome herausbilden?[1]

Liegt das Potenzial des Lebendigen aber nicht gerade in dem unglaublichen, phantasmagorischen Universum des Entstehens, das nicht durch irdische Milieus begrenzt ist, sondern alle sichtbaren und unsichtbaren Schichten vom Größten bis zum Kleinsten durchdringt?

Was uns in den Zufälligkeiten eines gegenüber den Elementen offenen Lebewesens auf das großzügigste geschenkt wurde, wird uns heute nach den strengen Regeln des gemeinsamen Nenners der größten Zahl zugeteilt. Sich für das Gemeinschaftliche einzusetzen sollte nicht gleichbedeutend sein mit einer Verarmung potenzieller Hybridisierungen. An der Erkundung neuer Horizonte auf den unterschiedlichen Ebenen der Erde und des Kosmos sind so viele Personen außerhalb ihres eigenen Rahmens beteiligt wie nie zuvor in der Geschichte der Menschheit. Im Gegensatz dazu zieht sich die Utopie der Möglichkeiten, die Gaias Bewohnerinnen und Bewohner durch ihre Pluralität verkörpern, zunehmend auf Bereiche zurück, die durch ein einheitliches Referenzsystem eingeengt werden. Liegt das Potenzial des Lebendigen aber nicht gerade in dem unglaublichen, phantasmagorischen Universum des Entstehens, das nicht durch irdische Milieus begrenzt ist, sondern alle sichtbaren und unsichtbaren Schichten vom Größten bis zum Kleinsten durchdringt? In diesem Supramilieu, in dem ein Geflecht von Mikroorganismen – Bakterien, Hefe, Pilze – in unablässigem Produzieren und Zersetzen, durch alle Wandlungen und Übergänge der Energieerzeugung hindurch, mineralische, pflanzliche und tierische Formationen hervorbringt – darunter auch unsere eigene?[2]

Der Kosmos von Michel Cassé, für den Gaia – unsere Wiege – sich immer schon in ständiger Transformation und Entstehung befand und befindet. Ebenso auch die Sterne, die Mütter unserer Atome, die sich wie Blumen öffnen und Legionen Sternchen wie Flugsamen in den Raum entlassen – Kohlenstoff, Stickstoff, Sauerstoff … Magnesium, Kalzium, Eisen … –, die Grundbausteine des Lebens, die sich in großer Menge in den Himmel er-

autrement dit, le reflet du confort d'une civilisation qui s'effraie de mues continues, se rassure d'invariants répétés et reproduit, quelques soient les lieux d'amerrissage. Ne dit-on pas, dans le domaine de la santé, que vivre dans un milieu aseptisé expose le corps à ses fragilités, alors que côtoyer dès le plus jeune âge une pluralité de milieux cultive les antidotes de biomes autorégulés[1] ?

Ce qui nous était donné en toute générosité dans la sphère des impromptus d'un vivant ouvert aux éléments, nous est compté par de sévères régulations de dénominateurs communs d'un plus grand nombre. Plaider pour des communautés ne devrait pas être synonyme d'appauvrissement d'hybridations potentielles. Le stylet des connaissances explore les horizons aux différentes échelles de la planète et du cosmos, avec une progression inégalée de l'humanité en actifs mobilisables. A contrario, l'utopie des possibles, que les êtres de Gaïa incarnent par leurs pluralités, se replie en territoires réservés, protégés, rétrécis par un référentiel unique de champ d'exploration. Le potentiel du vivant n'est-il pas cet incroyable, fantasmagorique univers de fabrication, qui ne se limite pas aux contours des milieux qui nous accueillent sur Gaïa ? Il traverse les couches visibles et invisibles du macro au micro. Il est ce milieu supra, qui, au travers de toutes les mues et transits de fabriques d'énergie, engendre des formations minérales, végétales, animales – dont la nôtre depuis un écheveau de microorganismes – bactérie, levure, champignon – qui font et défont les ouvrages toujours en œuvre[2] ?

Le potentiel du vivant n'est-il pas cet incroyable, fantasmagorique univers de fabrication, qui ne se limite pas aux contours des milieux qui nous accueillent sur Gaïa ? Il traverse les couches visibles et invisibles du macro au micro

C'est le cosmos de Michel Casse, pour qui Gaïa – la crèche qui nous accueille – a toujours été et est toujours en transformation, en formation continue. Comme le sont d'ailleurs les étoiles, mères de nos atomes qui s'ouvrent comme des fleurs et inséminent l'espace de légions d'étoiles ailées. Carbone, Azote, Oxygène … Magnésium, Calcium, Fer … qui déversent dans le ciel des tombereaux de chair future[3]. Plus près du sol, Georges Didi-Huberman, commentant Victor Hugo dans *Ninfa Profunda*, déplie le mot « milieu » dans tous les sens du terme : « ce qui n'est pas au bord mais occupe le centre de l'appréhension (*Mitte* en allemand) ; ce qui constitue l'élément matériel, fut-il diaphane, du visible (le *Medium*, en somme) ; ce qui instaure un champ (*Feld*) de perception ; ce qui dessine

gießen.[3] Näher am Boden entfaltet Georges Didi-Huberman in Ninfa Profunda, einem Kommentar zu Victor Hugo, das französische Wort »Milieu in all seinen Bedeutungen: das nicht am Rand, sondern im Zentrum der Wahrnehmung Gelegene (Mitte); das materielle, auch durchscheinende, Element des Sichtbaren (im Großen und Ganzen das Medium); das Wahrnehmungsfeld; das Umfeld, in dem wir leben (unsere Umwelt); oder der emotionale Raum (Stimmung), der einen vor einem Bild anspricht.«[4]

Was bedeutet das für Gärten und im weiteren Sinne Landschaften, wenn man berücksichtigt, dass Gärten einigen wenigen innerhalb eines begrenzten Raums vorbehalten sind und Landschaften sich an alle richten, in einem offenen Raum, der dem Hervorbringen von Lebendigem ausgesetzt und dargeboten ist. Was für die einen, kleinen gilt, gilt auch für die anderen, großen, je nachdem, ob ein engerer oder weiterer Fokus gewählt wird.

Die Erkenntnis des archäologischen Gartens[5] ist, dass Böden – Träger, Substrat, Maschine –, sobald sie Relikte aus früheren Zeiten – Saatgut, Werkzeuge, menschliche Überreste – enthalten, Bodendenkmäler sind (Abb. 1). Sie sind Quellen des Wissens, die möglichst vielen Menschen zugänglich gemacht werden sollen, und ermöglichen die Besichtigung – ein Wandern durch die Epochen –, ohne das, was sie bewahren und schützen, zu zerstören. Ein solcher Garten ist jederzeit weiteren Ausgrabungen vorbehalten, weiterem Suchen, Finden und Lernen. Das gilt für alle als monument historique klassifizierten Bodendenkmäler, in Frankreich unter anderem für die Fundstätten des prähistorischen Zeitalters des Solutréen. In den Zeiträumen der hier skizzierten Gärten und Landschaften haben alle Böden die Funktion, zu schützen, zu bewahren und zu transformieren. Sie haben sicherlich nicht alle Denkmalstatus, sind aber alle eine »Wiege« der Vermischung, in der laufend Lebendiges hervorgebracht wird und vergeht. Sie können nicht nur ein lebloser und steriler Untergrund sein, mit dem wir die Erde allenthalben überziehen sollen.

Der botanische Garten[6] brachte die Erkenntnis, dass Weite nichts mit der numerischen Ausdehnung eines Grundstücks von einem Ende zum anderen zu tun hat, nichts mit der Zahl der Quadratmeter oder Hektar (Abb. 2). Weite ergibt sich aus dem Blickwinkel, den man einnimmt und mit einem Publikum teilt: auf das, was sich darüber und darunter befindet, was thematisiert wird, was in den Zwischenräumen liegt und Unvorhersehbares

l'ambiance où nous habitons (notre *Umwelt*, ou monde environnant) ; voire l'espace émotionnel (*Stimmung*) qui vous sollicite devant une image. »[4]

Qu'en est-il des *jardins* et plus largement des *paysages* si l'on considère que les jardins s'adressent à quelques-uns au cœur d'un territoire limité, et que les paysages s'adressent à tous dans des territoires ouverts, exposés et offerts à la fabrique des vivants ? Ce qui vaut pour les uns – petits-vaut pour les autres – vastes – avec l'aptitude d'un stylet aiguisé plus ou moins finement en fonction de la focale explorée.

Du *jardin archéologique*[5] nous avons appris que les sols – support, substrat, machine – sont des monuments historiques dès lors qu'ils accueillent un panel de vestiges – semences, outils, restes d'animaux et d'humains – qui renseignent sur des temps antérieurs. Sources de connaissances à partager avec le plus grand nombre, ils accueillent les visiteurs – migrants à travers les âges – sans démolir ce qu'ils conservent et protègent. Le sol de ce jardin archéologique reste ouvert à toutes les fouilles pour continuer à chercher, à trouver, à apprendre. Ceci est établi pour les sols classés « monument historique » et, entre autre, en France, celui qui protège

1 Weg zwischen Pflanzen und Ausgrabungen, Archäologischer Park von Solutré
© Catherine Mosbach

1 Cheminement entre formations végétales et traces de fouilles Parc archéologique de Solutré
© Catherine Mosbach

2 Wald zur Bodenbefestigung
und weiße Düne im
Vordergrund – Botanischer
Garten Bordeaux, 2019
© Catherine Mosbach

2 Galeries des milieux :
Forêt de Fixation & Dune Blanche
au premier plan-Jardin Botanique
Bordeaux, 2019
© Catherine Mosbach

hervorbringt, weil es offen ist für die Zufälligkeiten des Lebendigen. In einem Garten ist alles möglich, sogar das eigentlich Unmögliche; so lassen sich auf 2 Hektar beispielsweise 6,6 Millionen Hektar Landschaften des Aquitanischen Beckens abbilden, oder es lässt sich zeigen, wie sich die Ethnobotanik in der Geschichte der Menschheit niedergeschlagen hat. Das Anlegen eines Gartens bietet das unermessliche Privileg zu versuchen, Lebendes zu trennen und bei der Erkundung der Ressourcen dem gewählten Programm und der wissenschaftlichen Inspiration zu folgen, die versucht, das Wirken der beteiligten Elemente zu verstehen, es zu ergründen und freizulegen.

Die Gärten des Louvre-Lens[7] zeigen den weiten Kreislauf des Lebendigen, der Ressourcen aufwendet, sie umwandelt und – offen – in den Zyklus des ständigen Wandels zurückführt. Pflanzen aus ferner Vergangenheit bildeten die Steinkohle und ermöglichten ihre blühende Wirtschaft in Nordfrankreich. Wenn die Vorkommen abgebaut sind, lässt die Wirtschaftätigkeit einen ausgebeuteten, erschöpften Boden zurück, in dem das Unterste zuoberst gekehrt wurde. Er ist nun Luft, Wasser und Licht ausgesetzt und offen für Cyanobakterien, die erneut die Entstehung von Lebendigem in Gang setzen und den Wert des aus der Tiefe stammenden, jetzt an der Oberfläche aufgeschütteten Abraums erschließen. Die zum Kunstmuseum gehörenden Gärten inmitten eines jahrtausendealten Ressourcenvorkommens erzählen von der Vermehrung von Mikroorganismen, die die Ansiedlung von Moosen ermöglichen, die wiederum den Staub aus der Luft der Halden binden und am Beginn neuer Vegetationszyklen von Gräsern, Sträuchern und Bäumen stehen, zunächst Birken, die auf kargen Böden gedeihen, später, wenn der Boden nährstoffreicher wird, Eichen.[8] Die Gärten verbinden das Draußen und Drinnen, sind für die Menschen ebenso offen wie für das Wirken der Zeit, des Wassers und der Pflanzen und bringen in Echtzeit landschaftliche und menschliche Werke hervor.

Am Phase Shifts Park[9] konnten wir die Performanz der Elemente in Verbindung mit der technologischen Leistung dessen erforschen, was in der Medizin als »erweiterter Körper« bezeichnet wird. Die Arbeitshypothese verbindet technologische Innovation mit der potenziellen Nutzung von Ressourcen, die von den Elementen (Wasser, Luft, Wind, Licht) und Lebewesen bereitgestellt werden. Die Leistung der »Klima-Devices« wurde bei den Prototypen nicht berücksichtigt, stattdessen wurden sie danach aus-

l'âge préhistorique du Solutréen. Pour les temporalités des jardins et des paysages que nous esquissons ici, tous les sols ont pour fonction de protéger, conserver, transformer. Ils ne sont certes pas tous « monuments historiques », mais ils sont tous cette « crèche » de brassage, qui accueille et consignent les temporalités de la fabrique d'un vivant. Ils ne peuvent se limiter à ces supports inertes et stériles que pourtant l'on nous incite à répandre partout sur la surface de la planète.

Du *Jardin botanique de Bordeaux*[6] nous avons appris que le vaste ne relève pas de la valeur du nombre qui représente l'étendue d'une extrémité à l'autre d'une parcelle, du nombre de mètres carrés ou d'hectares. Le vaste relève du point de vue que l'on choisit d'explorer et de partager avec un public : ce qui est au-dessus et en-dessous, ce qui fait sujet, ce qui accueille entre les interstices et propose des apparitions que nul ne peut anticiper, car ouvert aux impromptus du vivant. Tout est possible dans un jardin, même l'impossible rationnel de représenter les 6,6 millions d'hectares de paysages d'un bassin aquitain dans 2 hectares, de représenter la caisse de résonnance de l'ethnobotanique dans l'histoire de l'humanité sur 2 hectares. L'exercice d'initier un jardin offre le privilège incommensu-

3 Parvis Musée Parc Louvre Lens
© Catherine Mosbach

3 Parvis Musée Parc Louvre Lens
© Catherine Mosbach

gewählt, ob sie die Wahrnehmungen der zwölf Sinne nach Rudolph Steiner ermöglichen. Wichtiger als technologische Aspekte war es, in einem gemeinsamen Raum, der durch Kunstperformances mobilisiert werden kann, Zeit miteinander zu verbringen. Menschen, die einem Parkbesuch in feucht-tropischem Klima eher abgeneigt sind, können sich mit den Wechselbeziehungen zwischen menschlichen, tierischen und pflanzlichen Organismen oder mit Ereignissen wie dem Hochwasser während des Monsuns vertraut machen. Gezeigt werden die Mechanismen auf Ebene einer Stadtlandschaft, mit den Wetterereignissen, die sie absorbieren, und den Ausblicken auf die empfindliche Koexistenz in von menschlichen und nicht-menschlichen Wesen geteilten Räumen.

Die Ereignisse der letzten Jahre beschäftigen die Öffentlichkeit mit Debatten über das Anthropozän, den Klimawandel und seine ökologischen Triebkräfte. Als Kollateralschaden dieser Diskussionen entstehen klar abgegrenzte Haltungen: Einerseits gilt allein die Ökologie als legitimiert, die Widersprüche zwischen verfügbaren Ressourcen und mobilisierter Intelligenz zu lösen. Andererseits gebe es keine Rettung ohne Klimainstrumente, als ob Daten und Technologien allein in der Lage wären, Wege zu einem

4 Terrasse des Kunstmuseums
Parc Louvre Lens
© Catherine Mosbach

4 Terrasse des Arts Musée
Parc Louvre Lens
© Catherine Mosbach

rable de tenter des partitions avec le vivant et d'explorer les ressources selon le programme que l'on met en exergue et selon l'inspiration exploratoire qui cherche à comprendre, donc à creuser et exposer le travail des éléments à l'œuvre[7].

Les *Jardins du Louvre-Lens*[8] nous révèlent le vaste cycle du vivant qui met à disposition des ressources, transforme ce qui est offert et le remet dans le circuit ouvert des mutations continues. Les plantes, il y a très longtemps, ont généré la houille du nord de la France et son économie florissante. Les ressources une fois épuisées, la fabrique économique abandonne un sol exploité, retroussé, épuisé. Exposé à l'air, à l'eau, à la lumière, il accueille les cyanobactéries qui relancent la fabrique d'un vivant et amorce un processus de valorisation patrimoniale d'une surface en dépôt, abandonnée après avoir été prélevée des profondeurs. Ces jardins, associés à des galeries d'œuvres d'art au cœur d'un gisement de ressources millénaire, sont l'aboutissant d'un script, celui d'une prolifération de microorganismes qui ouvrent la voie aux mousses qui, elles, fixent les poussières amenées par le vent depuis les terrils et relancent les cycles de végétation : herbes, arbustes, arbres de sol pauvre (bouleaux) et par la suite, les chênes, quand le sol s'épaissit de nutriments [8]. Les jardins brassent extérieur et intérieur, ouverts aux parcours des populations comme au travail des éléments, façonnant le lit des plantes, produisant en temps réel les œuvres de paysages et d'hommes.

Les *jardins de Phase Shifts Park*[9] nous ont permis d'explorer les performances des éléments conjuguées à celles de la technologie, ce que, dans le monde médical, on appelle le « corps augmenté ». Notre hypothèse de travail était d'associer l'ingéniosité de technologies, sous forme de capture de données émanant des ressources et des éléments (eau, air, vent, lumière) avec le vivant. Les performances de ces outils climatiques prototypiques ou « climatic devices » ont été relayées par des installations révélant les perceptions des douze sens distingués par Rudolph Steiner. L'enjeu de passer du temps ensemble dans un espace commun mobilisable par des performances artistiques a supplanté l'enjeu technologique. Les populations peu enclines à fréquenter les parcs sous un climat tropical humide ont la possibilité de se familiariser avec les relations croisées entre organismes humains, animaux, végétaux et les évènements, dont, entre autres, la montée des eaux lors des moussons. Les masses

5 Südlicher Horizont zum historischen Zentrum Taiwans, Central Park Taichung © Catherine Mosbach

5 Horizon sud de Taïwan vers le centre historique, Central Park Taichung © Catherine Mosbach

6 Bereich für Freizeitaktivitäten,
Central Park Taichung Taiwan
© Catherine Mosbach

6 Espace de loisir,
Central Park Taichung Taïwan
© Catherine Mosbach

guten Zusammenleben zu eröffnen. Die GAFA verlagern ihre Forschung von der Digitaltechnologie, in der eine gewisse Schwelle erreicht sei, auf die Biologie und das Ziel des erweiterten Körpers. Welche Relevanz haben Hypothesen zum Überleben auf anderen Planeten, wenn die Bewohnerinnen und Bewohner Gaias Mühe haben, kulturelle und natürliche Ressourcen gemeinsam zu nutzen? Aufgrund welcher unbekannter Gleichungen wäre diese Balance anderswo effizienter als hier auf der Erde? Was würde uns der erweiterte Mensch[10] bringen, wenn er nicht in der Lage ist, mit anderen Arten nach nie festgelegten Rhythmen zusammenzuleben?

Wer sich für Gärten interessiert, bewegt sich zwischen Wissenschaft und Kunst, Empfindung und Tradition, dem Blick in die Vergangenheit und in die Zukunft, unabhängig vom Maßstab – am Rande eines Hauses, eines Viertels, einer Stadt oder des Kosmos

Die Gärten der Welt bieten eine Vielfalt und Bandbreite von Milieus, denen man sich mit einem einzigen Instrument des Denkens und Handelns niemals nähern könnte. Sie sprechen von den Lebensressourcen, die die Grenzen unseres allzu menschlichen Verstandes überschreiten, wenn sie sich durch Abspaltung vom »Rest« selbst regulieren, beispielsweise bei der Herausbildung endemischer Arten – Pflanzen und Tiere – aus dem kargen Gestein, das aus einem aktiven Vulkanherd aufgestiegen ist, der, einmal erloschen, letztlich in die flüssigen Tiefen zurückkehrt. Sie sprechen von den unendlichen Kombinationen, die sich unserer Vorstellungskraft bieten wie Aufforderungen, in den Reigen einzutreten. Leonardo da Vinci setzte seiner Neugier kein Ende, sondern löste Schicht um Schicht die Grenzen der Wahrnehmung auf und näherte sich der Fluidität der Wirklichkeit weitestgehend an, setzte sogar mehr als ein Jahrzehnt lang die Suche nach etwas fort, das er innerhalb eines Auftrags nicht in einem Stück erfassen konnte. Es war ›nur‹ Malerei, also eine starre Abbildung einer Welt zu einer bestimmten Zeit. Sind wir – trotz unserer erweiterten Mittel – im 21. Jahrhundert weniger beflügelt als das Genie von einst?

Wer sich für Gärten interessiert, bewegt sich zwischen Wissenschaft und Kunst, Empfindung und Tradition, dem Blick in die Vergangenheit und in die Zukunft, unabhängig vom Maßstab – am Rande eines Hauses, eines Viertels, einer Stadt oder des Kosmos[11] – oder der Schreibweise einer »Schrift« oder »Übersetzung« einer bestimmten Zeit und eines bestimmten Ortes. Das kann Wege zu möglicherweise fruchtbarer gemeinschaftlicher Produktion durch Menschen und Nicht-Menschen aufzeigen. Der

mises en œuvre ici travaillent à l'échelle d'un paysage urbain, tant par les évènements météorologiques qu'elles régulent, que par les horizons de cohabitations sensibles dans des territoires partagés entre humains et non-humains.

Les évènements de ces dernières années occupent la scène publique avec des débats sur l'anthropocène, le changement climatique et ses ressorts écologiques. Les dommages collatéraux de ces cibles entraînent des périmètres de chasse gardée. D'un côté, les domaines de l'écologie seraient les seuls à même de résoudre les contradictions entre ressources disponibles et intelligences mobilisées. De l'autre, point de salut sans « climatic devices », comme si les données et les technologies avaient à elles-seules la vertu de tracer la voie d'un bien vivre ensemble. Les géants du Web (GAFA) délaissent les recherches sur la technologie numérique – dont le seuil d'exploration semble avoir été atteint –, au profit de la biologie des corps augmentés. Que signifie investir dans la survie sur d'autres planètes, quand sur *Gaïa* les populations peinent à mutualiser les ressources, tant culturelles que naturelles ? Par quelles équations inconnues ces équilibres seraient-ils plus efficients ailleurs qu'ici-bas ? Que peut nous apporter l'homme augmenté[10], s'il ne sait pas cohabiter avec d'autres espèces au gré de rythmes jamais fixés ?

Les jardins du monde nous prodiguent la diversité et l'amplitude de milieux qu'il serait impossible d'approcher par un seul instrument de faire et de penser. Ils nous enseignent les ressources d'un vivant capable de transgresser les frontières des disciplines, par exemple en donnant le jour à des espèces endémiques – végétales et animales – à partir des ressauts arides remontés du foyer actif d'un volcan, qui, à terme, retourneront dans les profondeurs du milieu liquide, une fois le foyer assoupi. Ils nous enseignent les combinaisons infinies qui s'offrent à nos imaginations comme autant d'invites à entrer dans la danse. Léonard de Vinci renonçait à reclore sa curiosité, appliquant inlassablement des couches de pigments pour dissoudre les limites de sa perception et s'approcher au plus près d'un réel fluide, au point de poursuivre une décennie durant la quête de ce qu'il ne pouvait saisir d'un seul tenant, le temps d'une commande. Et ce n'était « que » vision picturale, une représentation fixe d'un monde en un temps donné. Serions-nous – dotés de moyens augmentés – moins ailés au XXIe siècle que ce génie d'antan ?

moderne Komfort birgt das Risiko der »Versteinerung« unserer evolutionär ererbten Fähigkeit, uns immer wieder aufs Neue in eine größere, in
ständiger Bewegung befindliche Welt einzufügen, die zu weit ist, als dass
unsere Vorstellungskraft und unsere Instrumente sie als Ganzes erfassen
und festhalten könnten. Eindrücke könnten das Skript des Staunens und
des – nie voll erlangten – Wirkungspotenzials der Gärten sein, die über die
Grenzen aller Natur hinausgehen, das uns Gegebene übersetzen und die
fruchtbare Vorstellungskraft des Lebendigen weitertragen.

Gesehenes, nein, nicht einmal vollständig Gesehenes.
Lediglich Erahntes, bloße Eindrücke.
Wesen, die vorübergehen, oft im Femininum Plural, wie Dantes Beatrice,
Petrarcas Laura, die „Nymphe" von Aby Warburg, die Gradiva von
Jensen und Freud oder die anonyme „Vorübergehende" der Pariser Straßen
bei Charles Baudelaire.
Geschöpfe oder einfache Formen, die erscheinen oder fallen. Momente
der Überraschung oder der Bewunderung, des Verlangens oder der Lust,
der Unruhe, des Lachens. Kindliche Eindrücke. Trauer.
Auch Zorn.
Skizzenhafte Gedanken. Kritische Momente oder schlicht Beschreibungen.
Lässt sich das Vorüberziehen der Wahrnehmungen phrasieren?
Wie eine Sammlung von Umständen, bruchstückhaften Ansichten,
unerwarteten Emotionen, aufblitzenden Gedanken vor Dingen
oder Lebewesen, die erscheinen, da sind und gleich darauf wieder
verschwinden, verschwunden sind.
Eine Phänomenologie, eine Poetik, eine Erotik des Blicks zeichnen sich ab.
All das verdichtet zu einem Tagebuch ohne Fortsetzung, einer Sammlung
von Erzählungen ohne klar definierte Figuren, einem Selbstporträt ohne
eindeutiges Gesicht.
Aufs Geratewohl im Tagebuch zurückblättern.
Feststellen, dass es besteht
aus Gelegenheiten (wenn die Zeit schnell vergeht),
aus Verletzungen (wenn die Zeit hart zuschlägt),
aus dem Überleben (wenn die Zeit immer wiederkehrt),
aus Wünschen (wenn die Zeit für eine erahnte Zukunft kommt).[12]

Pour qui se soucie des jardins, quelle qu'en soit l'échelle – en lisière de maison, de quartier, de ville ou de cosmos[11] –, le stylet d'une « écriture », d'une « vision » d'un moment et d'un lieu donné navigue entre sciences et arts, entre sensibilités et traditions, entre mémoires et prospections. Il est capable d'initier les voies d'une coproduction, possiblement fertile, entre humains et non-humains. Le confort dit moderne risque de fossiliser nos aptitudes animales, de sens commun, à nous inscrire dans un monde élargi et à le transmettre. Ce monde, toujours en mouvement, est plus vaste que ce que nos imaginations et instruments ne peuvent embrasser et fixer d'un seul tenant. Les « aperçues » seraient l'écume d'un script – jamais acquis – qu'offrent les jardins disséminés par-delà les frontières de toute nature. Elles (les apercues) auraient la vertu de traduire ce qui nous a été donné et de relayer l'imagination fertile d'un vivant coproduit.

Pour qui se soucie des jardins, quelle qu'en soit l'échelle – en lisière de maison, de quartier, de ville ou de cosmos

Choses vues, non, pas même vues jusqu'au bout.
Choses simplement entrevues, aperçues.
Êtres qui passent, souvent au féminin pluriel, comme la Béatrice de Dante, la Laura de Pétrarque, la « nymphe » d'Aby Warburg, la Gradiva de Jensen et de Freud ou la « passante » anonyme, des rues parisiennes de Charles Baudelaire.
Créatures ou simples formes qui surgissent, ou qui tombent. Instants de surprise, ou d'admiration, ou de désir, ou de volupté, ou d'inquiétude, ou de rire.
Impressions enfantines. Deuils.
Colères aussi.
Réflexions esquisses. Instants critiques, ou descriptions, tout simplement.
Phraser le passage des aperçues ? Comme un recueil de circonstances, de visions en bribes, d'émotions inattendues, de pensées qui s'inventent devant des choses ou des êtres apparaissant, apparus et, très vite, disparaissant, disparus.
Une phénoménologie, une poétique, une érotique du regard s'esquissent.
Tout cela devenu, sans crier gare, un journal sans continuité, un ensemble de récits sans personnages bien défini, un autoportrait sans visage unique.
Remonter ce journal en désordre.
Découvrir, alors, qu'il était fait
d'occasions (où les temps passent vite)
de blessures (où les temps frappent fort),
de survivances (où les temps reviennent toujours)
de désirs (où les temps adviennent pour un futur entraperçu).[12]

1 Siehe die Untersuchungen von Marie Monique Robinet, insbesondere La Fabrique des pandémies (Die Fabrik der Pandemien), Paris, Édition La Découverte, 2021.

2 Studioprogramm 'build with life', Harvard GSD Fakultät für Landschaftsarchitektur, Frühjahr 2019: 923 Hektar große Gefängnisanlage in El Houereb Kairouan am Rande der tunesischen Sahelregion.

3 Ich traf mit Michel Cassé bei der von Michel Menu, Jean Marie Schaeffer und Romain Thomas organisierten multidisziplinären Tagung »la couleur en question« (die fragliche Farbe) in der Abtei von Royaumont vom 4. bis 6. Juli 2018 zusammen. Vgl. Catherine Mosbach: De passage. In: Michel Menu, Jean-Marie Schaeffer, Romain Thomas (Hrsg.): La couleur en question. Approches interdisiplinaires de la couleur. Paris 2023: Hermann, S. 211–229. Vgl. Michel Casse: Toi ciel, la nuit tu fais ton bleu. In: Michel Menu, Anne-Solenn le Hô (Hrsg.): Les bleus et les verts, couleurs et lumières. Paris 2022: Herman, S. 69–179.

4 Ninfa profunda. Essai sur le drapé-tourmenté. S 100. Georges Didi-Huberman. Arts et Artistes. Gallimard. 2007.

5 Der archäologische Garten von Solutré entstand zwischen 1998 und 2007 in Zusammenarbeit mit Catherine Frenack. Er wurde vom dortigen Museum in Auftrag gegeben, das 1987 im Zuge der großen Bauvorhaben von François Mitterrand realisiert wurde. Der Garten erstreckt sich auf einem Hektar des Ausgrabungsgeländes, das für weitere archäologische Forschungen ebenso offen sein muss wie für die Besichtigung.

6 Der botanische Garten in Bordeaux entstand zwischen 1999 und 2007 in Zusammenarbeit mit der Architektin Françoise-Hélène Jourda und dem Botaniker Patrick Blanc. Wir danken an dieser Stelle Philippe Richard, Initiator des Programms und Direktor des Gartens, der mit viel Mut bereits 1999, als ein schwerer Sturm viele französische Wälder verwüstete, das Unmögliche verlangte. Als erste kulturelle Einrichtung Frankreichs versorgt sich dieser Garten mit Photovoltaikanlagen auf den Gewächshäusern und einer Regenwasserzisterne selbst mit Energie und Bewässerungswasser. Der Direktor Philippe Richard, Autor des wissenschaftlichen Projekts, arbeitete im botanischen Garten von Nantes mit Claude Figureau zusammen und unterrichtet an der landschaftsarchitektonischen Fakultät der Ecole d'Architecture von Bordeaux. Er war Präsident der Association des Jardins Botaniques de France, die die botanischen Gärten des Landes (über den Austausch von Saatgut und situiertem Wissen) fördert. Der botanische Garten von Bordeaux ist Mitglied im weltweiten Zusammenschluss botanischer Gärten, Botanic Gardens Conservation International.

7 Wir danken an dieser Stelle Claude Figureau für die erhellenden Erkenntnisse zu den Ressourcen der Mikroorganismen, die seitdem Gärten weltweit inspiriert haben, in Pages Paysages 7: Anamorphose. Association Paysage et Diffusion. 1998–1999, En premier, les mousses, S. 34–41. Claude Figureau hält ein Patent für »Biologisch geimpftes Substrat zur Wiederherstellung gestörter Böden«. Er legte im botanischen Garten von Nantes, den er von 1983 bis 2010 leitete, unter anderem eine Sammlung von Moosen an und initiierte Experimente mit Künstlerinnen und Künstlern, darunter das Mitnehmen von Samen unter den Schuhsohlen von Passantinnen und Passanten am Bahnhof.

8 Die Gärten des Louvre-Lens wurden zwischen 2005 und 2013 gemeinsam mit dem Architekturbüro SANAA entwickelt. Sie vermitteln eine einzigartige Erfahrung an der Schnittstelle zwischen Architektur und Landschaft, Kultureinrichtung und Bergbaugelände, Kunst und Ressourcen. Wie der botanische Garten das Darunter und Darüber greifbar macht, so verbinden die Gärten des Louvre-Lens das Bergbaurevier mit der Entwicklung der lokalen Umgebung

1 Voir les enquêtes de Marie Monique Robinet, en particulier *La Fabrique des pandémies*, Paris, Édition La Découverte, 2021.

2 Programme d'un atelier du département de paysage GSD Harvard, au printemps 2019 : « *build with life'* », sur une infrastructure pénitentiaire de 923 ha à El Houereb Kairouan en limite du Sahel (Tunisie).

3 Nous avons croisés le fer avec Michel Cassé lors d'un colloque pluridisciplinaire « la couleur en question » organisé à l'abbaye de Royaumont les 4, 5 et 6 juillet 2018 par Michel Menu, Jean Marie Schaeffer, Romain Thomas et coproduit par l'université Paris Nanterre, le Centre de recherche et de restauration des musées de France, PSL (Research University Paris) et le ministère de la Culture. Ct. Catherine Mosbach, « De passage », dans : Michel Menu, Jean-Marie Schaeffer, Romain Thomas éd., La couleur en question. Approches interdisiplinaires de la couleur. Paris, Hermann, 2023, p. 211–229. Ct. Michel Casse, « Toi ciel, la nuit tu fais ton bleu », dans: Michel Menu, Anne-Solenn le Hô ed., Les bleus et les verts. Couleurs et lumières. Paris, Hermann, 2022, p. 169–179.

4 Didi-Huberman, Georges, *Peuples en larmes, peuples en armes*, L'œil de l'Histoire, 6, Paris, Les Éditions de Minuit, 2016, ici p. 267–268.

5 Le Jardin archéologique et botanique de Solutré a pris corps de 1998 à 2007 en collaboration avec Catherine Frenack. Le site a été lancé dans le cadre des grands travaux de François Mitterrand. Le jardin a fait l'objet d'une commande séparée du musée dessiné par l'architecte Guy Clapot et livré en 1987. Il occupe une surface d'un hectare sur l'emprise du terrain de fouilles, qui doit toujours rester disponible tout en accueillant le public.

6 Le projet du Jardin botanique de Bordeaux a été mené en collaboration avec Françoise-Hélène Jourda, architecte, et Patrick Blanc, botaniste, de 1999 à 2007. Nous remercions Philippe Richard, directeur du jardin et concepteur du projet scientifique, d'avoir eu l'audace de demander l'impossible dès 1999, année de la tempête qui a dévastée de nombreuses forêts françaises. Ce jardin est le premier équipement culturel en France à être autonome en énergie (toits des serres en photovoltaïque) et en eau d'irrigation (récupération des eaux de pluie en citerne). Philippe Richard a collaboré avec Claude Figureau dans le Jardin des plantes de Nantes et enseigne à l'École d'Architecture de Bordeaux dans le département paysage. Il a été président de l'association nationale des Jardins botaniques de France, qui gère par exemple un réseau d'échanges de semences et de savoirs situés. Le Jardin botanique de Bordeaux est membre du réseau mondial *Botanic Gardens Conservation International*.

7 Nous remercions ici Claude Figureau de nous avoir ouvert les yeux sur les ressources des microorganismes, qui ont inspiré des jardins du monde, grâce à sa contribution « En premier [...] » dans Pages Paysages 7 : Anamorphose, Association Paysage et Diffusion. 1998-1999 p. 34-41. Claude Figureau est l'auteur d'un brevet sur le « substrat biologiquement inoculé pour la restauration des sols perturbés ». Il a, entre autres, initié une collection de plantes bryophytes dans le Jardin des plantes de Nantes, qu'il a dirigé de 1983 à 2010, et des expériences avec des artistes, parmi lesquelles le relevé de semences sous les semelles de passants dans la gare.

8 Les Jardins du Louvre-Lens ont été conçus en collaboration avec les architectes Sanaa de 2005 à 2013. Ils témoignent d'une expérience unique entre architecture et paysage, équipement culturel et territoire, art et ressource. De la même manière que le jardin botanique rend tangible le dessous et le dessus, les jardins du Louvre-Lens sont la charnière

und seiner Kunstgeschichte. Diese Abraumhalde wurde von der Jury ausgewählt, weil sich Architektur hier mit Landschaft verbinden kann und so das Potenzial zur Stadterneuerung in einem Bergbaugebiet hat. Das mit dem Büro SANAA aus Tokio durchgeführte Projekt entwickelte auf den 25 Hektar als einziges diese Dialektik. Es wurde unermüdlich unterstützt von dem damaligen Direktor des Musée du Louvre (2001–2013), Henri Loyrette, und von Katia Lamy, der für dieses Programm verantwortlichen Architektin des Museums.

9 Der Phase Shifts Park wurde von 2011 bis 2020 gemeinsam mit Philippe Rahm architectes und Ricky Liu & Associates Architects + Planners angelegt. Er erstreckt sich über 70 Hektar inmitten eines städtischen Gebiets von rund 923 Hektar am Rande des historischen Zentrums von Taichung. Der siegreiche Wettbewerbsentwurf von 2011 sieht eine Verbindung natürlicher Ressourcen und technologischer Instrumente vor, um das Publikum in den Gärten im feucht-tropischen Klima willkommen zu heißen. Die technologische Seite wurde 2014 eingeschränkt (Schnittstellen zur Datenerfassung auf einem iPod und autarke Beleuchtung durch ein 1 Hektar großes Photovoltaikfeld) und das, was Philippe Rahm als »Klima-Devices« bezeichnet, abgeschafft. Trotz dieser Realität, die durch alternative Anlagen nach Rudolph Steiners Lehre ersetzt wurde, legt Philippe Rahm den Schwerpunkt auf klimatische Aspekte, die letztlich auf mehreren Punkten beruhten darunter auf den Ressourcen der Lithosphäre – Boden, Wasser, Topographie – als »Wiege« der Lebewesen. Wenn der Diskurs wichtiger scheint als die Realität, trennen sich die Disziplinen – von denen doch jede nur ein Teil eines größeren Ganzen ist und durch deren Verbindung sich eine leistungsfähige, offene Realität erreichen lässt.

10 Amerikanische Universitäten, darunter das MIT, forschen zu den Auswirkungen der Nutzung digitaler Tools und sozialer Netzwerke auf die Generationen, die damit geboren wurden. Aus diesen Arbeiten

geht hervor, dass die Gehirne der Digital Natives von Thema zu Thema »surfen« und auf »Lücken« oder »Aufschub« mit Ungeduld reagieren. Ist die beharrliche, zehn Jahre dauernde Auseinandersetzung mit einem Gemälde, wie bei Leonardo da Vinci im 15./16. Jahrhundert, oder mit den Gärten der Welt im 20./21. Jahrhundert demnächst eine Utopie?

11 Le hasard en cosmologie, Création Hasardeuse et Houleuse de Multiples Cosmos (Der Zufall in der Kosmologie, gewagte und stürmische Schöpfung multipler Kosmen), Michel Cassé, Tagung 'Le hasard, le calcul et la vie' (Zufall, Berechnung und Leben); Cerisy La Salle, 28. August bis 4. September 2019. Der Tagungsband erscheint im Verlag Iste.

12 Dieses Buch nimmt im Werk von Georges Didi-Huberman eine besondere Stellung ein. Es ist eine Zusammenstellung von ›Eindrücken‹, wie ein Fresko aus Fokuspunkten, die man nach Belieben herauspflückt. Schlagen wir hier eine Brücke zu den unzähligen Gesichtern an den Rändern und in den darunterliegenden Schichten von Leonardo da Vincis *Die Anbetung der Könige* (1480–1482) oder zu dem Gewirr von Beinen, Köpfen, Armen und einem Pferd in Giovanni Francesco Rusticis *Kampf eines Reiters gegen vier Fußsoldaten* (1503–1520), die Raum lassen für das, was Betrachtende hineintragen, die sich vielleicht in einzelnen Aspekten verlieren, mit einer Effizienz, die jede Erzählung übertrifft. Bisweilen lese ich die Werke von Georges Didi-Huberman rückwärts, vom letzten Kapitel zum ersten, wie ein Archäologe, der versucht, zum Ursprung vorzudringen. Eindrücke hat mit ›Spuren‹ zu tun, in beliebiger Reihenfolge. Darin lässt sich der Aufbau eines Werkes im Kontakt mit den Einzigartigkeiten der Gärten der Welt entdecken. Wir danken Georges Didi-Huberman für die freundliche Erlaubnis, für unseren Beitrag beim Symposium *Spuren des Gartens* an der Technischen Universität Berlin am 28.11.2019 seinen Titel zu verwenden.

entre territoires miniers, évolution environnementale du site et histoire de l'art. Le terril minier a été choisi en raison de sa capacité à conjuguer une architecture avec un paysage pour enclencher le renouvellement urbain d'un territoire minier de 4 000 ha. Le projet mené avec Sanaa de Tokyo sur 25 ha a été le seul parmi les autres équipes du concours à développer une dialectique architecture-paysage. Cette ambition a abouti, portée par les soutiens indéfectibles d'Henri Loyrette, directeur du musée du Louvre de 2001 à 2013, et de Katia Lamy, architecte responsable de ce programme au musée. Voir aussi le texte de Denis Delebarre « au bord du trou » in *Carnet du paysage n°27*, Actes Sud, mars 2015, p. 12-25, qui pointe les liens entre archéologie et paysage.

9 Les Jardins de Phase Shifts Park ont pris corps de 2011 à 2020 en collaboration avec Philippe Rahm architectes et Ricky Liu & Associates Architects + Planners. Ces jardins s'étendent sur 70 ha au cœur d'un développement urbain de l'ordre de 923 ha en périphérie du centre historique de Taichung. Le concours international remporté par l'équipe en 2011 propose une alliance entre ressources naturelles et instruments technologiques pour accueillir le public sous un climat tropical humide. En 2014, le volet technologique a été réduit aux prototypes, aux captures de données en temps réel sur un i pod et à l'autonomisation de l'éclairage grâce à un champ photovoltaïque d'un hectare, avec la suppression des autres « *climatic devices* », selon les termes de Philippe Rahm. Malgré cette réalité substituée par des installations alternatives suivant les préceptes de Rudolph Steiner, Philippe Rahm cible le point focal climatique des jardins, qui par les faits repose sur des focales polysémiques : entre autres, les ressources d'une lithosphère – sol, eau, topographie – comme « crèche » des vivants. Quand le discours prend le pas sur le réel, s'ouvre le schisme des disciplines, dont chacune n'est qu'une des pièces d'un ensemble plus vaste, alors que combinées, elles donnent corps à des réels capables et ouverts.

10 L'horizon temporel auquel il sera possible de reproduire des organes avec des imprimantes 3D en mode réparation-substitution de disfonctionnements physiologiques n'est pas si lointain. Les universités américaines, dont le MIT, développent des recherches sur l'impact de l'usage des instruments numériques et des réseaux sociaux sur les générations qui sont nées avec. De ces enquêtes ressort que ces cerveaux « surfent » de sujet en sujet, en s'impatientant lors de « blanc » ou de « suspens » de l'action. S'obstiner à travailler dix ans sur un tableau, comme le fit Léonard de Vinci aux XVᵉ et XVIᵉ siècles, ou sur des jardins du monde aux XXᵉ et XXIᵉ siècles, sera-ce une utopie demain ?

11 *Le Hasard en cosmologie – Création hasardeuse et houleuse de multiples cosmos*, Michel Cassé, colloque « Le hasard, le calcul et la vie » à Cerisy-La-Salle, 28 août –4 septembre 2019. Publication des actes à paraître chez ISTE.

12 *Aperçues*, Georges Didi-Huberman, Paris, Les Éditions de Minuit, 2018. Cet ouvrage occupe une place singulière dans l'œuvre de Georges Didi-Huberman. Il s'agit de l'assemblage de choses *aperçues*, égrenées telle une fresque de focales que l'on cueille à volonté. Faisons ici un lien avec la myriade de visages de Léonard de Vinci qui apparaît aux bords et dans les sous-couches de *L'Adoration des mages* (1480–1482), ou encore cet entremêlement de jambes, de têtes, de bras et du cheval, « sans queues ni têtes », scène de combat du *Cavalier luttant contre quatre fantassins* (1503-1520) de Giovanni Francesco Rustici, ouvert aux contaminations des esprits qui lisent et/ou s'immergent de possibles singuliers, avec une efficience supérieure à tout récit. Il nous arrive de lire les ouvrages de Georges Didi-Huberman à l'envers, du dernier chapitre au premier, tel un archéologue qui tente de remonter à la source. *Aperçues* relève de « *traces* » dans n'importe quel ordre. On y découvre la construction d'une œuvre au contact de singularités des *jardins du monde*. Nous remercions Georges Didi-Huberman de nous avoir autorisé à emprunter son titre pour cette contribution au symposium *Les traces du jardin*.

ZU DEN WURZELN DES GARTENS

CHRISTOPHE GIROT

Was ist ein Garten? Wo liegen seine Anfänge? Was sind seine grundlegenden Elemente? Die Etymologie liefert zur Beantwortung dieser Fragen einige Hinweise. Möchte man aber tatsächlich zu den Wurzeln des Gartens gelangen, scheint das nur indirekt durch die Auseinandersetzung mit der eigenen Erfahrung im Umgang mit Gärten zu gelingen. Von solchen Erfahrungen ist hier die Rede.

Etwas, das umzäunt ist

Das Wort *Jardin* hat einen alten indoeuropäischen Ursprung, nämlich das Wort *Ghort*. Aus diesem Wort entstand das griechische Wort *Khortos* – und daraus das lateinische Wort *Hortus*. Das altdeutsche Wort *Garto* heißt auch: eine in sich geschlossene Umgebung, ein umzäunter Bereich oder ein Ort, der mit Hecken umrahmt ist. Ein *Jardin* hat also immer mit etwas In-sich-Geschlossenem zu tun. In diesem Zusammenhang ist ein Luftbild des Schweizer Fotografen Georg Gerster interessant. (Abb. 1) Das Foto zeigt einen uralten skandinavischen Ort in einer Lichtung. Der Ort heißt Ismantorp. Beim Betrachten des Fotos weiß man nicht genau, ob dieser Ort ursprünglich ein Dorf war, eine Ansammlung von Gräben oder ob der Ursprung des heutigen Ortes sogar ein Garten war. Wir müssen diese Frage nicht beantworten. Was mich interessiert, ist diese im Foto (Abb. 1) sichtbare Figur – und dabei besonders die Frage, welcher Akt zu dieser geschlossenen Figur geführt hat. Das russische Wort город, *Gorod*, hat zum Beispiel den gleichen Ursprung wie das Wort *Ghort*. Es bezeichnet aber ganze Städte. Wegen der Feinde und Räuber sowie der Wölfe und der Bären mussten sich

Das altdeutsche Wort Garto heißt auch: eine in sich geschlossene Umgebung, ein umzäunter Bereich oder ein Ort, der mit Hecken umrahmt ist. Ein Jardin hat also immer mit etwas In-sich-Geschlossenem zu tun

AUX RACINES DU JARDIN

CHRISTOPHE GIROT

Qu'est-ce qu'un jardin ? Quelles sont ses origines ? Quels en sont les éléments fondamentaux ? Autant de questions auxquelles l'étymologie nous apporte des bribes de réponses de réponse. Néanmoins, seule la confrontation – ne serait-ce qu'indirecte – à sa propre expérience des jardins semble permettre de remonter aux véritables racines du jardin. Et c'est précisément de ces expériences dont il est ici question.

D'une espace clôture

Le mot jardin trouve son origine dans un ancien mot indo-européen, *ghort*. Ce dernier a donné naissance au grec *khortos* – et de là, au latin *hortus*. En vieil allemand, le terme *garto* désigne également un milieu fermé sur lui-même, un espace clos ou un endroit entouré de haies. Un jardin évoque donc toujours quelque chose de fermé sur lui-même. Une prise de vue aérienne du photographe suisse Georg Gerster en dit bien plus que des mots à cet égard (fig. 1). On y distingue un site scandinave très ancien au beau milieu d'une clairière. L'endroit est connu sous le nom d'Ismantorp. En examinant la photo, on ne peut établir avec certitude si ce lieu était à l'origine un village, un ensemble de fossés, voire un jardin. La réponse importe peu. Ce qui m'intéresse vraiment, c'est cette figure que l'on voit sur la photo – et plus particulièrement de savoir par quel acte une telle figure fermée a pu être ainsi tracée. Le mot russe *gorod*, город a par exemple la même origine que le mot *ghort*. Or, ce terme désigne des villes entières. Les ennemis et les prédateurs, ainsi que les loups et les ours ont poussé les peuples d'alors à s'entourer de clôtures, sans quoi il n'y aurait vraisembla-

En vieil allemand, le terme garto désigne également un milieu fermé sur lui-même, un espace clos ou un endroit entouré de haies. Un jardin évoque donc toujours quelque chose de fermé sur lui-même

die damaligen Menschen mit Zäunen schützen; sonst würde es wohl fast keine Russen mehr geben. Das heißt, von dem alten Wort *Ghort* stammen die Wörter *Jardin*, *Garto* und *Gorod* (Stadt) ab. Das macht die Sache allgemein und kompliziert.

An diesem Beispiel sehen wir auch ein linguistisches Spiel mit dem deutschen Wort *Zaun*. Es führt zum englischen Wort *Town*. Aber auf der anderen Seite gab es auch das niederländische Wort *Tuin*, das wiederum Garten heißt. *Tuin*, *Town*, *Zaun* – das wirkt alles sehr vertrackt, ich kann aber nichts dafür. Ich habe den Eindruck, dass jeder Ausdruck etwas meint, was umzäunt wird. Das Umzäunte als ein Grundphänomen des Gartens? Ich begegne bei meinen Überlegungen zum Garten also linguistischen Schwierigkeiten. Wovon sprechen wir, wenn wir das Wort Garten gebrauchen? Ich glaube, dass die Spuren des Gartens sich in vielen verschie-

1 Luftbild des schwedischen Ortes Ismantorp © Georg Gerster

1 Vue aérienne du site suédois d'Ismantorp © Georg Gerster

blement plus aucun Russe aujourd'hui, ou presque. Tout cela pour dire que l'ancien mot *ghort* est à l'origine des mots *jardin*, *garto* et *gorod* (ville). Par trop générique, il ne nous rend pas la tâche facile.

Au travers de cet exemple transparaît aussi un jeu linguistique avec le mot allemand *zaun* (clôture), qui nous mène jusqu'au terme anglais *town*. Le néerlandais *tuin*, à l'inverse, désigne un jardin. *Tuin, town, zaun* – cette explication peut sembler très alambiquée, mais je n'y suis pour rien. Force est de constater que chacune de ces expressions renvoie bien à quelque chose de clôturé. La « mise en enclos » comme acte fondateur du jardin ? Mes questionnements sur le jardin buttent ainsi sur des écueils linguistiques. De quoi parle-t-on quand on emploie le mot jardin ? Je crois que les traces du jardin ont pris racine dans de nombreuses cultures distinctes et, que nous le voulions ou non, les peuples ont suivi des directions opposées. La naissance du jardin nous renvoie à quelque chose d'originel, aux premiers habitats sédentaires que l'on barricadait pour protéger à la fois le bâti et ses occupantes et occupants. Ces populations cherchaient tout simplement à éviter que leurs récoltes ou leur bétail ne soient dévorés par des animaux sauvages ou dérobés par des brigands. Ce mouvement s'inscrit donc dans une logique claire.

En ce sens, le mot français jardin clos ou son pendant latin *hortus conclusus* est bel et bien un pléonasme, c'est-à-dire une redondance, le champ sémantique du mot *ghort* englobant déjà la notion d'enceinte. Dès lors, parler d'un *garto* fermé est quelque peu contestable, comme si un seul emballage ne suffisait pas. Le phénomène du jardin suggère aussi toujours une certaine maîtrise de la nature. En effet, il n'est plus quelque chose de totalement naturel, mais une manipulation, un lieu qui a toujours été modifié ou élaboré. Par conséquent, le jardin est aussi systématiquement artificiel et éphémère. Il nous faut donc considérer qu'il est forcément conçu pour nous, pour que nous nous y sentions bien. Il en va de même du sens civique, de la beauté elle-même et de toutes les promesses que porte le jardin depuis la nuit des temps. J'entends développer cette idée à travers quelques exemples.

Si les jardins sont bien la thématique traitée ici, j'aimerais l'interpréter dans une perspective bien précise. Prenons un objet pour commencer. La fontaine de *l'Apennin* est une sculpture du jardin de la villa médicéenne

denen Kulturen verwurzelt haben, und es zieht die Völker in gegenteilige Richtungen, ob wir es wollen oder nicht. Die Geburt des Gartens verweist auf etwas Ursprüngliches, wo die ersten sesshaften Siedlungen, die eingezäunt wurden, um sich und die Bewohnerinnen und Bewohner zu schützen. Die Menschen wollten einfach nicht, dass ihre Ernte oder ihr Vieh von Wildtieren gefressen oder von Briganten gestohlen wird. Diesem Umzäunen folgt also eine klare Logik.

In diesem Sinn ist das französische Wort *Jardin clos* oder das lateinische Wort *Hortus conclusus* ein Pleonasmus, das heißt eine Wiederholung, weil das Eingeschlossene schon im Bedeutungsumfang des Wortes *Ghort* zu finden ist. Von einem geschlossenen *Garto* zu sprechen, ist also etwas fragwürdig, als ob es nicht reicht, nur eine Verpackung zu haben, gibt es zwei Verpackungen für das gleiche Wort. Das Phänomen des Gartens verweist auch auf eine gewisse Kontrolle über die Natur. Es geht nicht um etwas vollständig Natürliches, es geht um etwas Manipuliertes, das schon verändert oder hergestellt wurde. Der Garten ist also auch etwas Artifizielles und Ephemeres. Wir müssen davon ausgehen, dass der Garten für uns gemacht ist, für unser persönliches Wohlempfinden. Das gilt genauso für den Bürgersinn, auch für Schönheit, wie dafür, was ein Garten seit biblischen Zeiten verspricht. Im Folgenden will ich diesen Gedanken an einigen Beispielen erläutern.

Ich werde das Thema des Gartens in eine bestimmte Richtung interpretieren. Fangen wir zum Einstieg mit einer Skulptur an. Der *Apennin*, eine begehbare Skulptur im Garten der Villa Castello bei Florenz, zeigt uns etwas Interessantes. Die Skulptur heißt auch *Gennaio*, Januar. Sie zeigt einen nackten Mann mit langem Haar und Bart, der friert und auf einem Fels hockt. Wir als Menschen würden schnell auf Probleme stoßen, wenn wir so in der Natur ausgesetzt würden. Von Oktober bis Juni können wir nicht einfach nackt draußen herumlaufen. Wir müssen den Garten als Ort der Kultur und als Ort der Natur auffassen. *Jardin* bezeichnet eine hergestellte Umgebung für das Wohlfühlen des Menschen. Und das finden wir in allen Kulturen seit jeher, zum Beispiel in dem Garten des Meisters der Netze im chinesischen Suzhou. Da herrscht ein Mikrokosmos, der den Besucherinnen und Besuchern eine kontemplative Ebene schenkt. Wenn wir von Atmosphäre im Garten sprechen wollen, würde ich über Kontemplation sprechen. *Jardin* hat also auch mit Kontemplation und dem Himmel zu tun.

de Castello à Florence, qui est particulièrement intéressante à cet égard. Elle est également connue sous le nom de *Gennaio* ou janvier. Elle représente un homme nu, barbu et aux cheveux longs, accroupi sur un rocher, transi de froid. En tant qu'être humain, être ainsi livré à la nature et à notre état pourrait vite devenir problématique. Difficile en effet d'imaginer se promener dans le plus simple appareil entre octobre et juin. Aussi nous faut-il appréhender le jardin comme lieu de culture et le jardin comme lieu de nature. Le thème du jardin renvoie à un environnement pensé pour le bien-être des humains. Et cela, nous le retrouvons dans toutes les cultures et de tout temps, comme dans le Jardin du Maître des filets à Suzhou en Chine, par exemple. Le microcosme qui y est à l'œuvre invite la visiteuse ou le visiteur dans une dimension contemplative. Pour ce qui est de l'atmosphère dans le jardin, je préfère parler de contemplation. Le jardin est étroitement lié à la contemplation et au reflet du ciel également.

2 Privatgarten in der Schweiz, Atelier Girot
© Christophe Girot

2 Jardin privé en Suisse, Atelier Girot
© Christophe Girot

Minimalgarten

Nun geht es um einen Privatgarten in der Schweiz, den ich entworfen habe. (Abb. 2) Es ist ein Minimalgarten, in dem es nur Platz für einen Baum gibt, ein paar Stühle und eine Hecke ringsherum. Wir sind in der Öde der Schweizer Suburbia, also in einer Vorstadt. In dieser Öde muss man es schaffen, einen gewissen Grad der Privatsphäre zu erhalten. Hier sind die Entwurfsmöglichkeiten sehr reduziert. Das Rechteck ist vom Kataster vorgegeben, die Hecke im hinteren Teil ist mit kleinen Buchen aus dem benachbarten Wald bestückt. Birnbäume in Spalierform auf der rechten Seite und Trauben auf der linken Seite trennen den Garten von den Nachbarn ab, und dann gibt es anhängend zum Wohnraum eine große Holzterrasse, eine Art Gartenbühne. Wohin führt eine solche Gestaltung? Wieso macht man das? Was bedeutet diese Gestaltung, was machen wir mit der Leere und natürlich auch mit den Pflanzen, die uns ein Versprechen an Obst und Ernährung bieten? Und wenn man von einem Garten spricht, gibt es viele Faktoren und Kräfte, die uns aus den Händen gleiten. Zum Beispiel sieht man den gleichen Garten auf der Abbildung 3 im Sommer; daneben, auf Abbildung 4, sieht man den Garten im Winter. Die Fotos illustrieren

3 Sommerbild des Privatgartens in der Schweiz, Atelier Girot
© Christophe Girot

3 Image d'été jardin privé en Suisse, Atelier Girot
© Christophe Girot

Jardin minimaliste

Entrons à présent dans un jardin privé de Suisse que j'ai projeté (fig. 2). C'est un jardin minimaliste, avec de la place pour seulement un arbre, une ou deux chaises et la haie qui l'entoure. Nous nous trouvons dans la monotonie de l'agglomération suisse, dans une banlieue donc. Or, il est important de parvenir à s'y ménager un espace d'intimité, un jardin secret. La marge de manœuvre pour la conception y est très restreinte. La forme rectangulaire est dictée par le cadastre, la haie du fond est constituée de petits hêtres issus de la forêt voisine. Les poiriers en espalier à droite et la vigne à gauche séparent le jardin de celui des voisins. La grande terrasse en bois, attenante à la salle de séjour, est une sorte de scène pour le jardin. Où peut bien mener un tel aménagement ? Pourquoi procéder ainsi ? Qu'est-ce qui unit cet acte de jardinage au vide et, naturellement, aux plantes porteuses des promesses de fruits et de nourriture ? Et lorsque l'on parle de jardin, nombreux sont les facteurs et les forces qui nous glissent entre les doigts. Les figures 3 et 4 présentent le jardin en été d'un côté, ce même jardin, mais en hiver de l'autre. Des photos qui reflètent le sort qui nous attend tous : ne sommes-nous pas, nous aussi,

4 Winterbild des Privatgartens in der Schweiz, Atelier Girot
© Christophe Girot

4 Image d'hiver du jardin privé en Suisse, Atelier Girot
© Christophe Girot

Wir glauben einfach, dass wir durch die Einfärbung von Papier oder Pixel die Geschichte, den Effekt und die Ästhetik des Gartens völlig beherrschen. Das ist aber eine Illusion

unser Schicksal: Wir selbst sind nicht nur Sterbliche, sondern wir müssen uns um dieses Spiel mit der Zeit immer wieder kümmern. Das ist eine Sache, die wir leider mit unserer Ausbildung und dem ganzen Mapping, also der Kartierung der Landschaft, verloren haben. Wir glauben einfach, dass wir durch die Einfärbung von Papier oder Pixel die Geschichte, den Effekt und die Ästhetik des Gartens völlig beherrschen. Das ist aber eine Illusion. Was jetzt in einem Garten wächst, hat mit unserem Tun nicht mehr so viel zu tun. Außerdem wird sich unsere Profession in den kommenden Jahren vermutlich vielmehr mit Ideologien über Landschaften und klimatischen Fragen beschäftigen als mit dem *Jardin*. Bedeutet das aber, dass man die Gartenkunst auf ein viel engeres Phänomen reduzieren sollte? Würde man dann nicht die wichtige symbolische Dimension des Gartens verlieren? Wir stehen in unserem Berufsfeld vor einer Herausforderung neuer Art: Ich finde, dass das, was uns ein solcher Garten in einer Nachbarschaft schenkt, in erster Linie Privatsphäre, Genuss und Freude ist – und das ist nicht banal. Das ist die Idee der Schönheit, wenn man erfolgreich in einer begrenzten Umgebung operiert und die Illusion eine Leere und Unendlichkeit schafft. Die Abbildungen 3 und 4 zeigen die suburbane Wohnung, an die der Garten anschließt. In dieser Wohnung leben Menschen mit ihren Plastikmöbeln – auch das zeigt einen Lebensstil. Es ist aber nicht nur ein Stil, sondern auch eine Bereicherung. Ein Erbe, welches erst durch die Leere und die Einfriedung mit den Hecken ermöglicht wird, wie ein archaisches *Garto*, ein reduzierter Archetyp des *Hortus conclusus*. Kleiner kann man einen Garten fast nicht machen. Man könnte weiter versuchen, es noch kleiner zu machen, aber dann wäre der Garten plötzlich nur eine Miniatur wie ein Bonsai.

Gartenhybrid

Im zweiten Beispiel möchte ich mehr über den Bürgersinn sprechen. Den Invalidenpark, den ich zu Beginn der 1990er-Jahren entwarf, habe ich in Berlin nie wirklich präsentiert oder erklärt. Um den Park zu verstehen, muss man die Zustände während und nach der Wende, also die Zeit in und nach der Auflösung der DDR, wieder in Erinnerung rufen. Der Invalidenpark als Projekt war ein Kampf. Es gab damals einen polemischen Künstler, einen so genannten »Baumpaten« namens Ben Wagin, der sich

simples mortels, voués à nous livrer sans cesse au jeu du temps ? Un aspect que nous semblons malheureusement avoir perdu de vue avec la formation de paysagiste et nos efforts à pour cartographier le paysage. Nous pensons naïvement pouvoir maîtriser pleinement l'histoire, l'effet et l'esthétique du jardin en mettant de la couleur sur le papier ou des pixels sur l'écran. Or, tout cela n'est que pure illusion. Tout ce qui nous y faisons n'a guère d'incidence sur ce qui pousse de fait dans un jardin. Qui plus est, dans les années à venir, notre profession sera sans doute davantage préoccupée par les idéologies sur les questions climatiques dans le paysage que par le jardin lui-même. Faut-il en conclure que l'art du paysager devrait se résumer à un bien plus modeste phénomène ? Ne risque-t-on pas d'y perdre l'importante dimension symbolique du jardin ? Nous voilà donc face à un enjeu d'un genre nouveau dans notre métier : je trouve que ce que nous procure un tel jardin dans un quartier de banlieue, c'est avant tout de l'intimité, du plaisir et de la joie – et ce n'est pas anodin. C'est cette idée de beauté atteinte qui importe, lorsque l'on parvient à œuvrer avec succès dans un lieu confiné et à créer l'illusion d'un vide et d'un infini. Les figures 3 et 4 présentent l'appartement suburbain auquel est rattaché le jardin. Les clientes et les clients y vivent avec leur mobilier de plastique, qui dénote également un style de vie particulier. Mais bien plus qu'un style, c'est aussi et surtout un enrichissement. Un héritage rendu seulement possible grâce au vide et à la clôture faite de haies, tel un *garto* archaïque, archétype du *hortus conclusus* ramené à sa plus simple expression. Difficile en effet d'imaginer un jardin plus petit. D'ailleurs, toute entreprise en ce sens ne ferait que le rabaisser, tel un bonsaï, au rang de miniature.

Nous pensons naïvement pouvoir maîtriser pleinement l'histoire, l'effet et l'esthétique du jardin en mettant de la couleur sur le papier ou des pixels sur l'écran. Or, tout cela n'est que pure illusion

Jardin hybride

Dans le deuxième exemple, j'aimerais revenir plus en détail sur le sens civique. Je n'ai jamais vraiment présenté ni expliqué l'*Invalidenpark* (parc des Invalides) que j'ai conçu à Berlin au début des années 1990. Pour bien comprendre ce parc, il nous faut revenir sur les circonstances entourant la chute du mur et la période qui a suivi, pendant et après l'effondrement de la RDA. Le projet de l'*Invalidenpark* n'avait rien d'une sinécure. Il y avait à l'époque un artiste controversé, Ben Wagin, plus connu sous le nom de

um Ginkgo-Bäume kümmerte. Er wollte mehr als 50.000 solcher Bäume zwischen Moskau und Vilshofen pflanzen lassen. Als das Invalidenpark-Projekt mit der Grün Berlin GmbH begann, wollte der Leiter, Hendrick Gottfriedsen, die Idee von Ginkgo-Bäumen auf dem Planungsgebiet bekämpfen. Er hatte stattdessen die Vorstellung, einen deutschen Wald im Invalidenpark zu pflanzen. Das kann ich auch verstehen. Das hat mit der deutschen Geschichte, den Nibelungen, mit allem, was man mit der Symbolik des Waldes haben will, zu tun. Für mich war es allerdings wichtig, einen Baum zu pflanzen, der in Hiroshima überlebt hatte. Wir haben uns schlussendlich mit Rechtsanwälten geeinigt: Es gab eine vordere Seite mit Ginkgos und eine hintere Seite mit Efeu und Eichen. Die Eichen stehen ganz hinten und verstecken eigentlich die Plattenbauten, die da am Standort errichtet wurden, wo sich der ehemalige Invalidenpark mit der Invalidensäule befand. Die Säule erinnert an die 1848 und 1849 gefallenen Angehörigen der preußischen Armee. Am Vorplatz meines Entwurfs stehen drei Ginkgo-Bäume in Dreiergruppen um ein großes Wasserbecken herum, das auf den Fundamenten der ehemaligen Gnadenkirche steht. Die Idee des Invalidenparks als Garten war für mich mit der Hoffnung verbunden, dass der Park eine Verbindung zu Ostberlin knüpft. Das sollte sich auch in der konkreten Gestaltung zeigen, schließlich ist die Lage des Invalidenparks völlig anders als zum Beispiel die Lage am Kurfürstendamm und allgemein in Charlottenburg. Was ich mit diesem Thema des Gartens im öffentlichen Raum auch wichtig finde, ist diese Idee des Bürgersinns als Kraft für Transformationen. Es gibt aber nicht nur eine Idee des Bürgersinns. In jeder Epoche herrscht eine andere Mentalität mit ihren Werten. Das ist genau das Problem eines solchen Projektes. Man kann doch immer archetypisch arbeiten, mit einer Lichtung, mit Bäumen gesäumt, aber man kann sich nicht so einfach von der Zeit, in der man steht, abstrahieren. Auf Abbildung 5 ist der Blick auf den Standort des zukünftigen Invalidenparks dokumentiert, das Foto stammt von 1991. In diesem Umfeld gab es eine Reihe dieser Mauerwächter-Baracken der Vopo, also der Volkspolizei der ehemaligen DDR. Auf dem Foto sieht man auch die Möbel der Vopos mit etwas Müll; das ist heute genau der Standort, wo sich das Wirtschaftsministerium jetzt befindet. Die Frage war dann: Wie kann man damit umgehen? Was für einen Platz hätte der Garten? Wie kann man damit vorwärts gehen? Und zwar respektvoll gegenüber dem, was ein Invalidenpark für ein ganzes Land oder ein ganzes Volk bedeutet und auch gegenüber der Umgebung und der künftigen Nutzungen.

« Baumpate » (parrain des arbres), qui travaillait sur les ginkgos. Il voulait en faire planter plus de 50 000 entre Moscou et Vilshofen. Quand le projet *Invalidenpark* a été lancé en coopération avec l'entreprise publique Grün Berlin GmbH, son directeur, Hendrick Gottfriedsen, était bien décidé à s'opposer à l'idée des ginkgos pour la zone à aménager. Une forêt allemande lui semblait en effet bien plus indiquée pour le parc. Un point de vue que je peux également comprendre. Il y a là un rapport avec l'histoire allemande, avec la légende des *Nibelungen*, avec tout ce que peut représenter la symbolique de la forêt. Pour moi, il était toutefois important d'y planter un arbre ayant survécu à Hiroshima. Nous avons fini par trouver un accord avec les avocats : des ginkgos dans la partie avant et du lierre et des chênes dans la partie arrière. Ces derniers, plantés tout au fond du parc, occultent les immeubles en préfabriqués bâtis à l'emplacement même de l'ancien *Invalidenpark* et de sa *Invalidensäule* (colonne des Invalides), qui commémoraient les soldats de l'armée prussienne morts au combat en 1848 et 1849. Sur le parvis de mon projet, des ginkgos plantés par groupe de trois entourent un grand bassin qui s'étend sur les fondations de l'ancienne église *Gnadenkirche* (église de la grâce). En imaginant l'*Invalidenpark* comme un jardin, j'entretenais l'espoir d'un parc

5 Foto aus dem Jahr 1991 vom Gelände des heutigen Invalidenparks
© Christophe Girot

5 Photo datant de 1991 montrant le site de l'Invalidenpark v avant le concours
© Christophe Girot

Es war ein sehr kompliziertes Verfahren, und ich fand die Vereinfachung der Grundrissfigur ganz wichtig. Auf der Abbildung 6 sieht man den Invalidenpark, wie er von Peter Joseph Lenné mit der Invalidensäule in der Mitte gestaltet wurde. Das war auch öffentlicher Raum zu jener Zeit; die ehemalige Gnadenkirche hätte man mit diesem Blickwinkel nicht gesehen, aber sie stand auch in diesem Umfeld. Heute stehen Plattenbauten anstelle der Invalidensäule; aber man erkennt an diesem Foto, dass der Standort schon zu jener Zeit geometrisch gestaltet war. Als ich mir damals die historischen Dokumente anschaute, habe ich den Entschluss gefasst, dass es an diesem Ort nicht um wilde oder mythische Natur gehen kann. Der Park war zwar waldähnlich, aber immer geometrisch. Deswegen war diese Figur, die es schon gab, zu respektieren. Das erklärt meine modische, postmodernistisch verschobene Achse im Park. Damals konnte man nicht die Nord-Süd-Achse von Albert Speer nachzeichnen. Deshalb habe ich das Becken im Park gedreht. Ich habe es so gedreht, um die Geschichte von Berlin-Mitte in einer anderen Art und Weise erklären zu können. Natürlich sind die Formen immer die gleichen, das heißt, diese Idee des Beckens, aber die Figuren werden transformiert.

Ich habe auch Leute am Becken gesehen, die versuchen, Forellen mit Fliegen zu angeln, zumindest trainieren sie da. Es gibt also mehrere Nutzungen; man muss diesen Ort nicht nur in einer pathetischen Vergangenheit fixiert sehen. Der Ort kann auch verschiedene Nutzungen zulassen. Natürlich gibt es im Vokabular des Parks zahlreiche Spuren: Die Spuren der Gnadenkirche in Form von Fundamenten stehen zur Verfügung; sie werden mit dem Graben verkörpert und sie sind Metapher für die Geschichte zwischen Europa und Deutschland. Einige Abbildungen, die

6 Ursprünglicher Invalidenpark von Peter Joseph Lenné mit Invalidensäule © Grün Berlin GmbH

6 L'ancien Invalidenpark d'origine de Peter Joseph Lenné avec la colonne des Invalides © Grün Berlin GmbH

trait d'union entre Berlin-Est et Berlin-Ouest. Cette idée devait également se retrouver dans l'aménagement proprement dit, la topologie du parc n'ayant rien à voir avec celle du Ku'damm par exemple, ou, de Charlottenburg de manière générale. Un autre point important à mes yeux concernant cette thématique du jardin dans l'espace public, est cette idée du sens civique comme moteur de transformation. Le sens civique ne se résume toutefois pas à une simple idée. Chaque époque est dominée par une mentalité et des valeurs qui lui sont propres. Et c'est bien là tout l'enjeu d'un tel projet. On peut toujours travailler avec des archétypes, une clairière bordée d'arbres par exemple, mais l'on ne peut en revanche s'affranchir totalement de l'époque dans laquelle nous vivons. La figure 5 offre une vue du site de l'*Invalidenpark* avant le projet. Ici se dressait autrefois une rangée de baraquements destinés aux agents de la Vopo, la police populaire est-allemande, chargés de monter la garde du mur. Sur la photo, on peut également distinguer leur mobilier et quelques détritus ; à cet endroit où dresse aujourd'hui le ministère allemand de l'économie. Se pose la question : comment appréhender le site existant et quelle place accorder au jardin ? Comment aller de l'avant sans perdre de vue le passé ? Et ce, avec tout le respect dû à ce qu'un parc des Invalides peut bien représenter pour un pays ou un peuple, mais aussi par rapport à son envivcvronnement et aux usages à venir.

Le déroulement du projet s'est révélé compliqué et la simplification de la figure en plan me paraissait nécessaire. Sur la figure 6, on peut voir l'*Invalidenpark* tel qu'il a été conçu par Peter Joseph Lenné avec l'*Invalidensäule* en son centre. À l'époque aussi, ce lieu était un espace public. Et même si elle n'est pas visible sous cet angle, l'ancienne *Gnadenkirche* faisait bel et bien partie de ce paysage. Aujourd'hui, l'*Invalidensäule* a laissé place à des immeubles en béton préfabriqué ; on retrouve pourtant dans cette figure le caractère géométrique de l'aménagement d'origine. En consultant à l'époque les documents historiques, j'en étais arrivé à la conclusion qu'il ne pouvait être ici question de nature sauvage ni mythique. Le parc, bien que semblable à une forêt, a toujours été très géométrique dans son tracé. Aussi convenait-il d'en respecter la figure donnée. C'est ce qui explique mon axe dans le parc, avec un décalage postmoderne dans l'esprit du temps. Il n'était alors pas possible de reprendre l'axe nord-sud d'Albert Speer, raison pour laquelle j'ai fait pivoter le bassin dans le parc. Je l'ai orienté de cette manière afin de changer le regard sur l'histoire du

7 Becken des Invalidenparks mit
Ginkgo-Bäumen in Dreiergruppen
vor der schrägen Mauer, Atelier Girot
© Christophe Girot

7 Bassin de l'*Invalidenpark* avec
ginkgos par groupes de trois
devant le mur incliné, Atelier Girot
© Christophe Girot

8 + 9 Invalidenpark, kurz
nach der Einweihung im
Jahr 1997 mit Fundamenten der
Gnadenkirche in dem Graben
und die ersten Nutzungsspuren
auf dem geneigten Weg,
Atelier Girot
© Christophe Girot

8 + 9 Invalidenpark, tranchée
située au pied du mur avec les
fondations de la Gnadenkirche
et, peu après l'inauguration en
1997 avec les premières traces
d'utilisation, Atelier Girot
© Christophe Girot

Auf der Ostseite wollte ich die Mauer nur mit rohem schlesischen Granit verkleiden, roh und matt. Mit dem Plattenbau dahinter war es wirklich ein Blick auf die Epoche des Eisernen Vorhangs, vor und während der Wende. Auf der Westseite wollte ich die Mauer mit poliertem schlesischen Granit verkleiden, um eine Art ›Wessi-Narzissmus‹ aus dem damaligen Westberlin anzudeuten

ich hier zeige, waren in der Ausstellung *Groundswell. Constructing the Contemporary Landscape* im Museum of Modern Art (MoMA) in New York im Jahr 2005 zu sehen. (Abb. 7) In dieser Ausstellung war es mir wichtig, die Geschichte als solche zu erklären, auch wie man in Richtung dieses Waldes im Hintergrund blickt, und wie dieser städtische Platz im Vordergrund sich in das Grün auflöst. Auf der Ostseite wollte ich die Mauer nur mit rohem schlesischen Granit verkleiden, roh und matt. Mit dem Plattenbau dahinter war es wirklich ein Blick auf die Epoche des Eisernen Vorhangs, vor und während der Wende. Auf der Westseite wollte ich die Mauer mit poliertem schlesischen Granit verkleiden, um eine Art ›Wessi-Narzissmus‹ aus dem damaligen Westberlin anzudeuten. Diese Maßnahmen führen zu einer Polarität und Zweideutigkeit in diesem Projekt. Diese Aspekte haben sich seit jener Zeit sicherlich verändert, weil Berlin die Hauptstadt Deutschlands geworden ist. Trotzdem erklärt das Projekt einen ganzen Moment in der Geschichte des Landes und des Ortes, den man nicht einfach ignorieren kann. Die Frage damals war, ob der Ort »Invalidenpark« oder »Invalidenplatz« heißen sollte. Ich finde Park ganz in Ordnung, wenn man sich die heutigen Nutzerinnen und Nutzer anschaut, wie sie gehen, wie sie den Ort erleben, sie nutzen ihn nicht nur wie einen offiziellen, monumentalen Platz des Gedächtnisses, sondern auch als einen Garten mit einer Lichtung, der wie ein moderner *Ghort*, der mit einem quadratischen Hain von Ginkgos und Eichen umrandet ist. Es ist wirklich eine interessante Mischung aus geometrischen Formen und Bürgersinn, exotisch und geheimnisvoll. Auf der Abbildung 8 und der Abbildung 9 sieht man übrigens die ersten Spuren der Menschen im Park nach der Eiweihung im Jahr 1997.

Biografischer Garten

Mein eigener *Jardin* in der Perche, einer Region im Westen Frankreichs, ist das letzte Projekt, das ich zeigen will. Ich habe dieses Projekt noch nie öffentlich gezeigt und habe mich bis heute geweigert, das zu tun, wegen des Respekts, den ich gegenüber dem Garten habe. Mit Respekt meine ich, dass ich jedes Jahr mehr über ihn lerne. Der Garten ist sicherlich eines der schwersten, langfristigen Projekte meines Lebens. Ich arbeite seit 25 Jah-

quartier de Berlin-Mitte. Si les figures demeurent les mêmes, telle cette idée du bassin, elles n'en sont pas moins sujettes à d'importantes transformations.

Des personnes tentent de pêcher à la mouche la truite ou, tout au moins, s'y exercent. Les usages sont donc multiples, car ce lieu ne doit pas rester figé dans un passé pathétique. Naturellement, des traces perdurent et transparaissent toujours à travers le vocabulaire du parc comme par exemple les fondations de la Gnadenkirche enfouies dans une tranchée au pied du mur, qui sont là comme métaphore de l'histoire vécue par l'europe et l'allemagne. Certaines de ces illustrations ont été présentées dans le cadre de l'exposition *Groundswell. Constructing the Contemporary Landscape* au Museum of Modern Art (MoMA) de New York en 2005, et j'avais à cœur d'expliquer l'histoire en soi, y compris

Du côté est, je voulais juste le mur avec un parement de granit brut de Silésie, brut et mat. Avec les immeubles en panneaux préfabriqués pour toile de fond, le site nous renvoie immanquablement à la période du rideau de fer, avant et pendant la Wende. Côté ouest, je voulais recouvrir le mur de granit de Silésie poli comme un mirroir, allusion au « narcissisme » du Berlin-Ouest de l'époque

comment le regard se tourne vers cette forêt en arrière-plan et comment le vert se fond dans cette place urbaine au premier plan (fig. 7). Du côté est, je voulais le mur avec juste un parement en granit de Silésie, brut et mat. Avec les immeubles en panneaux préfabriqués pour toile de fond, le site nous renvoie immanquablement à la période du rideau de fer, avant et pendant durant le tournant. Côté ouest, je voulais recouvrir le mur de granit de Silésie poli comme un mirroir, allusion au travers narcissique du Berlin-Ouest de l'époque. Ces choix ont pesé dans le caractère ambigu et polarisé du projet. Ces aspects ont forcément changé depuis cette époque, Berlin étant devenue la capitale de l'Allemagne. Le projet n'en offre pas moins un éclairage précieux sur tout un pan de l'histoire du pays et du lieu auquel on ne peut rester indifférent. Restait à l'époque la question du nom à lui donner : *Invalidenpark* ou *Invalidenplatz* ? Je trouve que le terme de parc convient tout à fait si l'on considère les habitudes des usagers actuels, leur façon de se déplacer, de s'approprier l'endroit, non seulement comme un lieu de mémoire officiel et monumental, mais également comme un jardin dans une clairière, tel un *ghort* moderne ourlé d'un bosquet de ginkgos et de chênes. Ce mélange de formes géométriques et de sens civique, exotique et énigmatique est des plus intéressants. Sur la figure 8, on distingue d'ailleurs les premières traces de présence humaine dans le parc suite à son inauguration en 1997.

Wenn wir wirklich über Jardin reden wollen, und wenn es wirklich um die Wurzeln eines Garto geht, dann muss man zuerst über den Gärtner sprechen. Denn ohne den Gärtner gibt es keinen Garten – es tut mir leid, aber es funktioniert sonst nicht

ren daran. Wenn wir wirklich über Jardin reden wollen, und wenn es wirklich um die Wurzeln eines *Gartos* geht, dann muss man zuerst über den Gärtner sprechen. Denn ohne den Gärtner gibt es keinen Garten – es tut mir leid, aber es funktioniert sonst nicht. Wenn man von einem *Jardin public* spricht, ist das etwas anderes, aber wenn man wirklich über einen privaten Garten spricht, ist das ganze Projekt experimentell und teilweise unberechenbar. Gabriel Chauvel hat vor zwanzig Jahren einen schönen Artikel in der Zeitschrift *Pages Paysages* über die eigenwillige Pflanze *Euphorbia characias* geschrieben, ich empfehle ihn heute noch zur Lektüre. Ich habe eine solche Euphorbia in meinen Garten gepflanzt, und die hat angefangen, allein und ganz langsam durch den Garten zu wandern. Ich habe mich entschieden, nicht den Rasenmäher über diese Pflanzen fahren zu lassen. Diese Pflanzen bewegen sich, wie und wo sie wollen. (Abb. 9) Ein Teil des Gartens hat sich selbst gestaltet, ein anderer Teil nicht. Genau wie eine junge Eiche, hinten links, die auf der Abbildung 11 zu sehen ist; dieser Baum hat sich selbst entwickelt. Ich habe ihn gerettet, indem ich ihn ebenfalls nicht abgemäht habe. Im ersten Jahr habe ich den kleinen Eichenkeim im Gras gesehen und ihn über die Jahre gepflegt. Jetzt ist der Baum höher als mein eigenes Haus. Das Grundstück ist Teil einer Landschaft aus Hecken; diese Landschaft heißt im Französischen *Bocage*. Das ist üblich in der Perche, wo die pastorale Natur seit dem Mittelalter durch Hecken sehr kontrolliert und etabliert ist. Es gibt in der Perche eigentlich nur zwei Fragen: Was behalte ich? Was entferne ich? Das heißt, es gibt einen permanenten und jahrelangen Akt mit und in dem Garten. Nur ein Detail: Wir sind geologisch am Rand des *Bassin Parisien*, tief im roten jurassischen Ton, mit Feuersteinen so groß wie ein Flügel. Das heißt, wenn man auf einem Plan einen Baum einzeichnet, kann es in der Realität Überraschungen geben. Man kann Bäume nur mit einer Spitzhacke pflanzen. Wenn es einen Widerstand gibt, geht man nach links oder rechts. So ist das. Das heißt, das Terrain reagiert, das Terrain gewährt die Entscheidung des Gärtners, oder wehrt dessen Entscheidung ab.

Auf der Abbildung 10 ist ein etwa 800 Jahre altes Haus zu sehen, mit alten Rosen davor, die von den Bauern stammen, die früher dort wohnten. Die Rosen sind ein Erbe aus einer anderen Zeit. Ich habe in meinem Garten auch drei kanadische Felsenbirnen, die etwa 15 Jahre gebraucht haben,

Jardin biographique

Le dernier projet que j'aimerais présenter est mon propre jardin dans le Perche, une région de l'ouest de la France. Je ne l'ai encore jamais montré en public, ayant toujours refusé de le faire en raison du respect que m'inspire ce jardin. Ce que j'entends par respect, c'est le fait d'en apprendre un peu plus à son sujet avec chaque année qui passe. Ce jardin est sans nul doute l'un des projets au long cours les plus difficiles de ma vie. Cela fait 25 ans que j'y travaille. Si l'on veut vraiment parler de jardin et plus particulièrement des racines d'un *garto*, encore faut-il évoquer avant toute chose le jardinier. Car sans jardinier, point de jardin je regrette, mais il ne peut en être autrement. Les choses sont certes un peu différentes quand on parle de jardin public, mais lorsqu'il est question de jardin privé, le projet revêt forcément un caractère expérimental et, dans une certaine mesure, imprévisible. Il y a trente ans, Gabriel Chauvel avait publié un bel article dans la revue *Pages Paysages* sur une plante originale appelée Euphorbia characias. Aujourd'hui encore, je ne saurais trop en recommander la lecture. J'ai planté une euphorbe de ce type dans mon jardin, où elle a peu à peu tracé son propre chemin. J'ai pris la décision de ne plus passer la tondeuse sur ces plantes. Elles se déplacent comme elles veulent et où bon leur semble (fig. 9). Une partie du jardin s'est aménagée d'elle-même, l'autre non. C'est notamment le cas du jeune chêne que l'on peut voir au fond à gauche sur la photo 8, il s'est développé lui aussi tout seul. Je l'ai sauvé en ne le tondant pas non plus. La première année, j'ai aperçu une petite pousse de chêne dans l'herbe et j'en ai pris soin au fil des ans. L'arbre dépasse aujourd'hui ma maison. Le terrain est niché dans un paysage de haies, le fameux bocage. Ce dernier est emblématique du Perche où, depuis le Moyen Âge, les haies servent à maîtriser et à asseoir la nature pastorale. Dans le Perche, on ne se pose en fait que deux questions : que faut-il garder et que faut-il éliminer ? Autrement dit, il y a, avec et dans le jardin, un acte permanent qui s'inscrit dans la durée.

Petit détail : du point de vue géologique, nous nous trouvons à la limite du Bassin parisien, au cœur des argiles rouges du Jurassique, avec des silex de la taille d'un piano. Ce qui signifie que pour tout arbre dessiné sur un plan, la réalité nous réserve parfois bien des surprises. Ici les arbres ne se plantent qu'à la pioche ; une étincelle et il faut se déplacer tantôt à gauche, tantôt à

Si l'on veut vraiment parler de jardin et plus particulièrement des racines d'un garto, encore faut-il évoquer avant toute chose le jardinier. Car sans jardinier, point de jardin – je suis navré, mais il ne peut en être autrement

9 Freiwachsende Euphorbie im
Privatgarten des Autors in der
Perche (links) © Christophe Girot

9 Euphorbe à croissance libre
dans le jardin privé de l'auteur
dans le Perche (à gauche)
© Christophe Girot

10 Clematis, Arum und Salbei vor
dem 800 Jahre alten Bauernhaus
des Autors (rechts)
© Christophe Girot

10 Clématite, arum et sauge devant
la ferme de 800 ans (à droite)
© Christophe Girot

11 Hinten links, selbst entwickelte Eiche
im Privatgarten des Autors in der Perche
(rechts, oben, S. 143) © Christophe Girot

11 Chêne spontané ménagé
par l'auteur en arrière plan à gauche
(à droite, en haut, p. 143)
© Christophe Girot

12 Blick vom Inneren des
Observatoriums des Autors
(rechts, unten, S. 143)
© Filip Dujardin

12 Vue de l'intérieur de l'observatoire
de l'auteur (à droite, en bas, p. 143)
© Filip Dujardin

13 Blick auf den Garten
des Autors und die
umgebende Landschaft
© Filip Dujardin

13 Vue sur le jardin de l'auteur
et sur le paysage du Perche
© Filip Dujardin

um im Ton zu wachsen und sich wohl zu fühlen. Während der ersten fünf Jahre sind sie nicht gewachsen. Nach zehn Jahren haben sich erst ein paar Äste ausgebildet; jetzt stehen sie in ihrer ganzen Pracht da. Diese zeitliche Dimension ist etwas, das es zu anzuerkennen und in das Konzept eines Gartens zu integrieren gilt. In der heutigen Planungskultur haben wir diesen Blick überhaupt nicht mehr, man kann sich ihn nur leisten, wenn man zu Hause im Garten bleibt und dort arbeitet. Die Geduld und das Verständnis für die Natur erlangt man nur so, das heißt durch lange Erfahrung.

Man kann Bäume nur mit einer Spitzhacke pflanzen; wenn es einen Widerstand gibt, geht man nach links oder rechts. So ist das. Das heißt, das Terrain reagiert, das Terrain gewährt die Entscheidung des Gärtners, oder wehrt dessen Entscheidung ab

Ich musste auch bei diesem Projekt feststellen, dass ich ein Verfechter der Pflanzen-Physiologie bin. Ich interessiere mich für die Physiologie der Pflanzen, viel mehr als für deren Namen. Diese Idee, dass man durch die binäre Nomenklatur von Carl von Linné eine Auflistung für 400 bekannte Pflanzen lernen muss, um Gärtner zu sein, ist in Ordnung, aber eigentlich spielt das heute immer weniger eine Rolle. Ich habe schon meine dritte Olivenernte in der Perche geschafft. Die Perche liegt ja leicht südlich von der Normandie in Frankreich. In dieser Region eine Olivenernte zu haben, ist ein klimatisches Wunder, das erst seit ein paar Jahrzehnten möglich ist! Ich werde nicht über meinen Pistazien-Baum aus Sizilien reden, der auch seit zwanzig Jahren in meinem Garten wächst und Früchte trägt. Die Pflanzen passen sich an das an, was draußen passiert. Wir Menschen weniger. Das heißt, Oliven oder Pistazien gehören theoretisch nicht zu dieser klimatischen Umgebung, obwohl sich beide Bäume physiologisch gut entwickelt haben. Der Garten ist auch ein Ort der Erinnerung. Meine Töchter sind da groß geworden, als es noch Aprikosen gab. Heute gibt es die aber wegen eines Wurzelpilzes nicht mehr. Es gibt sehr viele Schichten, die man über den Sinn eines Gartens aufzeigen könnte. Die japanische Zelkove vor dem Haus ist mein Stolz, obwohl sie jetzt unter der Trockenheit leidet. Im Herbst zeigt sie ein Merkmal: Sie wird tiefrot; das mag ich sehr gern. Die Perche wird in den nächsten zwanzig bis dreißig Jahren immer trockener werden. Es gibt Pflanzen, die sich anpassen und dadurch mit dem Klima überleben. Ich sage das ohne Reue: Es gibt in meinem Garten quasi keine heimische Pflanze – bis auf die eine Eiche, die ich gerettet habe. Und eine alte Ulme wächst noch in einer Ecke des Gartens, obwohl alle anderen Ulmen in der Region seit den 1970er-Jahren verschwunden sind.

droite. C'est comme ça. Le terrain réagit, valide la décision du jardinier ou lui signifie un refus.

La maison sur la figure 10 a environ 800 ans avec, devant, des rosiers anciens, plantés par les paysans qui occupaient autrefois les lieux. Les roses sont un héritage d'un autre temps. J'ai un autre trésor : il s'agit de trois amélanchiers du Canada, qui ont mis une quinzaine d'années à pousser dans l'argile et à s'y sentir à l'aise. Les cinq premières années, il ne s'est rien passé. Au bout de dix ans, seules quelques branches s'étaient développées ; et les voilà aujourd'hui dans toute leur splendeur. Cette dimension temporelle, il faut savoir la reconnaître et l'intégrer au concept du jardin. Une perspective que l'on ne retrouve plus guère dans la culture actuelle de l'aménagement paysager. On ne peut se l'autoriser que lorsque l'on reste chez soi, à travailler dans son jardin. Or ce n'est qu'ainsi, à force d'expérience, que l'on accède avec patience à la compréhension de la nature.

Lors de ce projet également, j'ai dû me rendre à l'évidence : je défend une approche physiologique des plantes. Bien plus que leur taxonomie, c'est plutôt la physiologie des plantes qui m'intéresse. L'argument selon lequel devenir jardinier implique de mémoriser une liste de 400 plantes connues dans la nomenclature binaire de Carl von Linné est certes recevable, mais de moins en moins pertinent de nos jours. J'en suis déjà à ma troisième récolte d'olives ici dans le Perche, qui est situé légèrement au sud de la Normandie. Obtenir une récolte d'olives dans cette région relève du miracle climatique et n'est possible que depuis quelques dizaines d'années ! Sans parler de mon pistachier de Sicile qui pousse aussi dans mon jardin depuis vingt ans et donne des fruits. Les plantes savent s'adapter aux aléas extérieurs. Nous, êtres humains, nettement moins. En théorie, les olives ou les pistaches sont étrangères à cet environnement climatique. Pourtant, les deux arbres ont connu un développement physiologique favorable en pleine terre dans mon jardin. Le jardin est aussi un lieu de mémoire. Quand mes enfants étaient plus jeunes, il y avait encore des abricots ici. Ils ont désormais disparu, la faute à un champignon mycorhizien. Elles sont nombreuses ces strates que l'on pourrait mettre en évidence quant à la raison d'être d'un jardin. Je ne suis pas peu fier du zelkova du Japon devant la maison, même s'il souffre à présent de la sécheresse.

Ici les arbres ne se plantent qu'à la pioche ; une étincelle et il faut se déplacer tantôt à gauche, tantôt à droite. C'est comme ça. Le terrain réagit, valide la décision du jardinier ou lui signifie un refus

Mich fasziniert die Schönheit, die einfach vor uns liegt, eine Schönheit, die man so nicht zeichnen kann

Natürlich ist der Blick über die Hecke in die hügelige Weite auch für mich wichtig. (Abb. 13) Edouard André, der auch viele Parks im 19. Jahrhundert in Paris entwickelt hat, war von der Perche inspiriert, weil es diesen Maßstab zwischen den unterschiedlichen Bauernhöfen und den Hügeln gibt, der von ästhetischer Bedeutung ist. Die Landschaft ändert sich ständig durch die Jahreszeiten und durch die Geschichte. Mich fasziniert die Schönheit, die einfach vor uns liegt, eine Schönheit, die man so nicht zeichnen kann. Ich zeige heute keine Diagramme, wie sich der Klimawandel abzeichnet, zum Beispiel am Salbei, der vor der Haustür steht und einen Schmetterling, den Taubenschwanz, ernährt. Man sieht ihn nur schwer, weil er so schnell ist. Es ist ein Schmetterling aus Nordafrika, aus dem Mittelmeer und Asien, der sich jetzt fast in ganz Nordfrankreich ausgebreitet hat. Dies ist auch wieder ein Zeichen. Die ganze Natur bewegt sich, und wir bleiben nur an alten heimischen Theorien hängen. Was sinnvoll ist, sind diese Fragen: Was wächst da? Und wieso wächst es da? Die Lilien, die Rosen, die Kakis, die Granatäpfel. Haben Sie schon etwas von französischen Granatäpfeln gehört? Man könnte weinen, die Granatäpfel wachsen bei mir rasant! Ich habe durch diesen Garten im Kleinen die Veränderung unserer Welt erlebt. Es geht nur um die letzten 25 Jahre, aber die Veränderung beschleunigt sich. Natürlich können wir die alten ländlichen Gewohnheiten beibehalten. Um in dieser Gegend eine Wiese zu halten, müsste man alles abbrennen. So verbrennen wir jedes Jahr die Biomasse. Es ist unverschämt, ich weiß, es ist gegen den Schutz des Klimas, aber es gibt hier zu viel Biomasse. Und natürlich dieser Blick in die Weite, der wie ein Gemälde von Jean-Baptiste Camille Corot oder Teil eines Parks von Capability Brown aussieht. Sehr schöne, sehr einfache Heckenstrukturen in der Landschaft, die natürlich auch zum Garten gehören. Das ist auch das Komplexe in einem Garten. Er ist umzäunt, aber irgendwie ist er auch ein Teil des Rests der Welt. (Abb. 13)

Das ist, wie man seinen eigenen Garten genießt. Es gibt auch einen chinesischen Baum bei mir, einen Seidenbaum, *Albizia julibrissin*, der an diesem Standort im Winter normalerweise sterben müsste. Er lebt! Die Blätter schließen sich jeden Abend. Natürlich kann ich nicht die Nachtbilder zeigen, aber dieser Garten hat auch die Rolle, die Aufmerksamkeit gegenüber der Welt in der Nacht zu wecken, eine Welt, die wir normalerweise in unserem Alltagstrott überhaupt nicht mehr so betrachten.

En automne, il présente une caractéristique : il se pare d'un rouge intense qui me plaît beaucoup. Au cours des vingt à trente prochaines années, le Perche est condamné à devenir de plus en plus sec. Certaines plantes savent s'adapter et survivre ainsi au climat. Je le dis sans regret : mon jardin ne comporte quasiment aucune plante indigène – à l'exception du chêne que je suis parvenu à sauver. Et d'un vieil orme qui pousse encore dans un coin du jardin, alors même que tous ses congénères ont disparu de la région depuis les années 1970.

La vue sur les collines qui ondulent par-delà la haie compte elle aussi beaucoup pour moi (fig. 13). Édouard André, à qui l'on doit de nombreux parcs parisiens du XIXᵉ siècle, s'est inspiré du Perche dans ses créations, parce qu'il y trouvait justement cet équilibre entre corps de fermes, collines et haies à l'esthétique indéniable. Le paysage y évolue constamment au gré des saisons et de l'histoire. Ce qui me fascine, c'est la beauté qui s'étale ainsi sous nos yeux, une beauté qui se dérobe au crayon de l'artiste. Aujourd'hui, je ne présente pas d'illustrations du changement climatique, par exemple de la sauge qui pousse devant la porte d'entrée et nourrit un papillon, le moro-sphinx venu d'Afrique. Il n'est pas facile à voir tellement il est rapide. Ce papillon originaire du Magreb, de la Méditerranée et d'Asie, a depuis colonisé presque tout le nord de la France. Là encore, c'est un signe indéniable de changement. Toute la nature est en mouvement et nous nous accrochons à des théories d'appartenance végétale locales archaïques. Les questions à se poser sont : qu'est-ce qui pousse là ? Et pourquoi ? Les lys, les roses, les kakis, les grenades. Avez-vous déjà entendu parler des grenades françaises ? Chez moi les grenadiers poussent tellement vite que l'on en pleurerait ! Ce jardin m'a permis de suivre, à mon niveau, notre monde en pleine mutation. Même si on ne parle que des 25 dernières années, le changement s'accélère à un rythme très rapide. Bien évidemment, rien ne nous empêche de perpétuer nos anciennes coutumes rurales. Dans cette région, on devrait entretenir les pâturages par brûlage. Ainsi consommons nous chaque année une partie de la biomasse par le feu. C'est scandaleux, j'en ai bien conscience, cela va à l'encontre de la préservation du climat, pourtant la biomasse est trop abondante dans le bocage. Et bien sûr, il y a cette vue sur l'horizon des collines que l'on croirait sortie d'un tableau de Jean-Baptiste Camille Corot ou d'un parc de Capability Brown. Dans le paysage, ce sont des structures

Ce qui me fascine, c'est la beauté qui s'étale ainsi sous nos yeux, une beauté qui se dérobe au crayon de l'artiste

Auf der Abbildung 11 sieht man auch mein Observatorium. Es ist ein Anbauprojekt, das ich nach dem Sturm Lothar von 1999 realisiert habe. Das ganze Dach war weggeflogen, und ich habe mich dazu entschieden, anstatt das altmodische Fliesendach wieder zu rekonstruieren, eine Leichtmetall- und Holzfachstruktur zu bauen. Es ist ein schönes kleines Observatorium geworden. Auf der Abbildung 12 sieht man, wie der Raum von innen aussieht: sehr geräumig, es ist luftig, Insekten kommen rein, die Mäuse und Vögel auch, und man kann den Raum auch völlig öffnen. Er wirkt wie ein Ort zur Meditation. Man kann vieles darin tun und entdecken. Dieser Blick auf die Landschaft ist wunderbar. Das heißt, der Garten ist nicht nur ein Ort zur Produktion von Gemüse, Früchten und Blumen, es ist auch ein Ort, wo man die Zeit verlangsamt und anfängt, anders zu denken. Ich habe keine bessere Theorie als diese, und es ist eine Bereicherung, so etwas tun zu dürfen. Natürlich öffnet sich die Kiste in der Nacht den großen Wundern der Natur.

14 Christophe Girot in seinem Garten vor dem Spalier-Birnenbaum *Gute Luise*
© Yael Girot

14 Christophe Girot dans son jardin devant son poirier *Louise Bonne* d'Avranches en espalier
© Yael Girot

de haies très belles, très épurées, qui, elles aussi, font naturellement partie du jardin. C'est également cela, la complexité d'un jardin. Il a beau être clôturé, il n'en fait pas moins partie du reste du monde (fig. 13).

Voilà comment l'on profite de son propre jardin. On trouve aussi chez moi un arbre chinois, l'arbre à soie, Albizia julibrissin qui ne devrait pas normalement pas passer l'hiver sous ces latitudes. Et pourtant, il est bel et bien vivant ! Chaque soir, ses feuilles se referment. Je ne peux évidemment pas vous montrer de vues de nuit, mais ce jardin sert aussi à attirer l'attention sur le monde nocturne plus que d'ordinaire, quand nous sommes pris dans notre train-train quotidien, nous ne regardons plus le monde ainsi.

La figure 11 est une photo de mon observatoire. Il s'agit d'un projet d'extension, dans lequel je me suis lancé suite à la tempête Lothar de 1999. Toute la toiture avait été arrachée et, plutôt que de la reconstruire à l'ancienne en tuiles, j'ai opté pour une structure en bois et en métal léger. J'en ai fait un superbe petit observatoire. Sur la figure 12, on peut également voir à quoi ressemble la pièce à l'intérieur : très spacieuse, aérée, elle peut s'ouvrir entièrement. Les insectes y entrent, les souris et les oiseaux aussi. C'est un lieu propice à la méditation. Il y a tant de choses à y faire et à y découvrir. Cette vue sur le paysage est magnifique. En somme, le jardin n'est pas seulement un lieu où l'on produit des légumes, des fruits et des fleurs, c'est aussi un lieu où l'on ralentit le temps et où l'on se met à penser autrement. Je n'ai point de meilleure théorie que celle-ci, et il y a quelque chose de très enrichissant à méditer de la sorte. La nuit, la boîte s'ouvre au mystère et aux grandes merveilles de la nature.

Sur la figure 14, on me voit près de mon poirier ; il m'a fallu vingt ans pour les faire pousser en espalier. Je n'en suis pas peu fier. Il est rare que je me montre ainsi dans mon jardin, mais ce mystère de la nature me fascine. J'y vois un formidable cadeau. Un jardin est une promesse que l'on ne rencontre pas si souvent en réalité. Qu'entends-je par promesse ? Lorsque notre propre jardin est en fleurs, on se plaît à imaginer un avenir lointain. On attend un cadeau de la nature, comme les pommiers en fleur au printemps, puis les pommiers en fruit à la fin de l'été, puis la récolte, enfin. Autant de ca-

En somme, le jardin n'est pas seulement un lieu où l'on produit des légumes, des fruits et des fleurs, c'est aussi un lieu où l'on ralentit le temps et où l'on se met à penser autrement

Das heißt, der Garten ist nicht nur ein Ort zur Produktion von Gemüse, Früchten und Blumen, es ist auch ein Ort, wo man die Zeit verlangsamt und anfängt, anders zu denken

Auf der Abbildung 14 sieht man mich mit meinem Birnbaum; ich habe 20 Jahre benötigt, um ihn großzuziehen. Ich bin stolz darauf. Ich zeige mich selten in meinem Garten, aber ich bin fasziniert von diesem Wunder der Natur. Es ist für mich ein großes Geschenk. Ein Garten ist ein Versprechen, das man in der Realität nicht so oft findet. Ich meine mit Versprechen: Wenn ein eigener Garten blüht, wähnt man sich in der Zukunft. Man wartet auf das Geschenk der Natur, zum Beispiel auf die Apfelbäume im Frühling, auf die Apfelbäume im Spätsommer und auf die Ernte. Solche Geschenke gibt es seit biblischen Zeiten, auch zu Zeiten Newtons und Einsteins, sie gibt es bis heute! Wo stehen wir in dieser Welt und was ist unser Verständnis gegenüber der Natur und zu den Wurzeln des Jardin? Wenn das noch nicht klargestellt ist, können wir wohl kaum unsere eigenen Spuren in einem Garten hinterlassen.

deaux qui remontent aux temps bibliques,, jusqu'à l'époque de Newton et d'Einstein, et qui perdurent encore aujourd'hui ! Où nous situons-nous dans ce monde ? Quelle compréhension avons nous de la nature et des racines du jardin ? Si nous ne le savons toujours pas, il y a peu d'espoir que nous y laisserons notre trace dans un jardin.

DAS KULTURELLE ERBE DES GARTENS IN DER PROJEKTPLANUNG

LAURE PLANCHAIS

Ich ergreife heute das Wort an Stelle des Architekten Pierre Janin, der von seiner Erfahrung bei der Planung eines landwirtschaftlichen Gartens gemeinsam mit seinem Bruder, dem Landschaftsarchitekten Rémi Janin, berichten sollte. Ich möchte hier die Bedeutung ihres Ansatzes hervorheben, den ich 2016 als Co-Vorsitzende der Jury des Wettbewerbs *Les albums des jeunes architectes et paysagistes* und 2017 als Jurymitglied des großen Landschaftspreises *Grand Prix National du Paysage*, um den sich die Brüder bewarben, kennenlernen konnte. Ich lege Ihnen ans Herz, diese Arbeit bei Gelegenheit anzuschauen.

Dieses Symposium war für mich ein Anlass, nach dem kulturellen Erbe des Gartens in meiner Praxis als Landschaftsarchitektin zu fragen. In ihrer großen Mehrzahl sind meine Arbeiten weder Parks noch Gärten im herkömmlichen Sinn, noch auch größere, als solche erkennbare öffentliche Räume. Unter etwa fünfzig Projekten in fünfundzwanzig Jahren befinden sich nur vier Parks beziehungsweise Gärten, darunter der *Parc du Grand Pré*, der 2012 mit dem *Grand Prix National du Paysage* ausgezeichnet wurde.

Voller Staunen entdeckte ich hinter einer Straßenbiegung den Wasserablass eines kleinen Stauwehrs, ein Haus, dessen Farben auf die Baumblüte abgestimmt schienen, einen Straßenarbeiter, der mit Hingabe das Gebüsch am Straßenrand beschnitt

Als ich meine berufliche Laufbahn 1994 begann, flossen europäische Subventionen in den ländlichen Raum, um die Lebensqualität dort zu verbessern und ihn zu revitalisieren. Das eröffnete mir die Möglichkeit, die bäuerlichen Wurzeln der Region zu entdecken, von denen meine Eltern mir erzählt hatten, die für mich als Stadtbewohnerin jedoch bis dahin abstrakt geblieben waren. Voller Staunen entdeckte ich hinter einer Straßenbiegung den Wasserablass eines kleinen Stauwehrs, ein Haus, dessen Farben auf die Baumblüte abgestimmt

L'HÉRITAGE CULTUREL DU JARDIN DANS LA DÉMARCHE DE PROJET

LAURE PLANCHAIS

Je viens remplacer Pierre Janin, architecte, qui devait vous parler de l'expérience de jardin agricole qu'il a menée avec son frère Rémi Janin, paysagiste. Je tiens à souligner l'intérêt de leur démarche, que j'avais eu l'occasion de découvrir lorsque je co-présidais le jury des albums des jeunes architectes et paysagistes en 2016, puis en tant que juré lors de leur candidature au Grand Prix National du Paysage en 2017. Je vous invite donc à découvrir leur travail dès que l'opportunité se présentera.

Pour revenir au thème principal de ce colloque, il m'a offert l'opportunité d'interroger l'héritage culturel du jardin dans ma pratique de paysagiste. La grande majorité de mes réalisations ne sont ni des parcs ni des jardins au sens usuel du terme, ni même des espaces publics majeurs identifiés comme tels. Sur une cinquantaine de réalisations en 25 ans, je n'ai trouvé que quatre parcs ou jardins reconnus comme tels, dont le parc du Grand Pré, qui a reçu le Grand Prix National du Paysage en 2012.

Lorsque j'ai commencé à exercer en 1994, les territoires ruraux bénéficiaient de subventions européennes pour améliorer la qualité de vie et redonner du dynamisme à ces territoires. Ces sujets m'offraient l'occasion de découvrir les racines paysannes de mon pays dont mes parents m'avaient parlé mais qui restaient abstraites pour la citadine que j'étais. Je découvrais émerveillée, au détour d'une route, un lâché d'eau d'un petit barrage, une maison dont les couleurs semblaient avoir été peintes en accord avec la floraison de l'arbre, un cantonnier taillant amoureusement les arbustes au bord de la route. J'avais la sensation d'être là au bon moment

> **Je découvrais émerveillée, au détour d'une route, un lâché d'eau d'un petit barrage, une maison dont les couleurs semblaient avoir été peintes en accord avec la floraison de l'arbre, un cantonnier taillant amoureusement les arbustes au bord de la route**

schienen, einen Straßenarbeiter, der mit Hingabe das Gebüsch am Straßenrand beschnitt.Ich hatte das Gefühl, genau zum richtigen Zeitpunkt in einem weitläufigen Garten zu sein. Gleichzeitig musste man sich gegen den technizistischen Ansatz der staatlichen Behörden wehren, die in diesen Gegenden quasi das Monopol für die Stadtplanung hatten. Auf Wunsch kann ich an späterer Stelle als beratende Landschaftsarchitektin des Staates, eine Funktion, die ich wie die meisten der hier anwesenden französischen Landschaftsarchitektinnen und -architekten innehabe, näher auf die Beziehung zwischen dem Staat und den Regionen eingehen.

Bis Anfang der 2000er-Jahre bestimmten das in erster Linie auf Straßenbau bezogene Fachwissen der staatlichen Stellen und die Funktionstrennung in den Städten das Planungsgeschehen und trugen wesentlich zur Entstehung dessen bei, was man heute *la France moche*, das hässliche Frankreich, nennt. Gemeint ist das Frankreich der Gelbwesten, deren Aufstand Ende 2018 begann. Die Bürger haben das Gefühl, nicht mehr gehört zu werden, da ihnen ein einladender öffentlicher Raum fehlt, ein Platz für Begegnung, Austausch und Debatte, eine antike Agora. An dessen Stelle sind funktionelle Räume für ihre Häuser und Autos getreten sowie für die entsprechenden Einrichtungen, um ihre Einkäufe und Freizeitgestaltung mit fahrbarem Untersatz machen zu können.

Der den Fußgängern zugestandene Raum wurde auf das technisch mögliche Minimum reduziert. Die neuen Gärten wurden zu rein dekorativen Zwecken in die Mitte von Kreisverkehren verbannt

Diese Politik führte nicht nur zum Verlust der sozialen Bindungen, sondern sie nahm zahlreichen Orten auch viel von ihrem Reiz und ließ unter Kommunalpolitikern die Überzeugung entstehen, es gebe keine Alternative dazu. Ein Ansatz, der die Lebensqualität in den Mittelpunkt stellte, galt allenfalls als Träumerei, in jedem Fall aber bedeutete er überflüssige Ausgaben. Der den Fußgängern zugestandene Raum wurde auf das technisch mögliche Minimum reduziert. Die neuen Gärten wurden zu rein dekorativen Zwecken in die Mitte von Kreisverkehren, an Masten und in Blumenkübel verbannt, um einen möglichst störungsfreien Verkehrsfluss zu gewährleisten.

Ich möchte anhand einiger meiner Arbeiten zeigen, wie ich mich mit dem Wissen und Vokabular des Gartens daran machte, diese alltäglichen Orte zurückzuerobern, damit sie zumindest in bescheidenem Maße der Fatalität des ›hässlichen Frankreichs‹ entkommen.

dans un vaste jardin. En parallèle, il fallait lutter contre l'approche techniciste des services de l'État, qui étaient en situation de quasi monopole dans la conception des aménagements urbains sur ces territoires. Je pourrai revenir sur la relation de l'État avec les territoires, si vous le souhaitez tout à l'heure, de par ma fonction de paysagiste conseil de l'État, comme le sont la plupart des paysagistes français présents à ce symposium.

Le savoir-faire très routier des services de l'État, allié à la promotion de l'urbanisme de zonage a perduré jusqu'au début des années 2000 et a grandement contribué à l'éclosion de ce que l'on nomme aujourd'hui « la France moche » ! Celle des gilets jaunes qui ont commencé à se révolter à la fin de l'année 2018. Ces citoyens ne se sentent plus pris en considération, privés d'un espace public accueillant et rassembleur, de lieux d'échanges et de débats à l'image de la place publique héritée de l'agora antique. Pourtant ils disposent des espaces techniques pour leurs maisons, pour leurs voitures et des équipements adaptés pour faire leurs courses et leurs loisirs véhiculés.

Outre la perte de lien social, ces politiques ont fait perdre beaucoup de saveur à de nombreux lieux et les élus ont fini par se persuader qu'il n'y avait pas d'alternative à cela. Pire, l'approche qualitative était perçue au mieux comme un doux rêve, mais surtout elle ne pouvait être que synonyme de dépenses superflues. L'espace dévolu aux piétons s'est réduit au minimum technique. Les nouveaux jardins ont été relégués au rang de décoration au milieu des carrefours giratoires, sur des mâts ou dans des jardinières, afin de dégager un maximum de fluidité pour les véhicules.

L'espace pour les piétons a été réduit au minimum technique. Les nouveaux jardins ont été relégués au rang de décor au milieu des ronds-points

J'ai donc choisi de vous montrer au travers de quelques-unes de mes réalisations, comment le savoir-faire et le vocabulaire du jardin ont accompagné ma démarche pour reconquérir ces lieux ordinaires et les faire échapper, même modestement, à la fatalité de la France moche.

Dans ces bourgs et ces villes moyennes en déshérence, qui n'ont pas su maîtriser leur urbanisation, la question du stationnement est souvent le seul élément de programme. À mon plus grand plaisir, car ça m'a finalement laissé beaucoup de liberté pour offrir beaucoup plus … pour le même

1 Gehweg: Neugestaltung des
Gewerbegebiets Kervidanou
in Quimperlé
© Laure Planchais

1 Cheminement piéton:
requalification de la zone
d'activités de Kervidanou
à Quimperlé
© Laure Planchais

rue
Jacqueline
AURIOL

2 Bank: Neugestaltung des
Ortszentrums von Goudelin
© Laure Planchais

2 Banc public: requalification
du centre-bourg à Goudelin
© Laure Planchais

Die Inszenierung des Fußwegs, in gewisser Weise die Kunst des Promenierens, des Flanierens, sind in der Vorstellung der Franzosen noch sehr positiv besetzt

In den heruntergekommenen kleinen und mittelgroßen Städten, denen es nicht gelungen ist, ihre Stadtentwicklung in den Griff zu bekommen, geht es oft ausschließlich um die Frage der Parkplätze. Zu meiner großen Freude, denn dies hat mir sehr viel Raum gelassen, ihnen weit mehr anzubieten ... zum gleichen Preis! Meine Überlegungen gingen jedes Mal vom historischen Erbe aus, von der Kunst der Gestaltung von Parks und Gärten und von verschiedenen Strategien, die Qualität in den Mittelpunkt zu stellen:

- Das Wort Promenade ist im Französischen mehrdeutig. Es bezeichnet gleichzeitig das Spazierengehen und den zugehörigen städtischen Raum. Um diesen Raum zurückzuerobern, müssen wieder Fußwege eingerichtet werden, und seien sie noch so schmal, gegebenenfalls unter Berufung auf die Barrierefreiheit. Die Inszenierung des Fußwegs, in gewisser Weise die Kunst des Promenierens, des Flanierens, sind in der Vorstellung der Franzosen noch positiv besetzt, selbst dann, wenn sie keine Möglichkeit mehr haben, sie zu praktizieren. (Abb. 1)

- Die Beziehung zur Umgebung oder die Kunst, den Blick in die Ferne zu lenken, um Räume größer erscheinen zu lassen, als sie tatsächlich sind, ist ein Klassiker der Kunst der Landschaftsgestaltung. Die überschaubaren Dimensionen mancher öffentlichen Plätze regen eher zur persönlichen Meditation an, können aber auch eine Einladung sein, die Landschaft zu betrachten. Große Bänke machen Lust, sich hinzusetzen und die Umgebung zu betrachten. Sie bieten – im Gegensatz zu kleinen Sitzgelegenheiten – die Möglichkeit, für sich allein zu sein, erleichtern aber auch das Gespräch, je nachdem, welchen Abstand man wählt. (Abb. 2)

- Die Tradition des Blumengartens ist in Frankreich noch sehr lebendig. Jedes Projekt gab Anlass, etwas zu pflanzen, was vielleicht das markanteste Merkmal des Gartens ist. Oft kam mir dabei zu Hilfe, dass ich überwiegend in der Bretagne tätig war. Die Region hat ein mildes und feuchtes Klima, in dem die Pflanzen üppig wachsen und eine große Vielfalt sowohl der nördlichen als auch der mediterranen Flora gedeiht. (Abb. 3)

prix ! À chaque fois, ma réflexion s'appuyait donc sur l'héritage et l'art de la conception des parcs et jardins ainsi que sur diverses stratégies pour faire passer la qualité en premier plan :

▸ Le mot « promenade » a un sens polysémique en français : il évoque à la fois l'acte de se promener et l'espace urbain qui l'accompagne. Il faut retrouver un chemin, aussi étroit soit-il, pour le piéton, en arguant des normes d'accessibilité pour reconquérir du terrain. La mise en scène du parcours à pied, l'art de la promenade, c'est-à-dire la déambulation, est encore très positive dans l'imaginaire des Français, même lorsqu'ils n'ont plus l'occasion de la pratiquer (fig. 1).

▸ La relation au territoire, ou la manière de s'approprier la vue sur le lointain afin de faire paraître les espaces plus grands qu'ils ne le sont, est un grand classique de l'art du paysage. La dimension domestique de certains espaces publics est propice à la méditation intimiste, mais aussi une invitation potentielle à contempler le paysage. Le travail sur des bancs de grandes dimensions facilite l'envie de s'assoir et contempler l'espace. Ces bancs permettent de s'isoler mais aussi d'entamer la conversation plus facilement au gré des distances choisies par les uns et les autres, ce qui n'est pas le cas des ouvrages de petite taille (fig. 2).

La mise en scène du parcours à pied, l'art de la promenade, c'est-à-dire la déambulation, est encore très positive dans l'imaginaire des Français

▸ La tradition horticole du jardin de fleuriste est encore très vivace en France. Chaque projet a été l'occasion de planter, ce qui est peut-être l'acte le plus reconnaissable du jardin. J'ai souvent été aidée par le fait qu'une bonne partie de mon travail se situe en Bretagne. C'est une région au climat très doux et humide, qui favorise la luxuriance de la végétation et permet une grande amplitude de palette végétale, étendue à la flore boréale autant qu'à la flore méditerranéenne (fig. 3).

▸ La limitation du vocabulaire routier et de la perception de la place de la voiture dans l'espace public oblige à porter une attention fine aux détails. Gommer la séparation des fonctions entre piéton et voiture, limiter les bordures, qualifier les sols dévolus aux stationnements temporaires sont autant de réponses faciles à mettre en œuvre qui redonnent ses lettres de noblesse à l'espace rendu aux piétons (fig. 4).

▸ Die eingeschränkten Gestaltungsmöglichkeiten der Straßen und die Wahrnehmung des Autos im öffentlichen Raum bedingen viel Liebe zum Detail. Die Aufhebung der Trennung in Bereiche für Fußgänger und für Fahrzeuge, die Reduzierung der Randbefestigungen, die Aufwertung bestimmter Flächen, die zeitweise zum Parken genutzt werden, sind leicht umsetzbare Maßnahmen, um den Raum attraktiver zu machen, der den Fußgängern zurückgegeben wird. (Abb. 4)

▸ Auch die Einbeziehung des Regenwassermanagements unter freiem Himmel bei der Planung erwies sich als hervorragendes Instrument, um Raum von den versiegelten Fahrbahnflächen zurückzugewinnen. Dieser Ansatz wurde in Frankreich noch zu Beginn der 2000er-Jahre nur von Eingeweihten genutzt, fand jedoch angesichts der begrenzten Budgets, die mir zur Verfügung standen, schnell ein positives Echo. Durch die Kombination der Funktionen – begrüntes Regenrückhaltebecken, Spielflächen weiter Pflanzbereiche – sorgen diese leicht vertieft liegenden Flächen für ein neues Erscheinungsbild der in den klassischen Gärten omnipräsenten Rasenflächen. (Abb. 5)

Die Tradition des Blumengartens ist in Frankreich noch sehr lebendig. Jedes Projekt gab Anlass, etwas zu pflanzen, was vielleicht das markanteste Merkmal des Gartens ist

Abschließend scheint es mir wichtig, den Begriff des Gartens mit dem alarmierenden Fortschreiten des Klimawandels zu verbinden. Es ist eine interessante Vorstellung, dass die von uns gestalteten öffentlichen Räume als Arche Noah für Pflanzen gedacht werden könnten. Aus diesem Grund entwickle ich bei der Planung meiner Neupflanzungen einen pragmatischen und auf Nachhaltigkeit ausgerichteten Ansatz. Ich bevorzuge Neupflanzungen direkt in die Erde und nutze dafür die unterschiedlichsten Pflanzen. Ich wähle resistente Pflanzenarten für etwas wärmere Klimabedingungen aus, statt mich bei der Wahl lediglich auf die sogenannten lokalen Arten zu beschränken. Nach meiner Einschätzung können wir in dieser Hinsicht noch allerhand aus der Geschichte und den Erfahrungen der botanischen Gärten lernen, die sehr eng mit der Geschichte der Städte verbunden sind.

▸ Enfin, l'intégration de la gestion pluviale à ciel ouvert à la conception a été un formidable outil pour gagner de l'espace sur les sols carros-sables imperméabilisés. Cette approche, confidentielle en France au début des années 2000, a facilement trouvé un écho favorable pour les budgets de travaux contraints qui m'étaient alloués. En conjuguant la fonction de bassin pluvial enherbé avec des espaces de jeux, ces sols en légère dépression participent à une réinterprétation de la figure du boulingrin si présente dans les jardins classiques (fig. 5).

En guise de conclusion, il me semble important de lier la notion de jardin aux préoccupations alarmantes du changement climatique. Il est intéressant d'imaginer que les espaces publics urbains que nous créons méritent d'être pensés comme des arches de Noé végétales. C'est pour cela que je développe une approche pragmatique et soucieuse de la pérennité des plantations que je conçois. Je privilégie les plantations en pleine terre et j'utilise des palettes très diversifiées. J'opte pour des végétaux résistants à des conditions climatiques un peu plus chaudes, plutôt que de réduire mes choix à des essences dites « locales ». En cela, je pense que nous avons encore beaucoup à apprendre de l'histoire et des expériences d'acclimatations des jardins botaniques, qui sont intimement associés à l'histoire des villes.

La tradition horticole du jardin de fleuriste est encore très vivace en France. Chaque projet a été l'occasion de planter, ce qui est peut-être l'acte le plus reconnaissable du jardin

3 Beete: Vorplatz des Lycée
Le Dantec in Lannion
© Laure Planchais

3 Massifs plantés: parvis du lycée
Le Dantec à Lannion
© Laure Planchais

4 Marktplatz/Parkplatz:
Neugestaltung des Viertels Croix-
Saint-Lambert in Saint-Brieuc
© Laure Planchais

4 Place du marché et parking :
rénovation du quartier de la
Croix-Saint-Lambert à Saint-Brieuc
© Laure Planchais

5 Regenwasserableitung Allée des Accacias: Neugestaltung des Badeorts Sables-d'Or-les-Pins bei Fréhel und Plurien © Laure Planchais

5 Gestion pluviale, allée des Accacias: requalification de la station balnéaire de Sables-d'Or-les Pins à Fréhel et Plurien © Laure Planchais

BEZIEHUNGEN DES GARTENS

THILO FOLKERTS

Erinnern wir uns an die Mauern des Gartens von Versailles, die Tore von Sanssouci, die Zäune des Gartens der Liebermann-Villa? Haben wir präsent, in welche Größenkategorie der Heilige Wald von Bomarzo fällt? Im Diskurs über den Garten verbringen wir zu viel Zeit damit, ihn typologisch einzugrenzen und in Kategorien zu drängen. Zu oft beginnt der Diskurs bei der etymologischen Ableitung aus dem Persischen oder beim Abgleich mit dem *hortus conclusus* – oder endet sogar dort.

Kritik der Ortslosigkeit des Gartens

Peter Walker schreibt 1991 in seinem Essay *Minimalist Gardens without Walls*: »Jackson Pollock [...] versuchte innerhalb des Bildes Raum zu schaffen, der nicht bildlich war. Es war kein Bild von etwas anderem, sondern ein räumliches Bild in sich selber. [...] Wenn man diese Dinge in der Gartenkunst finden könnte, mit der inneren Kraft dieser Bilder, könnte man die Notwendigkeit für Mauern in recht ähnlicher Weise verringern, in der die Künstler die Notwendigkeit des Bildrahmens [...] überwunden haben.«[1] Ist diese angedachte Grenzüberschreitung knapp dreißig Jahre später gesellschaftlich vollzogen? Die Kunsthistorikerin Judith Elisabeth Weiss liest 2018 das *Guerillagärtnern* als »Symptom einer neuen Lebenskultur [...], bei der es um die elementare Aufhebung einer Grenze geht, der zwischen öffentlichem und privatem Raum, zwischen Biotop und urbanem Soziotop. Der Garten folgt hier nicht länger der Idee des Stationären, des Ortsspezifischen und der Gebundenheit an einen Besitz.«[2] Kann man das so stehen lassen? Tatsächlich scheint gesellschaftlich einiges in Bewegung zu sein, und eine neue urbane Gartenkultur drängt in oft neuen soziologischen Zusammensetzungen in neue Räume vor. Die Gebundenheit des Garten-

LES RELATIONS DU JARDIN

THILO FOLKERTS

Nous souvenons-nous des murs d'enceinte des jardins de Versailles, du portail du palais de Sanssouci ou encore des clôtures du jardin de la Villa Liebermann ? Avons-nous une idée de l'échelle de grandeur du Sacro Bosco de Bomarzo ? Le discours sur le jardin s'attarde trop souvent à vouloir définir ses limites typologiques et à le ranger dans des catégories. Trop souvent il remonte à son étymologie dérivé du persan, évoque son lien avec l'*hortus conclusus* – et s'arrête parfois même là.

Critique de l'atopie du jardin

Dans son essai *Minimalist Gardens without Walls*, l'architecte paysagiste Peter Walker écrit en 1991 : « Jackson Pollock [...] a tenté de créer un espace non pictural au sein même du tableau. Ce n'était pas un tableau représentant autre chose, mais une image spatiale en elle-même. [...] Si l'on trouvait de telles choses dans l'art des jardins, avec la puissance intérieure de ces tableaux, on pourrait réduire le besoin d'avoir des murs, de la même manière que les artistes ont surmonté la nécessité du cadre [...]. »[1] Près de trente ans plus tard, est-ce que ce dépassement des limites s'est ancré dans la société ? En 2018, l'historienne de l'art Judith Elisabeth Weiss voyait dans la *guérilla jardinière* un « symptôme de notre nouveau mode de vie [...], qui cherche fondamentalement à abolir la frontière entre l'espace privé et public, entre le biotope et le sociotope urbain. Le jardin ne suit plus ici l'idée du stationnaire, de la spécificité du lieu et de l'assujettissement à une propriété. »[2] Peut-on valider ces affirmations ? Il semblerait en effet que les lignes bougent dans la société. Une nouvelle culture urbaine des jardins émerge dans des espaces inédits, aux constellations sociologiques souvent sans précédent. L'assujettissement du jardin à la propriété est

begriffs an Besitz mag in Auflösung begriffen sein, die in diesem Kontext oftmals geforderte *Aneignung*, also das *Sich-zu-eigen-Machen*, entspricht jedoch oft einer *Inbesitznahme* und verweist somit nach wie vor auf die zentrale Rolle der Person, auf die Autorin oder den Autor, auf die Handelnden und auf die Person und Gruppe, die Verantwortung für den Garten übernehmen.

Vor allem aber muss das Kriterium des Ortsspezifischen des Gartens Gültigkeit behalten. Ohne konkreten Bezug zum Ort fehlt Wesentliches, es fehlt das komplexe Substrat der gewachsenen Beziehungen, seiner Geschichte und damit auch seiner Zukunft. Jeder Gartenort ist eine Kulturgeschichte für sich.[3] Auch die Beziehung zwischen *sich* und der Umgebung ist ohne konkreten Ort nicht greifbar. Ohne Bezug zum Ort ist das Thema des Gartens haltlose Projektion.

Der Garten als Gartenprojekt

Als Landschaftsarchitekt verstehe ich den Garten als einen bestimmten und konkreten Ort. Er kann deshalb nicht über seine allgemeine Form oder gar seinen Stil definiert werden. Seine Qualitäten beinhalten Zeitlichkeit

1 Les Relations du Jardin, Gartenhof der Bibliothèque nationale de France Richelieu, rue Vivienne, Paris. Wettbewerbsbeitrag 2019, Maria Thereza Alves und *100Landschaftsarchitektur* © Maria Thereza Alves

1 Les Relations du Jardin, cour de la Bibliothèque nationale de France Richelieu, rue Vivienne, Paris. Proposition de concours, 2019, Maria Thereza Alves et *100Landschaftsarchitektur* © Maria Thereza Alves

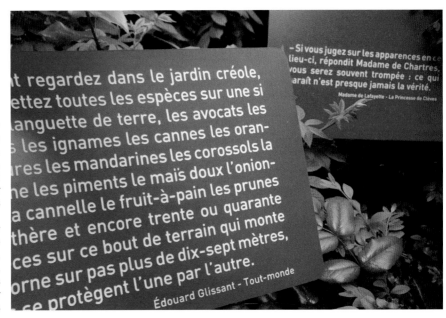

peut-être en train de disparaître, mais l'*appropriation* revendiquée dans ce contexte, c'est-à-dire, le fait de faire sien, se traduit généralement par une *prise de possession* et renvoie ainsi toujours au rôle central de la personne, de l'autrice ou l'auteur, des agissants, de l'individu ou du groupe qui assume la responsabilité du jardin.

Mais surtout, le critère de la spécificité locale du jardin doit conserver sa validité. Sans lien concret avec le lieu, il manque un aspect essentiel, il manque le substrat complexe des relations tissées, l'histoire du jardin et par là-même, son avenir. Chaque site de jardin est sa propre histoire culturelle.[3] En l'absence d'un lieu concret, la relation entre *soi* et l'environnement n'est pas non plus tangible. Sans rapport au lieu, le jardin n'est qu'une projection sans fondement.

Le jardin comme projet de jardin

En tant qu'architecte paysagiste, je considère le jardin comme un lieu spècifique et concret. Il ne peut donc pas être défini par sa forme générale, ni même par son style. Ses qualités impliquent temporalité et processus. Le jardin est une expérience immersive, émotionnelle et, dans un premier temps, immédiate. Le jardin est tangible et saisissable dans les deux sens du terme. Du moment que nous le voyons, le ressentons et le percevons, il est narration : communicatif et communicable. Le jardin est un *concept de travail*. On ne saurait s'imaginer un jardin sans une part d'expérimentation et de recherche. Et en effet, nous devrions aborder le sujet du jardin à travers le prisme de l'action, par-delà le structurel. En tant qu'architecte paysagiste, je m'intéresse à l'essence du jardinage, que ce soit dans la conception, dans la réalisation, ou, ensuite, dans la réalité des projets. Mes travaux ne sont pas des jardins finis, mais des *projets de jardins*, des approches d'un lieu dans le temps.

On ne saurait s'imaginer un jardin sans une part d'expérimentation et de recherche. Et en effet, nous devrions aborder le sujet du jardin à travers le prisme de l'action, par-delà le structurel

Kein Garten ist vorstellbar ohne einen Anteil an Experiment und Suche. Und tatsächlich sollten wir uns dem Thema des Gartens jenseits des Strukturellen über das Handeln nähern

und Prozess. Die Erfahrung eines Gartens ist immersiv, emotional und zunächst unmittelbar. Der Garten ist berührbar und auf irgendeine Art fassbar. Insofern wir ihn sehen, spüren und wahrnehmen können, ist er erzählend, kommunikativ und kommunizierbar. Garten ist ein *Arbeitsbegriff*. Kein Garten ist vorstellbar ohne einen Anteil an Experiment und Suche. Und tatsächlich sollten wir uns dem Thema des Gartens jenseits des Strukturellen über das Handeln nähern. Als Landschaftsarchitekt interessiert mich das Wesen des Gärtnerns sowohl im Entwerfen, als auch in der Realisierung und in der späteren Realität der Projekte. Meine Arbeiten sind keine fertigen Gärten, sondern *Gartenprojekte* – Annäherungen an einen Ort in der Zeit.

Der Blick auf neue Gärten in Frankreich

Das Symposium Spuren des Gartens hat gezeigt, dass in der französischen Landschaftsarchitektur die Begriffe des Gartens (jardin) und des Gärtnerns (jardinage) scheinbar offen und unbekümmert verwendet werden – mit Gewinn. Tatsächlich verfolgen etwa die vorgestellten Gartenprojekte von Claire Trapenard oder Laure Planchais einen dynamischen und lebendigen Gestaltungsansatz. Bezogen auf den einzelnen Ort, aktivieren diese Projekte auch mit dem Einsatz einfacher und robuster, aber fragiler Vegetation kommunales Handeln und Übernahme von Verantwortung durch eine Gemeinschaft.

Es wäre allerdings falsch, wenn wir das Gärtnerische ausschließlich mit dem Vegetativen verknüpfen. Diese Gefahr der Reduktion kennen wir Landschaftsarchitekten hinlänglich, wenn wir als ›grüne Zunft‹ verstanden werden. Lange haben wir dafür gekämpft, als Disziplin aufgefasst zu werden, die mit einem breiten Spektrum an Baumaterialien arbeitet. Aber auch der Aspekt des Gärtnerns liegt jenseits dieses Grünen. Die auf dem Symposium gezeigten Projekte der französischen Kolleginnen und Kollegen machen deutlich, wie mit Hilfe von gärtnerischen Ansätzen das kulturelle Potential eines Ortes aktiviert werden kann und sich die Bewohnerinnen und Bewohner mit ihrem Ort in Beziehung setzen können. Andere französische Landschaftsarchitektinnen und Landschaftsarchitekten, die in diesem Kontext zu nennen wären, sind das in Berlin beheimatete *atelier*

Regard sur de nouveaux jardins en France

Le symposium franco-allemand *Les traces du jardin* a montré que dans le paysagisme français, les termes de jardin et de jardinage s'emploient apparemment sans détours ni réserve, et ce à bon escient. Les projets présentés par Claire Trapenard ou Laure Planchais s'inscrivent effective-ment dans une approche dynamique et vivante de la conception. Conçus pour un lieu particulier, ils encouragent l'action communale et la prise de responsabilités de la communauté à travers l'utilisation d'une végétation simple et robuste, mais sensible.

Il serait cependant malavisé de limiter le domaine du jardin à une simple question de végétation. Nous, architectes paysagistes, ne connaissons que trop bien le risque de ce genre de schématisation réductrice, étant souvent vus comme appartenant à « la corporation du vert ». Nous nous sommes longtemps battus pour que notre métier soit reconnu comme une discipline travaillant avec un large éventail de matériaux. Or, même cet as-pect du jardinage va au-delà du verdissement. Les projets de nos confrères venus de France présentés lors du symposium ont clairement montré que

2 Parc du château Sibra,
Dimensionierung des Nordtors
2018, *100Landschaftsarchitektur*
© Thilo Folkerts/VG Bild-Kunst

2 Parc du château de Sibra,
dimensionnement de la
porte nord en 2018,
100Landschaftsarchitektur
© Thilo Folkerts/VG Bild-Kunst

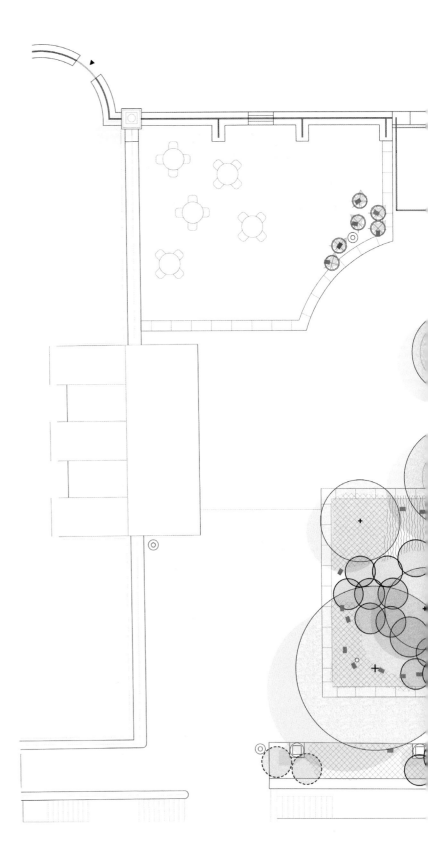

3 Les Relations du Jardin, Garten-
hof der Bibliothèque nationale de
France Richelieu, rue Vivienne,
Paris. Wettbewerbsbeitrag 2019,
Lageplan, Maria Thereza Alves
und *100Landschaftsarchitektur*
© Thilo Folkerts

3 Les Relations du Jardin, cour
de la Bibliothèque nationale de
France Richelieu, rue Vivienne,
Paris. Proposition de concours,
2019, plan masse, Maria Thereza
Alves et *100Landschaftsarchitektur*
© Thilo Folkerts

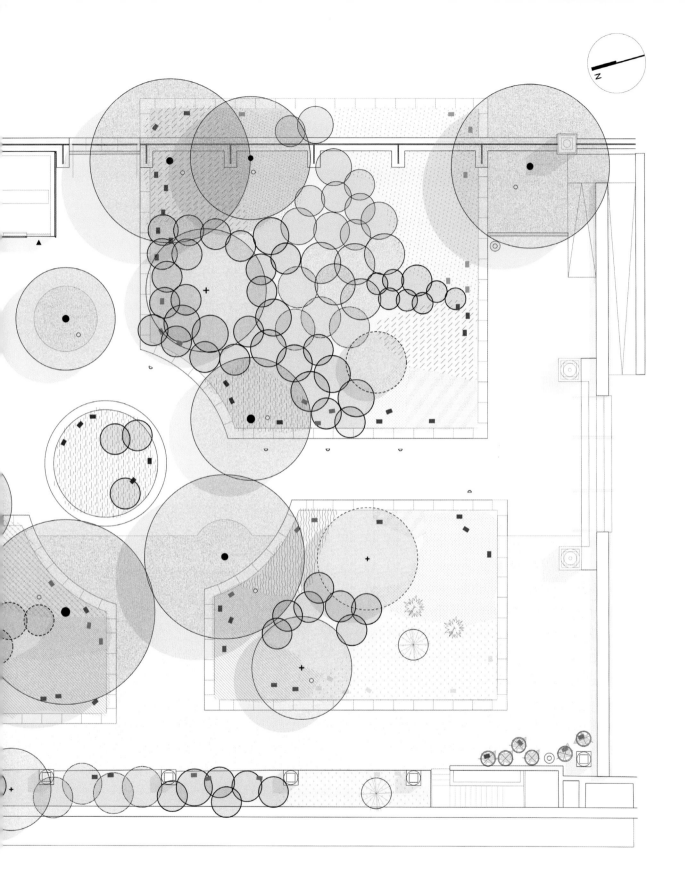

le balto. Dieses pflegt seit Jahrzehnten eine Herangehensweise an Projekte, die man damit umreißen könnte, das Verständnis für den Ort zu schärfen und den Begriff des Gartens als Kulturgut wieder ins Gespräch zu bringen. Über das Sehen und Verstehen hinaus bedeutet der Garten hier die Kultivierung des konkreten Raums. Basierend auf dem Arbeitsbegriff des Gärtners ist das Handeln des *atelier le balto* durch die Arbeit der eigenen Hände geprägt – und im eigentlichen Sinne bodenständig.[4] Als Lesart des Bestehenden bedeutet diese Ortsverbundenheit, Potentiale aufzuzeigen und mit zumeist geringsten Eingriffen dem Gewöhnlichen neuen Glanz zu geben und Menschen und den konkreten Ort zusammenzubringen.[5] Diese Vorgehensweise, nämlich für andere Zugang zu schaffen, erfolgt hier vielleicht im Sinne des Künstlers Pierre Huyghe: es sei »ebenso großzügig, wie jemandem etwas darzulegen, ihn mit etwas in Beziehung zu bringen.«[6]

Beziehungen des Gartens

Les Relations du Jardin ist der Titel einer Wettbewerbsarbeit, die ich 2019 mit der Künstlerin Maria Thereza Alves für den Gartenhof der Bibliotheque de France Richelieu in Paris entwickelte. Bei diesem Projekt, das Teil eines der zentralen Archive französischer Kultur werden sollte, ging

4 Parc du château Sibra, 2019,
100Landschaftsarchitektur
© Thilo Folkerts/VG Bild-Kunst

4 Parc du château de Sibra, 2019,
100Landschaftsarchitektur
© Thilo Folkerts/VG Bild-Kunst

les approches par le jardin sont à même d'activer le potentiel culturel d'un lieu, permettant ainsi à ses habitantes et habitants d'entrer en relation avec ce dernier. Dans ce contexte, on peut également nommer les architectes paysagistes français de l'*atelier le balto*, installés à Berlin. Depuis plus de deux décennies, ils cultivent une démarche permettant d'affiner la compréhension du lieu et d'engager une discussion sur la notion de jardin en tant que patrimoine culturel. Au-delà du visuel et de la compréhension, le jardin implique ici de cultiver un espace concret. En partant du postulat du jardinage, l'activité de l'*atelier le balto* est guidée par le travail manuel – elle est ainsi littéralement terre à terre.[4] En tant que mode de lecture de ce qui existe, cette relation au lieu implique d'en révéler les potentiels, de lui donner un nouvel éclat et de rattacher les gens au lieu concret, généralement de la manière la moins invasive possible.[5] Cette démanche consistant à donner accès aux autres s'inscrit peut-être dans l'esprit de l'artiste Pierre Huyghe, selon qui il est « également généreux [...] d'exposer quelqu'un à quelque chose, plutôt que quelque chose à quelqu'un. »[6]

Les relations du jardin

Les *Relations du jardin* est le titre d'un projet de concours que j'ai conçu en 2019 avec l'artiste Maria Thereza Alves pour la cour de la Bibliothèque de France Richelieu à Paris. Avec ce projet, qui devait s'inscrire au cœur des principales archives de la culture française, notre motif était de questionner l'identité culturelle et de voir en quelle mesure un jardin pouvait représenter ici différents modèles d'identification. Le point de départ de notre travail était la *Poétique de la Relation* de l'écrivain, poète et philosophe martiniquais Édouard Glissant.[7] Dans son livre, ce dernier avance que l'identité culturelle prend naissance dans la mise en relation libre. Des interactions créatives au sens d'une telle *Poétique de la Relation* peuvent potentiellement aussi se créer entre le jardin et la personne qui le contemple, entre le jardin et son environnement, et parmi les interdépendances extrêmement complexes au sein du jardin. On peut également imaginer ce genre de rapports entre différents jardins, si nous les mettons en relation à travers la contemplation. Au-delà de cette proposition de concours, qui est malheureusement restée à l'état d'ébauche, je souhaite évoquer brièvement trois de mes projets en cours et les intégrer à la discussion sur le jardin.

es uns um die Infragestellung kultureller Identität und darum, inwieweit ein Garten an dieser Stelle unterschiedliche Identifikationsmodelle repräsentieren kann. Ausgangsmotiv für unsere Arbeit war die *Poétique de la Relation* des aus Martinique stammenden Schriftstellers, Dichters und Philosophen Édouard Glissant.[7] In diesem Buch postuliert Glissant, dass kulturelle Identität durch freies Inbeziehungsetzen initiiert wird. Schöpferische Wechselwirkungen im Sinne einer solchen *Poetik der Beziehung* entstehen potentiell auch zwischen Garten und der betrachtenden Person, zwischen Garten und seinem Umfeld und innerhalb der sprichwörtlich komplexen Wechselwirkungen im Garten selbst. Solche Beziehungen sind vielleicht auch zwischen Gärten denkbar, wenn wir sie denn in einer Betrachtung zusammenbringen. Ich möchte jenseits dieses – leider Entwurf gebliebenen – Wettbewerbsbeitrags drei laufende Gartenprojekte meines Büros stichwortartig anreißen und zusammen ins Gespräch über den Garten stellen.

Parc du château Sibra, Ariège

Ich arbeite seit zwei Jahren an einem denkmalgeschützten privaten Landschaftspark der Jahrhundertwende im südfranzösischen Département Ariège. Die Arbeit am Park ist die einer sorgsamen Weiterentwicklung. Ich bewege mich behutsam Stück für Stück voran. Vieles Schillernde und auch noch Verborgene muss zuerst einmal zusammengereimt werden und für das Einzelne wieder ein Zusammenhang geschaffen werden. Es sind fast keine historischen Pläne vorhanden und auch keine Hinweise auf dessen Autor, aber der etwa fünfzehn Hektar große Park spricht auch für sich. Ich versuche mit wachen Beobachtungen, resoluten Vermutungen und fundierten Schlüssen, *Sibra* nachzuerzählen und den Ort lesbar zu machen. Im ersten Jahr wurden zahlreiche Bäume gefällt, die wild aufgewachsen oder abgängig waren. Dadurch trat die Struktur des Parks besser hervor. Nach dieser Arbeit soll in den kommenden Jahrzehnten die Untersuchung, Aktivierung, Rehabilitierung, aber auch Neuerfindung erfolgen. Entwerfen in diesem Kontext heißt *gärtnerisches Arbeiten*: den Ort kennenlernen, entlang der Gegebenheiten zu arbeiten und zu experimentieren. Elisabeth K. Meyer beschreibt die mögliche Beziehung zwischen Gestalter und Ort folgendermaßen:

Ich versuche mit wachen Beobachtungen, resoluten Vermutungen und fundierten Schlüssen, Sibra nachzuerzählen und den Ort lesbar zu machen

Parc du château de Sibra, Ariège

Je travaille depuis deux ans sur un parc paysager privé, datant de la fin du XIXᵉ siècle et classé monument historique, situé en Ariège. Ce travail est un développement longuement mûri. J'avance progressivement, avec précaution. Il faut tout d'abord créer une harmonie entre ce qui scintille et ce qui est encore caché, pour créer une cohérence capable d'accueillir la singularité. Il n'existe quasiment aucun plan historique et aucune indication concernant son créateur, mais ce parc de près de quinze hectares parle de lui-même. À travers des observations minutieuses, des suppositions résolues et des conclusions bien fondées, j'essaie de poursuivre le récit de *Sibra* et de rendre le lieu lisible. La première année a été consacrée à l'abattage de nombreux arbres qui avaient poussé spontanément ou qui étaient malades. Cela a permis de mieux faire ressortir la structure du parc. Les décennies à venir laisseront place à la recherche, à l'activation, à la réhabilitation, mais aussi à la réinvention. Dans ce contexte, le travail de projet est un *travail de jardinage* : apprendre à connaître le lieu, à travailler avec les conditions sur place et expérimenter. Elisabeth K. Meyer décrit ainsi la relation possible entre la personne qui crée et le lieu : « Au lieu

> **À travers des observations minutieuses, des suppositions résolues et des conclusions bien fondées, j'essaie de poursuivre le récit de Sibra et de rendre le lieu lisible**

5 Parc du château Sibra, die Pferdekoppel 2018 vor der Auslichtung, *100Landschaftsarchitektur*
© Thilo Folkerts/VG Bild-Kunst

5 Parc du château de Sibra, enclos à chevaux en 2018 avant l'éclaircissage, *100Landschaftsarchitektur*
© Thilo Folkerts/VG Bild-Kunst

6 Gartenpavillon Malzfabrik, Aufstellung vor der Malzfabrik seit 2018, *100Landschaftsarchitektur* © Thilo Folkerts/VG Bild-Kunst

6 Pavillon de la Malzfabrik, exposé devant la Malzfabrik depuis 2018, *100Landschaftsarchitektur* © Thilo Folkerts/VG Bild-Kunst

»Statt eines statischen Landschaftsbildes, das [irgendwo, TF] da draußen ist, irrational, unregelmäßig und offen, haben wir einen räumlichen, zeitlichen und ökologischen Ort, der vorhanden ist, bevor der Künstler oder Gestalter zu arbeiten beginnt. Die Gestalterin oder der Gestalter erlaubt durch seine oder ihre Gestaltungseingriffe dann dem Ort, klarer zu sprechen. Ort und Gestalter wirken zusammen.«[8]

Malzfabrik, Berlin

2016 wurde ich beauftragt, einen Ausstellungsbeitrag der *Malzfabrik* für die Internationale Gartenausstellung 2017 in Berlin zu konzipieren. Bei der *Malzfabrik* handelt es sich um eine ehemalige Mälzerei in Berlin-Schöneberg, einen denkmalgeschützten Industriekomplex von elf Gebäuden auf einem viereinhalb Hektar großen Gelände. Dieses Ensemble wird seit 2005 behutsam und nachhaltig als Gewerbeimmobilie entwickelt. Auf der Gartenschau in Marzahn habe ich mit einer begehbaren Struktur einen räumlichen Verweis geschaffen, der einzelne Aspekte des Originalortes möglichst unmittelbar repräsentiert. *Die Große Rote*, das ziegelrote Hauptgebäude des Geländes wird mit einem direkten, wenn auch abstrahierten Eindruck als begehbarer, immersiv erlebbarer Pavillon aus Gerüststangen repräsentiert – gleichzeitig als Baustelle, als Metapher eines in Veränderung begriffenen Ortes. Die Gerüststruktur wurde nach Ende der Gartenschau leicht modifiziert an der *Malzfabrik* wieder aufgestellt. Ein Selbstzitat im Vorgarten, positioniert zwischen Reihen aus Pappeln und Rotdorn. Inzwischen bin ich darüber hinaus beauftragt, die weitere Entwicklung des denkmalgeschützten Gesamtareals sukzessive gestalterisch und planerisch zu begleiten. Nach der Bestandsaufnahme aller Belagsoberflächen des Geländes entwickle ich derzeit eine Serie von gestalterischen Mikroeingriffen in die mineralische Industrietopografie.

Cultiver la mémoire, Craonne

Das Gartenprojekt *Cultiver la mémoire* ist ein Beitrag zu den *Jardins de la Paix*, einer Reihe von Gärten in Nordfrankreich, die seit 2018 zum hundertsten Jahrestag des Waffenstillstands des Ersten Weltkrieges realisiert werden.[9] Das Gebiet des Höhenzugs Chemin des Dames war Schauplatz

de l'image d'un paysage statique, qui se trouve là-bas dehors, irrationnel, irrégulier et ouvert, nous avons un lieu ancré dans son espace, son temps et son écologie, un lieu qui existe avant que l'artiste commence à travailler. L'artiste, grâce à ses interventions, permet au lieu de s'exprimer plus clairement. Lieu et artiste agissent ensemble. »[8]

Malzfabrik, Berlin

En 2016, j'ai été chargé de proposer un projet au nom de la *Malzfabrik*, pour l'exposition internationale des jardins de 2017 à Berlin-Marzahn. La *Malzfabrik* est une ancienne malterie à Berlin-Schöneberg, un complexe industriel classé, composé de onze bâtiments sur un site de quatre hectares et demi. Depuis 2005, l'ensemble est transformé avec précaution en biens immobiliers commerciaux dans une logique durable. Pour l'exposition horticole à Berlin-Marzahn, j'ai conçu une structure ouverte et accessible, une référence spatiale la plus directe possible à différents aspects du lieu d'origine. Le bâtiment principal rouge brique du site, *Große Rote (le grand rouge)*, est ainsi représenté par un pavillon en tubes d'échafaudage : lieu d'expérience immersive, donnant une impression d'immédiateté bien qu'étant abstrait – et en même temps chantier, métaphore d'un lieu en

7 Malzfabrikgelände, Bestandsaufnahme Beläge und
Mikrotopografien seit 2019,
100Landschaftsarchitektur
© Thilo Folkerts/VG Bild-Kunst

7 Terrain de la *Malzfabrik*,
inventaire des surfaces et
microtopographies depuis 2019,
100Landschaftsarchitektur
© Thilo Folkerts/VG Bild-Kunst

8 Cultiver la mémoire, cercle n°3, Vieux Craonne, seit 2018, *100Landschaftsarchitektur*
© Thilo Folkerts/VG Bild-Kunst

8 Cultiver la mémoire, cercle n°3, Vieux Craonne, depuis 2018, 100Landschaftsarchitektur
© Thilo Folkerts/VG Bild-Kunst

der unfassbaren, dennoch sprichwörtlichen Grabenkriege an der Westfront des Ersten Weltkriegs. Das Dorf Craonne wurde im Krieg völlig zerstört, der Grund nach dem Krieg enteignet und ein neues Dorf in etwa anderthalb Kilometern Entfernung wieder aufgebaut. Über den Resten von Vieux Craonne wurde seit den 1970er-Jahren ein Arboretum entwickelt. *Cultiver la Mémoire* thematisiert hier einerseits den Boden des Ortes als lesbare Materialität, andererseits den Aspekt des persönlichen Handelns als Hauptmotiv des Gartens.

Um als materielle Stütze der Erinnerung erneut den authentischen Ort zu aktivieren, stechen drei Kreise aus Edelstahl die vegetative Decke aus, die mit der Übergabe der Grundstücke an die staatliche Forstverwaltung auch ›Gras über die Sache wachsen‹ ließ. Diese drei Edelstahlkreise von zwölf Metern Durchmesser verweisen auf die verworfene Topografie, die in Folge des Bombenhagels entstanden ist. Jeweils als überschaubarer Ausschnitt geben sie Besucherinnen und Besuchern Anlass und Chance, mit Ort und Boden in Berührung zu kommen und eine persönliche Beziehung herzustellen. In der Gegend werden bei verschiedenen Institutionen Blumenzwiebeln zur Verfügung gestellt, zusammen mit Informationen über das Projekt und der Anleitung, mit den Zwiebeln selbst etwas in den Boden des Kriegsschauplatzes zu setzen. Damit möchte ich die Besuche-

9 Cultiver la mémoire, cercle no 1, Vieux Craonne, seit 2018, *100Landschaftsarchitektur* © Thilo Folkerts/VG Bild-Kunst

9 Cultiver la mémoire, cercle no 1, Vieux Craonne, depuis 2018, *100Landschaftsarchitektur* © Thilo Folkerts/VG Bild-Kunst

évolution. La structure a été démantelée à la fin de l'exposition pour être remontée sur le site de la *Malzfabrik* sous une forme légèrement modifiée: une autocitation en façade de bâtiment, entre des rangées de peupliers et d'aubépines. Depuis, j'ai été chargé d'accompagner pas à pas la conception et la planification de l'ensemble de ce site classé. Après avoir dressé l'inventaire de toutes les surfaces présentes sur le site, je développe actuellement une série de micro-interventions conceptuelles cette la topographie industrielle minérale.

Cultiver la mémoire, Craonne

Le projet de jardin *Cultiver la mémoire* est une contribution aux *Jardins de la Paix*. Cette série de jardins est organisée depuis 2018 dans le nord de la France, en commémoration du centenaire de l'armistice de la Première Guerre mondiale.[9] La crête du Chemin des Dames a été le théâtre de la guerre de tranchées, aussi inconcevable que bien réelle, sur le front ouest de la Grande Guerre. Le village de Craonne a été entièrement détruit pendant la guerre, puis reconstruit à environ un kilomètre et demi du site d'origine. Un arboretum a été mis en place depuis les années 1970 sur les vestiges de l'ancien village. *Cultiver la mémoire* parle du sol de ce lieu en tant

10 Cultiver la mémoire, Pflanzung von Blumenzwiebeln mit Schulkindern, Vieux Craonne, Oktober 2018, *100Landschaftsarchitektur*
© Thilo Folkerts/VG Bild-Kunst

10 Cultiver la mémoire, plantation de bulbes à fleurs avec des écoliers, Vieux Craonne, octobre 2018, *100Landschaftsarchitektur*
© Thilo Folkerts/VG Bild-Kunst

rinnen und Besucher aktiv in das Erinnern einbinden und dazu anregen, einen Erinnerungsort zu kultivieren.

1 Übersetzt von Thilo Folkerts. Originalzitat: »Jackson Pollock, for example, tried to make space that was nonpictorial, actually within the painting. It was not a picture of some-thing else but rather a spatial image in itself. [...] This type of exploration has a direct relationship to landscape architecture. If one could find those things in garden art with the internal power of these paintings, you could reduce the need for walls in much the same way that these artists have eliminated the need for a frame or a window to look through.« Peter Walker, Cathy Deino Blake: Minimalist Gardens without Walls. In: Mark Francis, Randolph T. Hester (Hg.): The Meaning of Gardens. Cambridge, Massachussets 1990: MIT Press, S. 120–129, hier S. 120.

2 Judith Elisabeth Weiss: Guerilla-Gardening, Paradiesgärtlein und planetarischer Garten. Über die Aktualität des Gartens als Metapher und künstlerisches Wirkungsfeld. In: Kunstforum International, Jg. 45, Nr. 258, 2019, S. 106–115, hier S. 110.

3 Allen S. Weiss résume ainsi cet aspect dans son excellent manifeste inspirant sur les jardins : « 8. The garden is a memory theatre, which must bear vestiges of its sedimented history, including traces of the catastrophes that it has suffered. In the history of landscape, accidents are not contingent, but essential. » Allen S. Weiss : Zen Landscapes: Perspectives on Japanese Gardens and Ceramics. London 2013: Reaktion Books, p. 10.

4 Vgl. Brigitte Franzen (Hg.): atelier le balto. Les pieds sur terre. Köln 2010: Walther König.

5 Les traces du jardinZu Arbeiten des *atelier le balto* vgl.: Thilo Folkerts: Cultivateurs. In: Francesca Fergusson (Hg.): Make_Shift City. Berlin 2014: Jovis, S. 56–57.

6 Übersetzt von Thilo Folkerts. Originalzitat: »[...] it is also generous [...] to expose some-one to something, rather than something to someone.« Pierre Huyghe: The Roof Garden Commission. Band 3. Katalog, Metropolitan Museum of Art. New York 2015: Verlag, S. 34.

7 Die Manuskripte Glissants werden hier in der Bibliothèque nationale de France Richelieu aufbewahrt.

8 Übersetzt von Thilo Folkerts. Originalzitat: »Instead of a static, visual landscape that is out there, irrational, irregular, and open, we have a spatial, temporal, and ecological site that is present before an artist or a designer begins to work. The designer, then, allows the site to speak more clearly through the design interventions he or she makes. The site and the designer are collaborators.« Elizabeth K. Meyer: The Expanded Field of Landscape Architecture. In: Simon Swaffield (Hg.): Theory in Landscape Architecture: A Reader. Philadelphia 2002: University of Pennsylvania Press, S. 167–170, hier S. 170.

9 Die *Jardins de la Paix dans les Hauts-de-France* sind ein Projekt des Kulturvereins art & jardins, siehe www.artetjardins-hdf.com/directory-project/jardins-de-la-paix (zuletzt am 22.04.2021 abgefragt).

que matérialité lisible, et de l'action personnelle en tant que motif central du jardin.

Pour réactiver ce lieu authentique en créant un support matériel à la mémoire, trois cercles en inox découpent de la couche végétale qui a recouvert le passé du site depuis que le terrain a été confié à l'Office national des forêts. Ces trois cercles de douze mètres de diamètre renvoient à la topographie dénaturée par la pluie de bombes, ces fragments lisibles donnent aux visiteurs et visiteuses l'opportunité et la chance d'entrer en contact avec le site et son sol, ainsi que de nouer un lien personnel avec le lieu. Différentes institutions de la région mettent à disposition des bulbes à fleurs avec des informations sur le projet, offrant ainsi la possibilité de planter soi-même dans la terre de ce champ de bataille. Mon but est d'impliquer activement les visiteuses et visiteurs dans le travail de mémoire et de les inciter ainsi à cultiver un lieu de commémoration.

1 Citation originale : « Jackson Pollock, for example, tried to make space that was nonpictorial, actually within the painting. It was not a picture of something else but rather a spatial image in itself. [...] This type of exploration has a direct relationship to landscape architecture. If one could find those things in garden art with the internal power of these paintings, you could reduce the need for walls in much the same way that these artists have eliminated the need for a frame or a window to look through. » Peter Walker, Cathy Deino Blake « Minimalist Garden, without Walls », dans Mark Francis, Randolph T. Hester (éd.), *The Meaning of Gardens* Cambridge, Massachussets, MIT Press, 1990, p. 120–129, ici p. 120.

2 Judith Elisabeth Weiss, « Guerilla-Gardening, Paradiesgärtlein und planetarischer Garten. Über die Aktualität des Gartens als Metapher und künstlerisches Wirkungsfeld », dans : *Kunstforum International*, année 45, n° 258, 2019, p. 106–115, ici : p. 110.

3 Allen S. Weiss résume ainsi cet aspect dans son excellent manifeste inspirant sur les jardins : « 8. The garden is a memory theatre, which must bear vestiges of its sedimented history, including traces of the catastrophes that it has suffered. In the history of landscape, accidents are not contingent, but essential. » Allen S. Weiss, *Zen Landscapes: Perspectives on Japanese Gardens and Ceramics*. Londres, Reaktion Books, 2013, p. 10.

4 cf. Brigitte Franzen (éd.), atelier le balto. *Les pieds sur terre*, Cologne, Walther König, 2010.

5 Sur les travaux de l'*atelier le balto*, cf. : Thilo Folkerts « Cultivateurs » dans Francesca Fergusson (éd.), *Make_Shift City*, Berlin, Jovis, 2014 p. 56–57.

6 Citation originale : « [...] it is also generous [...] to expose someone to something, rather than something to someone. » Pierre Huyghe, The Roof Garden Commission, catalogue d'exposition, tome 3, Metropolitan Museum of Art, New York, 2015, p. 34.

7 Les manuscrits de Glissant sont conservés à la Bibliothèque nationale de France Richelieu.

8 Citation originale : « Instead of a static, visual landscape that is out there, irrational, irregular, and open, we have a spatial, temporal, and ecological site that is present before an artist or a designer begin to work. The designer, then, allows the site to speak more clearly through the design interventions he or she makes. The site and the designer are collaborators. » Elizabeth K. Meyer, « The Expanded Field of Landscape Architecture », dans Simon Swaffield (éd.), *Theory in Landscape Architecture: A Reader*, Philadelphia, University of Pennsylvania Press, 2002, p. 167–170, ici : p. 170.

9 *Les Jardins de la Paix dans les Hauts-de-France* sont un projet de l'association culturelle art et jardins, voir www.artetjardins-hdf.com/directory-project/jardins-de-la-paix (dernière consultation le 07 août 2023).

REGIE DER BERÜHRUNG.
DER GARTEN IN DER KUNST DER GEGENWART

JUDITH ELISABETH WEISS

Wie lässt sich der Garten im Modus der Berührung fassen? In der Kunst der Gegenwart dient die Idee des Gartens als Metapher, um über die Welt und ihren Zustand nachzudenken. Eine Reihe künstlerischer Positionen widmet sich dabei dem breiten Spektrum der Fühlungnahme: von der emotionalen Gestimmtheit der Rührung, über das Taktile, Sensitive bis hin zu den Bedingungen des technischen Sensors, der abtastet und künstliche Paradiese zwischen vegetativem und apparativem System entstehen lässt.

Der Garten als Denkfigur

Nur schwer lässt sich der Garten in der Geschichte der Kunst fassen, wo auch immer man seine Grenzen ziehen mag. Er hört jedenfalls nicht an der Mauer auf, die ihn zum eingefriedeten und friedlichen, von der übrigen Landschaft abgetrennten Ort macht. Denn was sich innen angesichts der Koexistenzen und Konkurrenzen aller im Garten ansässigen Lebewesen abspielt – zwischen Blumenrabatten und dem Gewirr von Ranken, Gräsern und Halmen, zwischen Zyklen von Wachstum, Blüte und Vergehen, Kompostiervorgängen und dem Wechsel der Jahreszeiten – ist an das gebunden, was sich außerhalb der Mauern auffindet. Die Bildgeschichte der Kunst erlaubt zwar die Rekonstruktion einer Genealogie unterschiedlicher historischer Gartentypen, die ein in sich geschlossenes Ambiente vorgeben. Sie präsentiert den Garten aber auch als Sujet und Gegenstand des Nachdenkens, als Objekt der Spiegelung des Menschen in der Welt. In der Fülle der Bilder von Gärten haben politische und gesellschaftliche Utopien, herrschende Sozialmodelle, Praktiken des Umgangs mit Natur, technische Errungenschaften, künstlerische Fantasien und gesellschaft-

LA RÉGIE D'IMAGES DU TOUCHER. LE JARDIN DANS L'ART CONTEMPORAIN

JUDITH ELISABETH WEISS

Comment appréhender le jardin dans le mode du toucher ? Dans l'art contemporain, on fait volontiers appel au jardin comme métaphore pour mener une réflexion sur le monde et sa situation. Il existe aussi toute une série de prises de postions artistiques consacrées au large éventail des différents types de toucher: de l'état d'âme provoqué par l'émotion, en passant par le tactile, jusqu'aux signes d'un capteur technique qui sonde et donne naissance à des paradis artificiels, à mi-chemin entre système végétatif et technologique.

Le jardin comme figure de pensée

Quelles que soient les contours qu'on souhaite lui tracer, il est difficile de saisir le jardin dans l'histoire de l'art. Une chose est sûre : le jardin ne s'arrête pas au mur qui en ferait un lieu clôturé et paisible, séparé du reste du paysage. En effet, tout ce qui se joue en matière de coexistences et de concurrences entre les êtres vivants résidant au jardin, entre les plates-bandes fleuries et l'enchevêtrement des tiges volubiles, des graminées et des roseaux, entre les cycles de croissance, de floraison et de dépérissement, les étapes du compostage et le changement des saisons, tout cela est lié à ce qui se trouve au-delà des murs. L'histoire de l'art iconographique permet certes de retracer la généalogie de différents types de jardins historiques, qui affichent tous une cohérence distincte. Néanmoins, elle présente aussi le jardin comme sujet et objet de la réflexion, comme objet du reflet de l'être humain dans le monde. Les utopies politiques et sociales, les modèles sociaux dominants, les pratiques d'approche de la nature, les avancées techniques, les fantasmes artistiques et les projections sociales ont laissé leurs traces dans la foule des représentations

liche Projektionen ihre Spuren hinterlassen. Bilder von Gärten unterliegen einem Blickregime, weil sich in ihnen historische Sehgewohnheiten und gesellschaftliche Codes der Verstehbarkeit entschlüsseln lassen. Und gleichzeitig sind sie ein Metakommentar zur Kunst selbst, weil sich die Kunst traditionell als Widersacherin, als Gegenmodell, ja als Konkurrentin zur Natur zu behaupten hat.

Für die Kunst der Gegenwart ist der Garten zu einer höchst attraktiven Denkfigur geworden. Dies beweisen zahlreiche Ausstellungen, die ihn als symbolischen Ort der Vorstellungen und Umbrüche von Religion, Politik, Moral und Ästhetik wiederentdeckt haben.[1] Zu den prominentesten Vertretern der Kunst, die sich dem Sujet des Gartens als Projektionsfläche widmen, um über den Zustand der Welt nachzudenken, gehört der Österreicher Lois Weinberger. In einer anarchischen Geste zerteilt er etwa einen von der Landschaftsarchitektur gezeichneten Park und bringt Un-

1 Lois Weinberger, *Spur*, Skulpturenpark Köln, 2015 © Lois Weinberger

1 Lois Weinberger, *Spur*, Skulpturenpark Köln, 2015 © Lois Weinberger

de jardins. Les images de jardins sont soumises à un régime de regard car elles permettent de décrypter des modes d'observation historiques et des codes sociaux de l'intelligibilité. Et en même temps, elles sont un méta-commentaire de l'art en soi, car ce dernier se doit traditionnellement de se poser en adversaire, en antithèse, oui, en concurrent direct de la nature.

Dans l'art contemporain, le jardin est devenu une figure de pensée des plus attrayantes. En témoignent les innombrables expositions qui ont redécouvert le jardin comme lieu symbolique des représentations et des bouleversements de la religion, de la politique, de la morale et de l'esthétique[1]. L'Autrichien Lois Weinberger fait partie des artistes les plus connus à se consacrer au sujet du jardin comme espace de projection propre à la réflexion sur l'état du monde. Dans un geste anarchique, il fracture ainsi un parc paysager et y introduit du désordre dans la répartition ordonnée entre pelouse et chemin (fig. 1). La nature sauvage, les mauvaises herbes triompheront lentement de ce sillon tracé avec brutalité. Avant même de créer *Spur* (« Trace », 2015) dans le Skulpturenpark (parc des sculptures) de Cologne, Lois Weinberger a réalisé un ensemble de travaux montrant de la terre retournée ou un revêtement en asphalte fracturé pris d'assaut par une végétation foisonnante. Il donne parfois l'impression que ces perturbations sont uniquement du fait de la force des plantes, des racines cachées à l'abri des regards, et non pas de l'intervention humaine. Ce sont des plantes rudérales qui entrent alors en action, comme l'ortie, le chénopode blanc, l'onagre et autres végétaux qui se développent sur les gravats et dans les friches, au bord des chemins et sur les talus rocailleux, et qui sont arrachées des petits jardins étriqués, étant considérés comme du chiendent. La plante rudérale, selon L. Weinberger, est « le synonyme de son refus d'une esthétique de la domination et de la perfection, du confinement et de la hiérarchie des jugements de valeur[2]. » À l'occasion de la Documenta X en 1997 à Cassel, en Allemagne, il planta une bande de verdure sur une voie de chemin de fer désaffectée de la Kulturbahnhof, composée de néophytes tirés de ses archives horticoles viennoises. L'irritation des visiteuses et visiteurs fut grande face au désordre et à la prolifération anarchique de cette contribution à l'exposition. Les néophytes s'épanouirent à merveille, foisonnant à côté de la végétation locale jusqu'à la supplanter peu à peu. Ce travail pour la Documenta fut interprété comme une métaphore politique du rapport à l'étranger et une allusion à la politique européenne d'immigration.

Die Neophyten gediehen prächtig, wucherten neben der einheimischen Vegetation und verdrängten sie allmählich. Der Documenta-Beitrag wurde als eine politische Metapher für den Umgang mit dem Fremden und als Anspielung auf die europäische Einwanderungspolitik gedeutet

ordnung in die wohlgeordnete Aufteilung von Rasenfläche und Weg (Abb. 1). Die wilde Natur, das Unkraut, wird sich langsam diesen brachial gespurten Streifen erobern. Bereits vor der *Spur* (2015) im Skulpturenpark Köln hat Weinberger eine Reihe von Arbeiten realisiert, die aufgebrochenes Erdreich oder Straßenasphalt mit einer wild wuchernden Vegetation zeigen. Bisweilen lassen sie den Eindruck entstehen, dass allein die Kraft der Pflanzen und das im Verborgenen liegende Wurzelwerk und nicht menschliches Eingreifen diese Störungen hervorrufen. Zum Einsatz kommen Ruderalpflanzen wie Brennnessel, Ackermelde, Nachtkerzen und andere Gewächse, die Schutt- und Trümmerplätze, Wegränder und steinige Böschungen besiedeln und aus spießigen Vorgärten als lästiges Unkraut ausgerissen werden. Das Ruderale ist für Weinberger »das Synonym seiner Verweigerung einer Ästhetik der Beherrschung und Formvollendung, der Abschottung und Wertungs-Hierarchie.«[2] Bei der Documenta X im Jahr 1997 in Kassel legte er auf einer stillgelegten Gleisstrecke des Kulturbahnhofs einen Grünstreifen an, den er mit Neophyten aus seinem Wiener Gartenarchiv bepflanzte. Besucherinnen und Besucher waren regelrecht irritiert über einen solchermaßen ungeordneten Wildwuchs als Ausstellungsbeitrag. Die Neophyten gediehen prächtig, wucherten neben der einheimischen Vegetation und verdrängten sie allmählich. Der Documenta-Beitrag wurde als eine politische Metapher für den Umgang mit dem Fremden und als Anspielung auf die europäische Einwanderungspolitik gedeutet.

»Den Zorn gegen Nabelmiere und Brennnessel nährt die Ahnung / dass dieses auf unseren Gräbern stehen wird«, lautet eines der pointierten Statements von Weinberger.[3] Gegenüber der in der Ikonografie der Kunstgeschichte symbolbesetzten Flora wie Rosen, Lilien, Veilchen oder Nelken avancieren die unscheinbarsten, randständigsten Pflanzen zum Symbol der Memento-mori-Thematik. Weinberger will nicht als »Gartenkünstler« missverstanden werden. Wenn er den Garten dennoch als leitendes Sujet seiner Kunst begreift, rückt er das fragwürdige Verhältnis zwischen Mensch und Natur ins Zentrum der künstlerischen Auseinandersetzung. Denn der Umgang einer Gesellschaft mit Pflanzen sei ein Spiegelbild ihrer selbst. Sein grundsätzliches Interesse, so der Künstler, bewege sich »weg von dem ganzen Grünzeug, hin zur unsichtbaren Natur – zur Natur unseres

« La rage ressentie devant des méringies trinervées et des orties est alimentée par le pressentiment / qu'elles se retrouveront sur nos tombes », affirme Lois Weinberger dans une déclaration incisive[3]. Face à une flore au symbolisme fort dans l'iconographie de l'histoire de l'art, comme les roses, les lys, les violettes ou les œillets, les plantes les plus insignifiantes, les plus marginales, sont promues au rang de symbole du domaine du *memento mori*. Lois Weinberger ne veut pas être considéré à tort comme un « artiste de jardin ».

Les néophytes s'épanouirent à merveille, foisonnant à côté de la végétation locale jusqu'à la supplanter peu à peu. Ce travail pour la Documenta fut interprété comme une métaphore politique du rapport à l'étranger et une allusion à la politique européenne d'immigration

Mais lorsqu'il s'empare du jardin comme sujet directeur de son art, c'est pour placer le rapport épineux entre l'être humain et la nature au cœur de son questionnement artistique. D'après l'artiste, la manière dont une société considère les plantes est un reflet de ce qu'elle est. L'intérêt premier de Weinberger « s'écarte de toute cette verdure pour se tourner vers la nature invisible – vers la nature de notre esprit, la nature de notre genèse et la nature des possibles poétiques »[4].

Le plaisir du toucher

Dans la droite ligne de la « sortie de l'image » (Laszlo Glozer), à partir des années 1960 les artistes développent une foule de nouvelles formes d'expression en tournant le dos aux formats traditionnels. Ils se penchent tout particulièrement sur les questions de matérialité, de temporalité et de spatialité de leurs œuvres, ainsi que sur la participation comme forme d'expérience esthétique. Dans le travail de réflexion sur la nature, cette dernière s'entend avant tout comme expérience synesthétique appelant une interaction de tous les sens. Le questionnement artistique des relations entre regard et toucher repose ainsi sur un certain potentiel subversif. En raison de sa connotation pulsionelle ou érotique, le toucher a longtemps été dégradé au rang de sens inférieur. On peut ainsi lire dans de nombreux écrits de théoriciens de l'art qu'il lui manquerait la distance intellectuelle nécessaire de la vue et sa capacité d'abstraction théorique[5]. Dans l'art, le toucher est essentiellement mis en scène comme un acte qui se produit entre des corps – on touche généralement un animal domestique ou une autre personne – et cette forme de tendresse ne semble pas, au premier abord, pouvoir s'appliquer à des plantes. Cela

Geistes, zur Natur unseres Entstehens und zur Natur der poetischen Möglichkeiten«.[4]

Die Lust der Berührung

Im Gefolge des »Ausstiegs aus dem Bild« (Laszlo Glozer) entwickeln Künstlerinnen und Künstler seit den 1960er-Jahren eine Vielfalt neuer Ausdrucksformen in einer Abkehr von traditionellen Bildformaten. Sie wenden sich dabei insbesondere Fragen nach der Materialität, der Zeitlichkeit und Räumlichkeit ihrer Werke wie auch der Partizipation als Form ästhetischer Erfahrung zu. Diese versteht sich in der Auseinandersetzung mit Natur vor allem als synästhetisches Erleben in einem Zusammenspiel der Sinne. Der künstlerischen Auseinandersetzung mit den Beziehungen zwischen Blick und Berührung liegt dabei ein gewisses subversives Potential zugrunde. Denn aufgrund seiner triebhaften oder erotischen Konnotation rangierte der Tastsinn lange Zeit auf der niedersten Stufe der Sinne. Ihm fehlen, so liest man in zahlreichen kunsttheoretischen Schriften, die intellektuelle Distanz des Sehsinns und dessen theoretisches Abstraktionsvermögen.[5] Berührung wird in der Kunst vor allem als ein Geschehen zwischen Körpern in Szene gesetzt – üblicherweise berührt man Haustiere oder Menschen – dessen Form der zärtlichen Zuwendung zunächst nicht ohne weiteres auf Pflanzen übertragbar scheint. Dies liegt nicht nur daran, dass die grünen Mitwesen fremd, stumm, bewegungs- und organlos sind. Auch kanonisierte Blicklenkungen auf das rein Ästhetische des Vegetabilen betonen die visuelle Dimension.

Das zunehmende Interesse für Pflanzen wird in der kulturwissenschaftlichen Forschung im Anschluss an den *animal turn* mittlerweile als *vegetal turn* bezeichnet. Dieser « turn » dokumentiert einmal mehr die Beschleunigung der Trends im Wissenschaftsbetrieb, steht aber freilich auch für wirklich neue Wahrnehmungsperspektiven. In den betont pornografischen Texten des Künstlers Reiner Maria Matysik wird die Pflanze zum Motiv eines maßlosen Begehrens. Die Lust an den Berührungen der Stängel und Blätter wie auch der Blüten, die als Organ der Fortpflanzung mit Konnotationen des Obsessiven versehen sind, verkehrt sich jedoch in Qual und Schrecken.[6] Die parasitär-pflanzlichen Geschöpfe benutzen den Menschen als Medium der eigenen Fortpflanzung, indem sie mit ihren Staub-

ne tient pas seulement au fait que nos confrères végétaux sont étranges, muets, sans mouvement ni organes ; l'habitude conformiste consistant à ne considérer que l'aspect purement esthétique du végétal souligne aussi la dimension visuelle.

Dans le sillage de l'*animal turn*, l'intérêt croissant pour les plantes est désormais qualifié de *vegetal turn* dans la recherche en sciences culturelles. Si ce « tournant » témoigne une fois de plus de l'accélération des tendances dans le domaine scientifique, il figure également l'avènement de nouvelles perspectives de perception. Dans les textes ostensiblement pornographiques de l'artiste Reiner Maria Matysik, la plante devient le motif d'un désir démesuré. L'envie de toucher les tiges et les feuilles, mais aussi les fleurs, qui en tant qu'organes reproducteurs se voient chargées de connotations obsessionelles, tourne cependant au supplice et à l'horreur[6]. Ces créatures parasitaires végétales se servent des êtres humains comme médium de leur propre reproduction, en les enlaçant et en les colonisant de leurs étamines et leurs sépales, leurs hampes, leurs infrutescences et leurs racines. La pénétration organique, qui va jusqu'à l'incorporation et au renoncement de soi, peut être comprise comme la

2 Zheng Bo, *Pteridophilia 2*, 2018, Videostill, 4K, Farbe, Ton, 20 Min., Ausstellung *Garten der irdischen Freuden*, Gropius Bau Berlin, 2019 © Zheng Bo

2 Zheng Bo, *Pteridophilia 2*, 2018, vidéo, arrêt sur image, 4K, couleur, audio, 20 min, exposition *Garten der irdischen Freuden*, Gropius Bau Berlin, 2019 © Zheng Bo

Die Liebe zu Gräsern, Bäumen und Farnen präsentiert sich als Inszenierung einer ungewohnten erotischen Innigkeit zwischen Pflanze und Mensch. Berührung gibt sich auch hier als eine Form der Grenzüberschreitung zu erkennen, die modellhaft für ein neues Verständnis von Natur-Kultur-Konstellationen steht

und Kelchblättern, Blütentrieben, Fruchtständen und Wurzeln ihr menschliches Gegenüber umschlingen und durchwuchern. Die organische Durchdringung, die bis zur physischen Einverleibung und Selbstaufgabe reicht, kann als sinnbildliche Aufhebung des gesicherten Status unserer Wahrnehmungskonventionen verstanden werden. Der Bezug zwischen voyeuristischem Blick und Berührung bestimmt die Arbeit *Pteridophilia* (2018) des chinesischen Künstlers Zheng Bo (Abb. 2). Dessen Liebe zu Gräsern, Bäumen und Farnen präsentiert sich als Inszenierung einer ungewohnten erotischen Innigkeit zwischen Pflanze und Mensch. Berührung gibt sich auch hier als eine Form der Grenzüberschreitung zu erkennen, die modellhaft für ein neues Verständnis von Natur-Kultur-Konstellationen steht.

In einer Reihe künstlerischer Arbeiten, die im Folgenden in Augenschein genommen werden, lässt sich die Regie der Berührung produktiv mit dem Vegetabilen und der Denkfigur des Gartens in einen Zusammenhang bringen. Die unterschiedlichen Ansprüche reichen dabei von einer emotionalen Gestimmtheit der Rührung, über das Taktile, Sensitive bis hin zum technischen Sensor, der abtastet und als Auslöser für das Wuchern von Pflanzen dienen kann.

Ikonografische Spuren des Gartens

Zunächst gilt es jedoch, den ikonografischen Spuren des Gartens in der Kunst nachzugehen. Begibt man sich nämlich auf eine Wanderung durch die Bildgeschichte, führen die Haupt- und Nebenwege zu *dem* Garten, auf den sich alle Gärten in seinem Status als ikonografische Urszene beziehen. In der philosophischen und kunsthistorischen Literatur findet sich die Lesart, dass jeder Garten ein Echo auf den Paradiesgarten ist, dass also mit ihm Ansichten und Vorstellungen des Paradieses auf die Erde verlagert werden und sich an ihm kulturgeschichtlich ablesen lässt, was als paradiesisch fantasiert und imaginiert wird.[7] An seiner architektonischen Eigenheit der Umfriedung zeigen sich Verhältnisse des Einschlusses und Ausschlusses, und es stellt sich die Frage nach Wildnis und Ord-

suppression symbolique du statut garanti de nos conventions de perception. Ce rapport entre le regard voyeuriste et le toucher détermine l'œuvre
Pteridophilia (2018) de l'artiste chinois Zheng Bo (fig. 2). Son amour des
graminées, des arbres et des fougères se manifeste comme une mise en
scène d'une intimité érotique inhabituelle entre plante et être humain. Ici
encore, le contact s'affiche comme une forme de franchissement de frontières, un modèle pour une nouvelle compréhension des constellations
nature/culture.

Dans une série de travaux artistiques examinés ci-dessous, régie d'images
du toucher peut être rattachée de manière pertinente au végétal et à la
figure de pensée du *jardin*. Les différents degrés d'exigence s'étendent
d'un état d'âme né de l'émotion, au tactile et au sensible, jusqu'au capteur technique qui sonde et peut soudain déclencher la prolifération des
plantes.

Les traces iconographiques du jardin

Il convient toutefois de commencer par suivre les traces iconographiques
du jardin dans l'art. En parcourant l'histoire des représentations, les chemins principaux et secondaires nous conduisent vers *le* jardin, dont le statut de scène originelle iconographique sert de référence à tous les jardins.
Dans la philosophie et l'histoire de l'art, on retrouve l'interprétation qui
voit en tout jardin un écho du jardin d'Éden, donnant ainsi forme aux idées
et aux représentations du Paradis sur Terre. Et c'est à l'aune du jardin que,
dans une perspective historio-culturelle, on perçoit tout ce qui est fan-
tasmé et imaginé en pensant au Paradis[7]. Sa spécificité
architectonique de lieu clôturé révèle les rapports d'in-
clusion et d'exclusion, posant alors la question du sauvage et de l'ordre. Car à l'extérieur de ce jardin d'Éden,
l'iconographie du tableau *Die Erde nach dem Sündenfall*
(La Terre après le péché originel) dépeint le scénario fu-
neste du déchaînement des pulsions animales (fig. 3).
La nature du Mal et le mal de la Nature sont illustrés de
manière impressionnante dans ce tableau foisonnant
de Franz Rösel von Rosenhof, dénué de toute présence
humaine. Au sol, toutes sortes de bêtes s'agitent dans

Son amour des graminées, des arbres et des fougères se manifeste comme la mise en scène d'une intimité érotique inhabituelle entre plante et être humain. Ici encore, le toucher s'affiche comme une forme de franchissement de frontières, un modèle pour une nouvelle compréhension des constellations nature/culture

3 Franz Rösel von Rosenhof,
Die Erde nach dem Sündenfall,
1690, Nationalgalerie
Dänemark, Statens Museum
for Kunst, Kopenhagen

3 Franz Rösel von Rosenhof,
Die Erde nach dem Sündenfall,
1690, Statens Museum for
Kunst, Musée national d'art,
Copenhague

nung. Denn außerhalb des Paradiesgartens bietet sich *Die Erde nach dem Sündenfall* ikonografisch als unheilvolles Szenario einer Entfesselung der animalischen Gewalt dar (Abb. 3). Die Natur des Bösen und das Böse der Natur sind auf diesem menschenleeren Wimmelbild von Franz Rösel von Rosenhof eindrucksvoll in Szene gesetzt. Am Boden kreucht und fleucht es in großem Aufruhr, während chimärenhafte Raubvögel in den Lüften segeln. Einer von ihnen schleppt einen Elefanten, während ein anderer ein Reh mit seinen Krallen gepackt hat. Nicht nur die räuberisch-animalische Kreatur ist Ausdruck dieser Hölle auf Erden, sondern auch die schiere Unübersichtlichkeit des Bildes, die Unordnung dieses Gewimmels, das apokalyptische Chaos, das hier ins Auge sticht. Außerhalb des Gartens herrschen das Durcheinander und der Lärm der Welt.

4 Oberrheinischer Meister, *Paradiesgärtlein*, 1410/1420, Städel, Frankfurt

4 Oberrheinischer Meister, *Paradiesgärtlein*, 1410/1420, Städel, Francfort

un grouillement inquiétant, tandis que des rapaces semblables à des chimères sillonnent les airs. L'un d'eux s'attaque à un éléphant, tandis qu'un autre tient une biche entre ses serres. Ces prédateurs féroces ne sont pas la seule expression de l'Enfer sur Terre ; il est aussi matérialisé par la confusion absolue du tableau, par le désordre de ce grouillement, par le chaos apocalyptique qui saute ici aux yeux. En dehors du jardin, tout n'est que fouillis et cacophonie du monde.

La clôture qui entoure le célèbre *Paradiesgärtlein* (*Jardin de Paradis*, 1410/1420) du Maître du Haut Rhin évoque l'incompatibilité catégorique des deux espaces (fig. 4). Intérieur et l'extérieur du jardin représentent, selon les interprétations les plus courantes, les deux espaces que sont le Paradis et la Terre. Ou, pour le dire autrement, elles incarnent l'utopie et la réalité, le non-lieu et le lieu. La prairie fleurie du jardin de Paradis ne se veut pas seulement un parfait exemple de la cohabitation harmonieuse d'une diversité de plantes, elle symbolise aussi le lieu de la « bonne » nature. La Vierge s'y attarde avec l'Enfant Jésus, entourée de saints et d'anges, tous protégés par une végétation luxuriante et bien ordonnée. La beauté de la nature se présente comme expérience exemplaire de ce qu'est une belle et bonne vie, un moment de satisfaction exemplaire. Cela transparaît dans l'éclosion simultanée des fleurs de printemps comme la nivéole de printemps, le muguet ou la violette à côté de la pivoine, et des fleurs d'automne comme l'aster ou le chrysanthème : ici, le temps est abrogé. Dans l'art, les jardins d'Éden figurent sur des images de dévotion (Andachtsbild) ou des parties d'autels. En dépeignant la promesse du salut, ils doivent pousser les fidèles à la contemplation intérieure et les toucher jusqu'aux tréfonds de leurs corps et de leurs âmes.

Le toucher comme apprentissage corporel

La prolongation de cette idée du jardin comme reproduction d'une nature fondamentalement bonne et salutaire se retrouve dans de nombreuses œuvres contemporaines. Dans le clip vidéo *Nature Exercises* (2016), Marina Abramović, artiste mondialement connue, se montre en immersion silencieuse dans la nature (fig. 5). Délicatement, elle frôle les branches chargées de fleurs d'un arbre fruitier ou, dans un geste protecteur, entoure de ses mains un brin d'herbe qui oscille au vent. Elle jette ensuite une pierre

Der umgebende Zaun im berühmten *Paradiesgärtlein* (1410/1420) des Oberrheinischen Meisters indes zeigt die generelle Unvereinbarkeit beider Räume an (Abb. 4). Die beiden Bäume innerhalb und außerhalb des Gartens stellen entsprechend der gängigen Deutungen die beiden Räume Paradies und Welt dar, oder anders ausgedrückt: Sie stehen für Utopie und Wirklichkeit, Nicht-Ort und Ort. Die Blumenwiese des Paradiesgartens gilt nicht nur als Paradebeispiel des harmonischen Miteinanders einer Vielfalt von Pflanzen, sondern symbolisiert den Ort der guten Natur. Hier verweilt die Muttergottes mit dem Jesuskind, umgeben von Heiligen und Engeln, allesamt geborgen in einer üppigen, aber wohlgeordneten Vegetation. Das Naturschöne stellt sich als exemplarische Erfahrung der Form guten Lebens und als herausragender Modus einer erfüllten Zeit dar. Diese manifestiert sich im gleichzeitigen Blühen von Frühlingsblumen wie Märzbecher, Maiglöckchen oder Veilchen neben Pfingstrosen und Herbstblumen wie Astern und Chrysanthemen: Die Zeit ist außer Kraft gesetzt. Die Paradiesgärten der Kunst sind Andachtsbilder oder Teile von Altären, deren Heilsversprechen an der inneren Anschauung der Gläubigen rühren und diese in ihrer leiblich-seelischen Verfasstheit berühren sollte.

5 Marina Abramović, *Nature Exercises*, 2016, Regie: Noah Blumenson-Cook, © Marina Abramović Institute/ VG Bild-Kunst, 2024

5 Marina Abramović, *Nature Exercises*, 2016, réalisation : Noah Blumenson-Cook, © Marina Abramović Institute/ VG Bild-Kunst, 2024

dans l'eau et s'abime dans la contemplation des cercles ainsi formés à la surface ou s'allonge dans l'herbe verte. Dans le réenregistrement, l'artiste commente ses exercices avec la nature : « Il est si difficile de parvenir à cet état d'esprit en ville. Il y a trop d'agitation. Mais lorsqu'on est dans la nature, quelque chose vient à nous. On *est*, tout simplement, pendant longtemps, très longtemps. Dans l'acte de présence, le temps n'existe pas, la présence n'a pas de manière de mesurer le temps ». Cette performance pourrait être qualifiée de bio-romantique ou de séance de bien-être pour le corps et l'esprit, ce qui provoquerait une certaine résistance de la part du public. Si l'on prend toutefois en compte les quelque quatre décennies d'art performatif de l'artiste, c'est précisément cette irritation initiale qui devient le moteur productif de la contemplation artistique. Ce fut également le cas lors de la Biennale de Venise en 1997 : l'artiste, vêtue d'une robe pleine de sang, était assise sur une pile d'os de bœufs et chantait des chants funèbres tout en nettoyant les os de leur sang et des restes de viande en décomposition (fig. 6). La performance *Balkan Baroque* se voulait une réflexion sur l'enfer de la violence et de la guerre dans sa Yougoslavie natale. L'approche théâtrale de Marina Abramović peut être

6 Marina Abramović, *Balkan Baroque*, 1997, Performance bei der Biennale Venedig, © Marina Abramović Institute/ VG Bild-Kunst, 2024

6 Marina Abramović, *Balkan Baroque*, 1997, performance à la Biennale de Venise, © Marina Abramović Institute/ VG Bild-Kunst, 2024

Berührung als Einübung

Ein Nachleben dieser Idee des Gartens als Figuration einer guten und heilsamen Natur findet sich in zahlreichen Werken der Gegenwartskunst. In dem Filmclip *Nature Exercises* (2016) präsentiert sich die international bekannte Künstlerin Marina Abramović in stiller Naturversenkung (Abb. 5). Behutsam berührt sie die üppig blühenden Äste eines Obstbaumes oder legt schützend ihre Hände über einen Grashalm, der sich im Wind wiegt, sie wirft einen Stein ins Wasser und schaut sinnend den Kreisbewegungen des Wassers zu oder legt sich still in das grüne Gras. Im Overdub kommentiert die Künstlerin ihre Natureinübungen: »It's so difficult to achieve this kind of state of mind in the city, it's so busy. But when you are in nature something comes to you, you just be for a long, long time. In the presence time does not exist, presence does not have a way to measure time.« Bio-Romantik und Soul-and-Body-Wellness könnten dieser Performance attestiert werden und entsprechende Widerstände beim Kunstpublikum auslösen. Bezieht man jedoch die mehr als vier Jahrzehnte umfassende Performance-Praxis der Künstlerin in die Erwägungen mit ein, so wird genau diese Irritation zum produktiven Antrieb der Kunstbetrachtung. Irritation war auch 1997 auf der Biennale in Venedig das bestimmende Moment, als die Künstlerin in einem blutgetränkten weißen Gewand auf einem Haufen Rinderknochen saß, Totenlieder sang und damit beschäftigt war, die Knochen von verwesenden Fleischresten und Blut zu reinigen (Abb. 6). Ihre Performance *Balkan Baroque* sollte ein Statement gegen die Hölle von Gewalt und Krieg in ihrer damals noch jugoslawischen Heimat sein. Das theatrale Verfahren von Abramović lässt sich auf das Thema der Einübung des Körpers in das Hier und Jetzt verdichten. Mit der Trias von Kunst, Natur und Einübung zielen die performativen Naturexerzitien auf eine Potenzierung der Konzentration. Das Prozessuale, Vorgänge der Transformation und die Aufhebung einer linearen Zeit stehen dabei im Vordergrund der künstlerischen Praxis.

Ein Überdenken von Wahrnehmungskonventionen scheint auch in Tamás Waliczkys Computer-Animation *The Garden* aus dem Jahr 1992 auf (Abb. 7). Im Setting eines Gartens ruft Waliczky den Topos der Kindheit auf, zu der es aus Sicht eines Erwachsenen kein Zurück gibt. Waliczky zeigt die spezifische Weltwahrnehmung eines kleinen Kindes, das die Wiese erkundet, an Blumen riecht, einen Baumstamm umarmt, die Leiter einer Rutschbahn

rapprochée du thème de l'exercice du corps dans l'ici et le maintenant. En associant l'art, la nature et l'apprentissage, ces approches performatives de la nature ont pour objectif d'amplifier la concentration. La démarche, les processus de transformation et l'abolition d'un temps linéaire sont ici au premier plan de la pratique artistique.

Le film d'animation *The Garden,* de Tamás Waliczky, réalisé en 1992, semble lui aussi proposer un réexamen des conventions de perception (fig. 7). En plantant le décor dans un jardin, l'artiste évoque le topos de l'enfance, vers laquelle, du point de vue de l'adulte, tout retour est impossible. Tamás Waliczky montre la perception du monde de l'enfant, qui explore cette prairie, renifle les fleurs, enlace le tronc d'un arbre, grimpe sur l'échelle d'un toboggan et s'élance ainsi dans l'exploration de son environnement. L'horizon est incurvé et la tête de l'enfant figure dans le tiers supérieur de l'image tout au long de la vidéo, suivant ainsi son regard sur le monde sphérique. Ce décor à l'horizon courbe suggère un univers clos, mais le jardin n'est jamais révélé dans son intégralité. Le concept de la perspective linéaire, principe déterminant de l'art depuis la Renaissance, cède la place à un système de « perspective de la goutte d'eau ». Ce dernier ne ramène pas l'espace à l'essentiel, mais l'ouvre plutôt de tous les côtés et le circonscrit simultanément comme une sphère[8]. L'appropria-

7 Tamás Waliczky, *The Garden: 21st Century Amateur Film,* 1992, Filmstill, © Zentrum für Kunst und Medien Karlsruhe

7 Tamás Waliczky, *The Garden: 21st Century Amateur Film,* 1992, Filmstill, © Centre d'art et de technologie des médias de Karlsruhe

8 Gerda Steiner & Jörg Lenzlinger,
Giardino Calante (Fallender Garten),
Biennale Venedig 2003,
© Steiner & Lenzlinger

8 Gerda Steiner et
Jörg Lenzlinger, *Giardino Calante*
(Jardin tombant),
Biennale de Venise 2003,
© Steiner & Lenzlinger

Die Kunst der Gegenwart hat eine Reihe von Positionen hervorgebracht, die diesen frühen Versuch einer technisch erzeugten Auflösung von Wahrnehmungskonstanten weiterführen. Betrachtet man Kunst für gewöhnlich in einer aufrechten Haltung, so können Gärten in der Kunst auch liegend erkundet werden

erklimmt, um sodann die Talfahrt anzutreten. Der Horizont ist gekrümmt und der Kopf des Kindes befindet sich während der gesamten Animation im oberen Bilddrittel, um seine Sicht auf die kugelförmige Welt zu suggerieren. Das Setting mit dem gekrümmten Horizont lässt ein geschlossenes Universum vermuten, und dennoch wird nie der komplette Garten gezeigt. Das Konzept der linearen Perspektive, das die bestimmende Struktur der Kunst seit der Renaissance ist, weicht einem System, der »Wassertropfenperspektive«. Diese bringt den Raum nicht auf den Punkt, sondern öffnet ihn nach allen Seiten und umschließt ihn zugleich als Kugel.[8] Die Raumaneignung des Kindes geschieht dabei augenblicklich, instantan. In der Unmittelbarkeit und Unvorhersehbarkeit, wie das Kind den Garten erkundet, gibt es keine Unterscheidung zwischen dem Gesehenen und Berührten, zwischen dem Nahen und dem Fernen. Der Garten geht gleichsam durch den Körper des Kindes hindurch, alles ist mit dem kleinen Körper vernetzt. Diese Vernetzung betrifft auch das hinter der Animation Liegende, nämlich den Gesamtzusammenhang komplexer Rechenoperationen in Form von Algorithmen, die das Bild erst zum Leben erwecken (lat. *animare*: ›Leben einhauchen‹). Der Körper wird zu einer Übertragungsfigur der Versenkung in die Natur. Es ist nicht der Garten selbst, sondern die Kunst, durch die sich in einem Akt der Einfühlung eine Form des Erlebens von Natur einüben lässt.

Immersion und Illusion

Die Kunst der Gegenwart hat eine Reihe von Positionen hervorgebracht, die diesen frühen Versuch einer technisch erzeugten Auflösung von Wahrnehmungskonstanten weiterführen. Betrachtet man Kunst für gewöhnlich in einer aufrechten Haltung, so können Gärten in der Kunst auch liegend erkundet werden. Der *Giardino Calante (Fallender Garten)* von Gerda Steiner und Jörg Lenzlinger kann nicht mit Füßen betreten werden, weil er von oben herabfällt (Abb. 8). Die fragilen Raumbilder des Künstlerduos aus der Schweiz sind sorgfältig austariert. Sie bestehen aus verblüffenden Kombinationen zivilisatorischer Aussonderungen und natürlicher Fundstücke und wirken dabei labyrinthisch und unkontrollierbar. Zum Programm der

tion de l'espace par l'enfant se fait ainsi en un clin d'œil, instantanément. Dans l'immédiateté et l'imprévisibilité de la façon dont l'enfant parcourt le jardin, il n'y a pas de distinction entre ce qui est vu et ce qui est touché, entre le proche et le lointain. Le jardin passe pour ainsi dire à travers le corps de l'enfant, tout est relié au petit corps en mouvement. Cette interconnexion concerne aussi tout ce qui se trouve derrière l'animation, c'est-à-dire le contexte général des opérations de calcul complexes qui, sous forme d'algorithmes, ont permis de donner vie à l'image (du lat. *animare* : « insuffler la vie »). Le corps devient une figure de transfert de l'immersion dans la nature. Ce n'est pas le jardin en lui-même, mais l'art qui permet de s'exercer à une forme d'expérience de la nature dans un acte d'empathie.

L'art contemporain a produit une série de prises de positions qui reprennent cette première tentative de dissolution – par le biais de la technique – des conventions et acquis de la perception. Si l'on observe habituellement l'art en position debout, les jardins dans l'art peuvent parfois être admirés à l'horizontale

Immersion et illusion

L'art contemporain a produit une série de prises de positions qui reprennent cette première tentative de dissolution – par le biais de la technique – des conventions et acquis de la perception. Si l'on observe habituellement l'art en position debout, les jardins dans l'art peuvent parfois être admirés à l'horizontale. *Le Giardino Calante (Jardin tombant)* de Gerda Steiner et Jörg Lenzlinger ne peut être parcouru à pied, puisqu'il tombe pour ainsi dire du plafond (fig. 8). Les délicates installations du duo d'artistes suisse sont agencées et équilibrées avec grand soin. Elles sont composées d'alliances étonnantes de déchets de nos civilisations et de trouvailles naturelles, créant ainsi une impression labyrinthique et incontrôlable. L'expérience esthétique s'accompagne souvent de l'idée que les travaux peuvent et doivent être contemplés en position couchée. Ce n'est qu'en adoptant une posture détendue que l'on découvre des perspectives insoupçonnées et de nouvelles façons de voir. À la Biennale de Venise en 2003, le jardin tombant semblait ainsi ruisseler du plafond, tel un déluge de plantes. La coexistence pacifique entre l'ordre et le désordre, entre des formations foisonnantes et des formes délimitées, maintenait ce jardin dans un flottement gracieux[9].

ästhetischen Erfahrung gehört, dass die Arbeiten nicht selten im Liegen betrachtet werden können und sollen. Erst in einer entspannten Haltung eröffnen sich ungeahnte Blickachsen und neue Sichtweisen. Auf der Venedig-Biennale 2003 strömte der fallende Garten wie ein Pflanzenregen von der Decke herab durch den Raum. Die friedliche Koexistenz von Ordnung und Unordnung, von ausufernden Gebilden und begrenzender Form hält diesen Garten in der filigranen Schwebe.[9]

Die Installationen von Steiner und Lenzlinger lassen sich in die Nähe der sogenannten immersiven Environments rücken, die ebenfalls meist im Liegen zu einem berührenden Kunsterlebnis verhelfen wollen – berührend in dem Sinne, dass das Dargebotene wie in der Animation von Waliczky durch den Körper hindurchgehen soll. Immersiv beschreibt den Effekt, den virtuelle oder fiktionale Welten auf die Betrachterinnen und Betrachter haben, wenn diese in die dargebotene Szenerie eintreten: Sie identifizieren sich zunehmend mit der fiktiven Welt oder tauchen komplett in die Scheinwelt ein, während sich die Wahrnehmung der realen Welt vermindert. So erlebten über zwei Millionen Museumsgäste einen künstlich generierten Sonnenaufgang in der gigantischen Turbinenhalle der Tate Modern in London mit ihren Ausmaßen von 155 Metern Länge und 31 Metern Höhe. Für sein *Weather Project* (2003) entwickelte Olafur Eliasson eine riesige gelbe Sonnenscheibe, die die ansonsten unbeleuchtete Halle in eine wundersam anmutende Atmosphäre hüllte (Abb. 9).

In einem Begehren nach Kollektiverfahrung nahmen zahlreiche Besucherinnen und Besucher das quasi-kosmologische Ereignis körperlich auf und legten sich in Gruppen sternenförmig Kopf an Kopf aneinander, um das überwältigende Ereignis zu teilen. Mitunter für Stunden verharrten sie auf dem Betonboden der Turbinenhalle und ließen das von dem Künstler erschaffene Klima aus Licht, Nebelschwaden und einer gelegentlichen Brise auf sich wirken. Ikonografisch ließe sich dieses Werk an die romantische Erfahrung des Erhabenen anschließen. Diese Sonne jedoch ist kalt, und Olafur Eliasson versteht sich auch nicht als Illusionist. Er ist ein Wettermacher, der das grandiose Schauspiel des technisch generierten Sonnenaufgangs für alle durchschaubar macht: 4000 Quadratmeter Verspiegelung, 200 Monofrequenz-Lampen, Schläuche, Nebelpumpen und Stromkabel waren überall sichtbar. Die technische Herstellung der Sonne wurde dadurch bis ins Detail nachvollziehbar. In einem ständi-

9 Olafur Eliasson, *The Weather Project*, 2003, Tate Modern, London, Foto: Andrew Dunkley & Marcus Leith, Courtesy of the artist; neugerriemschneider, Berlin; Tanya Bonakdar Gallery, New York/Los Angeles, © Olafur Eliasson, 2003

9 Olafur Eliasson, *The Weather Project*, 2003, Tate Modern, Londres. Photo : Andrew Dunkley et Marcus Leith, avec l'aimable autorisation de l'artiste ; neugerriemschneider, Berlin ; Tanya Bonakdar Gallery, New York/ Los Angeles, © Olafur Eliasson, 2003

10 *teamLab, Symbiotic Lives in the Botanical Garden*, Ube Tokiwa Park, Japan, 2018,
© teamLab

10 *teamLab, Symbiotic Lives in the Botanical Garden*, Ube Tokiwa Park, Japon, 2018,
© teamLab

Les créations de Gerda Steiner et Jörg Lenzlinger peuvent être rapprochées des « environnements immersifs », qui tendent eux aussi vers une expérience artistique qui touche, généralement en position couchée – qui touche au sens où ce qui est présenté devrait, comme dans le film d'animation de Tamás Waliczky, traverser le corps. L'adjectif « immersif » décrit ici l'effet qu'ont les univers virtuels ou fictifs sur les observatrices et observateurs lorsqu'ils pénètrent dans les mises en scène proposées : ils s'identifient progressivement au monde fictif ou plongent entièrement dans le monde imaginaire, tandis que leur perception du monde réel s'estompe. Ainsi, plus de deux millions de visiteuses et visiteurs de la Tate Modern de Londres ont admiré un lever de soleil artificiel dans l'immense salle des machines, célèbre pour ses dimensions imposantes de 155 mètres de long et 31 mètres de haut. Pour son *Weather Project* (2003), Olafur Eliasson a conçu un gigantesque disque solaire jaune, dont la lumière plongeait la salle autrement obscure dans une étrange atmosphère enchanteresse (fig. 9).

Aspirant à une expérience collective, d'innombrables personnes vinrent ressentir avec leurs corps cet événement quasi cosmologique, en s'allongeant en forme d'étoiles, leurs têtes les unes contre les autres, pour partager ce moment extraordinaire. Certaines passèrent des heures à même le sol en béton de la salle des machines, se laissant entièrement happer par le climat créé par l'artiste avec des lumières, des nappes de brouillard et une brise occasionnelle. En termes d'iconographie, cette œuvre pourrait être ramenée à l'expérience romantique du sublime. Mais ce soleil ne dégage pas de chaleur et Olafur Eliasson ne se perçoit pas non plus comme un illusionniste. Il est un « faiseur de temps ». Il présente avec transparence le spectacle grandiose d'un lever de soleil généré par la technique : les 4 000 mètres carrés de miroirs, les 200 lampes à monofréquence, les tuyaux, les pompes à brouillard et les câbles électriques sont visibles. La production technique du soleil peut être retracée en détail. Dans un changement de perspective permanent, les visiteuses et visiteurs observent et participent, oscillent entre l'admiration et la contemplation objective, entre l'expérience et la compréhension. Ce soleil d'origine humaine n'est pas un simulacre au sens d'une apparence trompeuse, mais l'imitation d'un objet qui révèle ouvertement les conditions de sa propre existence. Pourtant, cela n'entame aucunement la puissance de son effet, comme c'est le cas pour le vrai soleil qui, en dépit de la fiabilité absolue de son

gen Perspektivwechsel konnten die Besucherinnen und Besucher teilnehmend beobachten und zwischen Verzauberung und nüchterner Betrachtung, zwischen Erleben und Verstehen hin- und herschwingen. Die menschengemachte Sonne ist nicht ein Simulakrum im Sinne eines trügerischen Scheins, sondern ein imitiertes Objekt, das die Regeln der eigenen Sichtbarkeit offen zutage treten lässt. Und dennoch bleibt sie in ihrer ergreifenden Wirkung unangetastet, wie eben die wirkliche Sonne, die mit ihrer hundertprozentigen Verlässlichkeit des morgendlichen Aufgangs und abendlichen Untergangs auch noch den Menschen einer hochtechnisierten und säkularisierten Moderne fasziniert – und dies, obwohl unsere Wahrnehmungsübung genau genommen eine Wahrnehmungstrübung ist. Seit der kopernikanischen Wende begleitet uns nämlich das Wissen, dass die Sonne nicht auf- und untergeht, sondern sich die Erde lediglich um die Sonne dreht.

Der Diskurs der Überbietung der Natur durch die Kunst ist Teil einer Illusionsmaschine, die die Malerei seit der Antike begleitet

Die Machbarkeit von Natur oder genauer die Machbarkeit eines technisch generierten Naturerlebens kann sich hier als eine Überbietungsgeste darstellen. Der Diskurs der Überbietung der Natur durch die Kunst ist Teil einer Illusionsmaschine, die die Malerei seit der Antike begleitet. Zu anekdotischer Berühmtheit gelangte der Wettstreit des Zeuxis mit seinem Konkurrenten Parrhasios, der zugleich ein Wettstreit zwischen Kunst und Natur ist. Die an den gemalten Trauben pickenden Vögel sind zum Sinnbild der Kunst als Trugbild der Wirklichkeit geworden.

Als Überbietung versteht sich die Kunst auch dann, wenn spektakuläre Metamorphosen entstehen, die es in Wirklichkeit gar nicht geben kann. Das international zusammengesetzte Kollektiv *teamLab*, bestehend aus über 500 Personen aus den Bereichen Kunst, Programmierung, Mathematik, Architektur und Design, verortet sich selbst in der Sparte der »Ultratechnologie« und realisiert weltweit spektakuläre immersive Installationen. Im Ube Tokiwa Park in Japan präsentierte teamLab in einer Verquickung des Virtuellen mit der realen Gartenlandschaft die Installation *Symbiotic Lives* (2018, Abb. 10). In unendlichen Metamorphosen gingen Tiere aus Blüten hervor und lösten sich bei Berührung in einem bunten Meer aus Blütenblättern auf. Es handelte sich weder um eine vorab aufgezeichnete Animation noch um einen Endlos-Loop. Die Bilder wurden in Echtzeit von einem Computerprogramm generiert. Die Interak-

lever le matin et de son coucher le soir, continue de fasciner l'être humain d'une société moderne devenue aussi hautement technologique que sécularisée – et ce, bien que notre apprentissage de la perception relève plutôt d'une perturbation de la perception. Depuis la révolution copernicienne, nous savons en effet que ce n'est pas le soleil qui se lève et qui se couche, mais que c'est la terre qui tourne autour du soleil.

La faisabilité de la nature, ou plutôt la faisabilité d'une expérience de la nature engendrée par la technique, peut ici être interprétée comme un geste de transgression. Le discours du surpassement de la nature au moyen de l'art fait partie de la machine à illusions qui accompagne la peinture depuis l'Antiquité. Ainsi, la concurrence entre Zeuxis et son rival Parrhasios a donné naissance à une anecdote depuis entrée dans l'Histoire et qui illustre la concurrence entre l'art et la nature. Les oiseaux qui tentèrent de picorer les raisins du tableau de Zeuxis devinrent le symbole de l'art comme illusion.

Le discours du surpassement de la nature au moyen de l'art fait partie de la machine à illusions qui accompagne la peinture depuis l'Antiquité

L'art s'entend aussi comme transgression ou surpassement lorsqu'il donne lieu à des métamorphoses spectaculaires qui sont absolument impossibles dans la réalité. Le collectif international *teamLab*, composé de plus de 500 personnes issues des domaines de l'art, de la programmation, des mathématiques, de l'architecture et du design, se classe lui-même dans le segment de « l'ultra-technologie » et produit des installations immersives sensationnelles dans le monde entier. Dans l'Ube Tokiwa Park, au Japon, le teamLab a présenté son installation *Symbiotic Lives*, véritable alliance entre le virtuel et le paysage existant du jardin (2018, fig. 10). Des métamorphoses infinies voyaient des animaux jaillir des fleurs et se dissoudre ensuite au contact les uns des autres dans une mer de pétales colorés. Il ne s'agissait ici ni d'une animation enregistrée au préalable, ni d'une boucle infinie : les images étaient créées en temps réel par un logiciel informatique. L'interaction entre les visiteuses et visiteurs flânant dans le jardin et la nature numérique projetée entraînait une évolution continue de l'œuvre, dont les représentations visuelles antérieures ne pouvaient être reproduites. Chaque métamorphose était unique. Cette rencontre éphémère entre être humain, plante et animal se présente comme une symbiose où le corps humain devient lui-même une surface de projection. Cette symbiose touche à la fois le lieu du jardin réel avec

tion der flanierenden Garten-Besucherinnen und -Besucher mit der projizierten digitalen Natur führte zu einer kontinuierlichen Veränderung des Kunstwerks, dessen frühere visuelle Zustände nicht reproduziert werden konnten. Jegliche Metamorphose war einmalig. Auf der Bildebene präsentiert sich dieses temporäre Zusammensein von Mensch, Pflanze und Tier als Symbiose, indem der menschliche Körper selbst zur Projektionsfläche wird. Symbiotisch fügen sich aber auch der Ort des realen Gartens mit seinen realen Pflanzen und der Nicht-Ort des Digitalen, sie leben ganz im Wortsinne zusammen.

Berührung durch Sensoren

Wenn sich Gärten als Experimente zwischen Natur und Kultur begreifen lassen, so verschiebt gerade die zeitgenössische Kunst die konventionellen Grenzziehungen von Natur und Kultur. *Data is nature* tituliert ein Weblog des Künstlers und Akustik-Performers Paul Prudence, der seit rund 15 Jahren die Zusammenhänge zwischen natürlichen Prozessen, Computersystemen und prozeduralen Kunstpraktiken untersucht. Auf der Platt-

11 Miguel Chevalier, *Ultra-Nature*, 2005, Installationsansicht Daejeon Metropolitan Museum of Art, Daejeon (Korea), © Miguel Chevalier/ VG Bild-Kunst, 2024

11 Miguel Chevalier, *Ultra-Nature*, 2005, vue de l'installation au Daejeon Metropolitan Museum of Art, Daejeon (Corée), © Miguel Chevalier/ VG Bild-Kunst, 2024

ses plantes réelles et le non-lieu du numérique, les deux vivant littéralement ensemble.

Le toucher au moyen de capteurs

Si l'on comprend les jardins comme des expériences entre nature et culture, alors l'art contemporain déplace actuellement les délimitations conventionnelles entre nature et culture. *Data is nature* est le titre donné au weblog de l'artiste et créateur de performances acoustiques Paul Prudence, qui explore depuis une quinzaine d'années les relations entre les processus naturels, les systèmes informatiques et les pratiques artistiques processuelles. Cette plateforme présente de nombreuses démarches artistiques, dans lesquelles il est moins question de l'appropriation iconographique du jardin et de la nature que de la traduction des processus végétatifs dans l'art[10].

Installé à Paris, l'artiste Miguel Chevalier fait figure de pionnier de l'art numérique et se perçoit comme « botaniste du XXIe siècle ». Son art de la nature éclot à partir de « graines numériques », qui produisent un foisonnement de fleurs fractales et de parterres de fleurs (fig. 11). Miguel Chevalier ne considère pas son art comme en rupture avec celui des XIXe et XXe siècles, mais comme le prolongement logique du processus de la fragmentation introduit en peinture par Paul Cézanne dans les années 1880, de la question de la lumière chez Claude Monet comme anticipation du virtuel, ou encore des compositions des pointillistes, annonciatrices des pixels de l'image numérique. Le potentiel sans fin des opérations de calculs engendre une immense diversité de formes, une sorte d'infini paradisiaque de croissance et d'éclosion. Les visiteuses et visiteurs participent activement au paradis numérique de Miguel Chevalier, en intervenant sur l'évolution de la pousse et le code morphogénétique. Un capteur invisible au public sert ainsi à déclencher le développement d'une plante. Dans la perspective de l'ère de l'anthropocène et de la menace d'épuisement de la diversité des formes, les opérations arithmétiques de M. Chevalier ont une connotation mélancolique. Si l'on adopte toutefois la perspective de Paul Prudence, qui considère les données comme des éléments naturels, alors seule compte une diversité de la nature pérennisée par un algorithme.

form werden zahlreiche künstlerische Positionen vorgestellt, in denen es weniger um ikonografische Aneignungen des Gartens und der Natur geht, sondern vielmehr um die Übersetzung vegetativer Prozesse in die Kunst.[10]

Der in Paris ansässige Künstler Miguel Chevalier, der als Pionier der digitalen Kunst gilt, versteht sich als »Botaniker des 21. Jahrhunderts«. Seine Naturkunst entsteht aus »virtuellen Samenkörnern«, die fraktale Pflanzen und ganze Blumenteppiche wuchern lassen (Abb. 11). Chevalier begreift seine Kunst nicht als Bruch mit der Kunst des 19. und 20. Jahrhunderts, sondern als deren logische Weiterführung: des Prozesses der Fragmentierung, die Paul Cézanne in den 1880er-Jahren in die Malerei eingeführt hat, der Auseinandersetzung mit Licht durch Claude Monet als Vorgriff des Virtuellen, der Kompositionen der Pointillisten, die die Pixel des digitalen Bildes antizipiert haben. Die potentiell unbegrenzten Rechenoperationen bringen eine unmessbare Formenvielfalt hervor, ja eine paradiesische Unendlichkeit des Wachsens und Gedeihens. Die Besucherinnen und Besucher partizipieren an Chevaliers digitalem Paradies, indem sie verändernd in das Wachstum und den morphogenetischen Kodex eingreifen. Als wachstumsauslösendes Moment dient ein Sensor, der für das Publikum unsichtbar installiert ist. Mit Blick auf das Zeitalter des Anthropozäns und die durch Erschöpfung bedrohte Formenvielfalt erhalten die Rechenoperationen von Chevalier einen melancholischen Zug. Nimmt man jedoch die Perspektive von Paul Prudence ein, der Daten als Natur begreift, dann zählt lediglich eine Vielfalt der Natur, die algorithmisch auf Dauer gestellt wurde.

Eine Kombination aus taktiler Berührung und sensorbasierter Übertragung bringen Christa Sommerer und Laurent Mignonneau zum Einsatz und setzen ebenfalls auf Partizipation. In *Interactive Plant Growing* (1992) verschalten sie natürliche und artifizielle computergesteuerte Prozesse, indem die partizipative Berührung echter Pflanzen bildgenerierende Impulse auslöst (Abb. 12). Die entstehenden Bildprozesse dieses Klassikers der generativen und interaktiven Kunst sind nicht statisch, vorprogrammiert oder vorhersehbar, sondern werden in der Interaktion von Benutzerin oder Benutzer und System selbst zu ›lebenden‹ Prozessen. Gelegentlich stößt man im Zusammenhang mit interaktiven Installationen dieser Art auf den Begriff der »Biofakte«, den die Philosophin und Biologin Nicole Karafyllis für die Kategorie der technischen Bearbeitung des Lebenden

Christa Sommerer et Laurent Mignonneau combinent quant à eux le toucher tactile et la transmission par le biais de capteurs, en misant sur la participation. Dans l'installation *Interactive Plant Growing* (1992), ils associent des processus naturels et artificiels commandés par ordinateur, dans lesquels le contact participatif avec des plantes réelles déclenche le développement d'images de synthèse (fig. 12). Les processus visuels créés par ce procédé classique de l'art génératif et interactif ne sont ni statiques ni préprogrammés ni prévisibles : ils deviennent eux-mêmes des processus « vivants » grâce à l'interaction entre une personne agissante et le système. Il arrive occasionnellement que l'on tombe sur le concept de « biofact » lorsqu'on étudie les installations interactives de ce type. Cette notion a été introduit par la philosophe et biologiste Nicole C. Karafyllis, pour saisir le traitement technique du vivant dans le discours philosophique. Si ce terme se révèle explosif au niveau social et politique, surtout dans le contexte des modifications de la nature produites par le génie génétique et le clonage, il met aussi en jeu la distinction aristotélicienne entre le naturel et l'artificiel, entre le biologique et l'artéfact. Le biofact étant une entité semi-vivante, la nature est alors examinée en sa qualité « autre », « contraire », car elle est certes encore nature, mais une nature qui est reliée à la technique et qui a été créée par un « organe constructeur, qui conçoit et détermine l'objectif »[11].

12 Christa Sommerer und Laurent Mignonneau, *Interactive Plant Growing*, 1992, Installationsansicht Beall Center for Art + Technology, Kalifornien, 2019, © Sommerer & Mignonneau

12 Christa Sommerer et Laurent Mignonneau, *Interactive Plant Growing*, 1992, vue de l'installation au Beall Center for Art + Technology, Californie, 2019, © Sommerer & Mignonneau

in den philosophischen Diskurs eingeführt hat. Auch wenn dieser Terminus seine gesellschaftspolitische Brisanz vor allem mit Blick auf die Zurichtungen der Natur durch Gen- und Klontechnik entfaltet, so steht mit diesem Begriff auch die aristotelische Unterscheidung zwischen Natürlichkeit und Künstlichkeit, zwischen dem Biologischen und dem Artefaktischen zur Disposition. Mit dem Biofakt als das Semiartifizielle steht Natur als »das Andere«, als »das Gegenüber« auf dem Prüfstand, denn es ist zwar noch Natur, jedoch eine Natur, die mit Technik verschaltet ist und durch einen »zielsetzenden, planenden Konstrukteur« hervorgebracht wird.[11]

13 Scenocosme: Grégory Lasserre und Anais met den Ancxt, *Acousmaflore*, seit 2007, © Scenocosme

13 Scenocosme : Grégory Lasserre et Anais met den Ancxt, *Acousmaflore*, depuis 2007, © Scenocosme

Eine weitere Wendung gibt das Pariser Künstlerduo Scenocosme diesem Spiel mit dem Taktilen und der Zwischenschaltung von Interfaces. Pflanzen sind für gewöhnlich stumm und umgeben uns still und leise. In ihren Hybriden zwischen Gewächsen und digitaler Technologie stellt *Scenocos-*

Le couple d'artistes plasticiens Scenocosme donne encore une nouvelle tournure à ce jeu entre le tactile et l'interposition d'interfaces. On considère généralement que les plantes sont muettes et nous entourent en silence. Dans ses créations hybrides entre végétation et technologie numérique, Scenocosme établit toutefois une relation entre le contact, les plantes et les sons (fig. 13). Grâce à des amplificateurs haute fréquence, les flux des plantes se transforment en sons qui évoluent au gré du toucher. Chaque plante répond ainsi différemment à l'intensité du contact en produisant un son particulier. Parfois, la proximité corporelle avec les plantes suffit déjà à produire un fond sonore par l'énergie électrostatique. Ce qui était invisible devient soudain audible et prouve en somme que les plantes sont des capteurs naturels et qu'elles réagissent de manière sensible à divers flux énergétiques. Elles ne sont en aucun cas des êtres vivants passifs, dont la seule fin serait de servir de décor. La recherche en sciences culturelles des Critical Plant Studies, contribue à réévaluer le végétal en examinant les attitudes humaines vis-à-vis des plantes d'un point de vue éthique et en appelant à un changement culturel pour passer d'une utilisation instrumentale à une utilisation respectueuse des plantes. Il ne s'agit pas d'envisager le « vert » comme le représentant de tout ce que l'être humain considère relever de la nature. Le sociologue et philosophe français Bruno Latour rejette ainsi l'idée de « choses vertes » et remplace le terme de nature par celui de Nat/Cul, ou, par écrit, « nature/ culture »[12]. Dans la même veine, la philosophe et biologiste américaine Donna Haraway propose le concept de « Naturecultures », afin de souligner symboliquement qu'il faut inclure les jardiniers dans l'idée des jardin.

L'histoire de la perte du jardin

Toucher et saisir d'émotion, toucher et saisir par l'esprit, voilà l'effet des jardins et de leurs traces dans l'art. Mais ce lieu clôturé de la bonne nature est-il vraiment fiable ? Ne pourrait-il pas renfermer en lui-même les germes des rejets dont il cherche à se protéger ? Revenons une dernière fois au tableau du *Jardin de Paradis*, dont la scène sur la prairie fleurie semble si harmonieuse et paisible. En y regardant de plus près, on découvre, se fondant presque dans la verdure, le dragon tué par saint Georges, symbole de la victoire du Bien sur le Mal. Un petit démon est assis aux pieds de l'archange Michel, le fixant la mine furieuse et tout fringuant. Quant à la

me eine Beziehung zwischen Berührung, Pflanzen und Klang her (Abb. 13). Mit Hochfrequenzverstärkern werden Pflanzenströme in Töne verwandelt, die sich durch Berührungen verändern. Jede Pflanze reagiert anders auf die Intensität der Berührung, indem sie einen bestimmten Klang erzeugt. Bisweilen reicht allein die körperliche Nähe zu den Gewächsen, um einen Klangteppich durch die elektrostatische Aufladung zu erzeugen. Hier wird hörbar, was unsichtbar ist, der Befund nämlich, dass Pflanzen natürliche Sensoren sind und empfindlich auf verschiedene Energieflüsse reagieren. Sie sind keineswegs passive Mitwesen, die lediglich der Staffage und Dekoration dienen. Die Critical Plant Studies tragen aktuell zu einer Neubewertung des Vegetabilen bei, indem sie die menschlichen Haltungen zur Pflanze aus einer ethischen Perspektive untersuchen und einen kulturellen Wandel von einem instrumentellen zu einem respektvollen Umgang mit Pflanzen fordern. Dabei geht es nicht darum, das »Grüne« als Stellvertreter aufzufassen für alles, was Menschen als Natur gelten lassen. Der französische Soziologe und Philosoph Bruno Latour wendet sich gegen jegliche Form von »choses vertes« und ersetzt den Begriff Natur durch »Nat/Cul«, einen Synkretismus von »nature« und »culture«.[12] Entsprechend schlägt die amerikanische Wissenschaftsphilosophin Donna Harraway den Begriff »Natureculture« vor, um deutlich zu machen, dass es darum gehen muss, alle Bewohnerinnen und Bewohner des Gartens, einschließlich des Menschen, mit einzubeziehen.

Zur Verlustgeschichte des Gartens

Berühren und Ergreifen, Berühren und Begreifen, darauf zielen die Gärten und ihre Spuren in der Kunst. Doch wie zuverlässig ist der eingezäunte Ort der guten Natur? Könnten in ihm nicht jene Zurückweisungen mit angelegt sein, vor denen er sich verschließt? Werfen wir abschließend nochmals einen Blick auf das komplexe Bild des *Paradiesgärtleins*, dessen Szenerie auf der Blumenwiese harmonisch und friedlich wirkt. Erst auf den zweiten Blick entdeckt man, fast im Grün verschwindend, den toten Drachen des heiligen Georg als Symbol des Sieges über das Böse. Ein kleines Teufelchen hockt grimmig, aber putzmunter zu Füßen des Erzengels Michael. Und auch die Blumenwiese ist nicht einfach nur der Inbegriff eines ungetrübten Glücks. Die einzelnen Blumen symbolisieren die Tugenden der Maria, und in dieser Funktion sind sie oft doppeldeutig. Die Erdbeeren im

prairie fleurie, elle est loin d'incarner le bonheur parfait. Les différentes fleurs symbolisent les vertus de Marie, mais elles ont souvent une fonction ambiguë. Les fraises qui se trouvent derrière le démon renvoient à la maternité sacrée, elles fleurissent et portent simultanément des fruits. Si la feuille à trois lobes du fraisier évoque la Trinité, le fruit rouge fait lui allusion au sang versé par le Christ. L'ancolie incarne certes l'humilité et la modestie, mais elle renvoie aussi aux sept douleurs de la Vierge. La pâquerette est un symbole de pureté, mais également des larmes versées par la Mère de Dieu lors de la fuite en Égypte. Le jardin de Paradis renferme l'histoire de sa perte[13].

Cette ambivalence du jardin est l'objet de la réflexion de Robert Smithson, artiste pionnier du land art, pour qui la division entre civilisation et nature n'existe pas et qui n'aspire donc pas à leur réconciliation. Dans ses *Collected Writings*, il décrit ainsi la double nature du jardin : « Les traces des souvenirs de jardins paisibles comme ‹ nature idéale › – de fades Édens suggérant une idée de ‹ qualité › banale – persistent dans des magazines

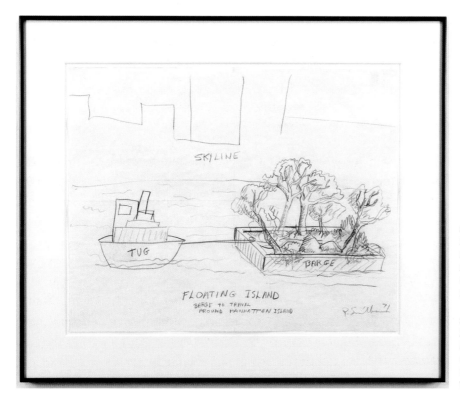

14 Robert Smithson, *Floating Island – Barge to Travel around Manhattan Island*, 1971, Zeichnung, © James Cohan Gallery/Estate of Robert Smithson/VG Bild-Kunst, 2024

14 Robert Smithson, *Floating Island – Barge to Travel around Manhattan Island*, 1971, dessin, © James Cohan Gallery/ Estate of Robert Smithson/ VG Bild-Kunst, 2024

Rücken des Teufelchens weisen auf die heilige Mutterschaft, sie blühen und sie tragen zugleich Früchte. Während das dreigezackte Erdbeerblatt ein Trinitätssymbol ist, verweist die rote Frucht auf das vergossene Blut Christi. Die Akelei steht für Demut und Bescheidenheit und zugleich für die sieben Schmerzen der Maria, das Gänseblümchen ist Symbol der Reinheit wie auch der Tränen, die die Muttergottes auf der Flucht nach Ägypten vergossen hat. In den Paradiesgarten selbst ist seine Verlustgeschichte eingeschrieben.[13]

Diese Ambivalenz des Gartens ist Gegenstand der Auseinandersetzung des Land-Art-Künstlers Robert Smithson, der keine Versöhnung zwischen Zivilisation und Natur anstrebt, weil eine solche Spaltung für ihn nicht existiert. In seinen *Collected Writings* beschreibt er die Doppelnatur des Gartens: »Memory traces of tranquil gardens as ›ideal nature‹ – jejune Edens that suggest an idea of banal ›quality‹ – persist in popular magazi-

15 Robert Smithson, *Floating Island – Barge to travel around Manhattan Island*, 2005, realisiert von Whitney Museum und Minetta Brook, © Estate of Robert Smithson, VG Bild-Kunst, 2024

15 Robert Smithson, *Floating Island – Barge to travel around Manhattan Island*, 2005, réalisé par le Whitney Museum et Minetta Brook, © Estate of Robert Smithson, VG Bild-Kunst, 2024

populaires comme *House Beautiful* et *Better Homes and Gardens*. [...] Bon nombre de magazines d'art présentent dans leurs pages des photographies magnifiques de ruines industrielles artificielles (sculpture). Les ruines ‹ lugubres › de l'aristocratie deviennent alors les ruines ‹ joyeuses › de l'humanisme. Pourrait-on dire que l'art dégénère à mesure qu'il se rapproche du jardin ? [...] »[14] Et il poursuit sa réflexion dans la note de bas de page : « Le sinistre pris au sens primitif semble trouver ses racines dans ce que l'on pourrait appeler des ‹ jardins de qualité › (Paradis). Ces jardins d'Éden à moitié oubliés paraissent avoir été le théâtre de choses terribles. Pourquoi le Jardin des délices suggère-t-il quelque chose de pervers ? Des jardins de torture. Un parc de cervidés. La Grotte de Tibère. D'une manière ou d'une autre, les jardins de la vertu sont toujours ‹ perdus ›. Un paradis dégénéré est peut-être pire qu'un enfer dégénéré. [...] Réfléchir excessivement à la question des ‹ jardins › engendre perplexité et agitation. À l'instar de ces phases de critique, les jardins poussent celui qui les considère jusqu'au seuil du chaos. Cette note de bas de page est en train de se transformer en un labyrinthe étourdissant, peuplé de chemins fragiles et d'innombrables énigmes. Le problème sans fin des jardins implique apparemment une chute de quelque part ou de quelque chose. La certitude du jardin absolu ne sera jamais retrouvée. »[15]

L'œuvre *Floating Island* (1971) de Robert Smithson est un jardin solitaire et inaccessible, car il flotte sur l'eau, tiré par une péniche (fig. 14). Il possède tout ce qui est essentiel à un jardin : une végétation choisie, un sentier, une délimitation, un horizon extérieur – la Skyline de New York. Ce jardin renferme lui aussi sa propre perte. On l'a décrit à la fois comme un jardin d'Éden et l'Arche de Noé. Robert Smithson n'aura pas eu le temps de réaliser ce jardin de son vivant. Ce n'est que trente ans plus tard qu'on put le voir voguer, *post mortem*, sur les flots de Manhattan (fig. 15).

nes like *House Beautiful* and *Better Homes and Gardens*. [...] Many art magazines have gorgeous photographs of artificial industrial ruins (sculpture) on their pages. The ›gloomy‹ ruins of aristocracy are transformed into the ›happy‹ ruins of the humanist. Could one say that art degenerates as it approaches gardening? [...]«[14] Und in der Fußnote spitzt er seine Bemerkungen noch weiter zu: »The sinister in a primitive sense seems to have its origin in what could be called ›quality gardens (Paradise)‹. Dreadful things seem to have happened in those half-forgotten Edens. Why does the Garden of Delights suggest something perverse? Torture Gardens. Deer Park. The Grottos of Tiberius. Gardens of Virtue are somehow always ›lost‹. A degraded paradise is perhaps worse than a degraded hell. [...] Too much thinking about ›gardens‹ leads to perplexity and agitation. Gardens like the levels of criticism bring one to the brink of chaos. This footnote is turning into a dizzying maze, full of tenuous paths and innumerable riddles. The abysmal problem of gardens somehow involves a fall from somewhere or something. The certainty of the absolute garden will never be regained.«[15]

Smithsons *Floating Island* (1971) ist ein einsamer Garten, der nicht betretbar ist, weil er auf dem Wasser schwimmt, gezogen von einem Schlepper (Abb. 14). Er besitzt alles, was ein Garten braucht, eine ausgewählte Vegetation, einen Pfad, eine Umrandung, im Hintergrund erstreckt sich das Außerhalb – die Skyline von New York. Auch in diesen Garten ist sein Verlust eingeschrieben, man hat ihn nämlich als Paradiesgarten bezeichnet und gleichzeitig als Arche Noah. Smithson konnte diesen Garten zu Lebzeiten nicht mehr realisieren – erst drei Jahrzehnte später schipperte er *post mortem* über die Gewässer um Manhattan (Abb. 15).

1 Siehe Judith Elisabeth Weiss: Guerilla-Gardening, Paradiesgärtlein und planetarischer Garten. Zur Aktualität des Gartens als Metapher und künstlerisches Wirkungsfeld. In: Kunstforum International, Jg. 46, Nr. 258, 2019, S. 106–115; Stephanie Rosenthal (Hg.): Garten der irdischen Freuden. Ausstellungskatalog, Gropius Bau. Berlin, Mailand 2019: Silvana Editoriale.

2 Kirsten Claudia Voigt: Anti-Kultivierung: Das Ruderal-Konzept. In: Kunstforum International, Jg. 42, Nr. 232, 2015, S. 109–115, hier S. 112.

3 Otto Neumaier: Lois Weinberger. In: Noëma Art Journal, Heft 46, 1998, S. 96.

4 Lois Weinberger in Anne Katrin Feßler: Künstler Lois Weinberger: Eine Begegnung mit dem forschenden Feldarbeiter. *Der Standard*, 25.11.2018, siehe www.derstandard.de/story/2000092082231/lois-weinbergereine-begegnung-mit-dem-forschenden-feldarbeiter (zuletzt am 22.04.2021 abgefragt).

1 Cf. Judith Elisabeth Weiss « Guerilla-Gardening, Paradiesgärtlein und planetarischer Garten. Über die Aktualität des Gartens als Metapher und künstlerisches Wirkungsfeld, » dans: *Kunstforum International*, année. 46, N° 258, 2019, p. 106–115, Stephanie Rosenthal (éd.), Garten der irdischen Freuden, Catalogue d'exposition, Gropius Bau, Berlin, Milan: Silvana Editoriale, 2019.

2 Kirsten Claudia Voigt: Anti-Kultivierung: Das Ruderal-Konzept. In: Kunstforum International, année 42, N° 232, 2015, p. 109–115, ici p. 112.

3 Otto Neumaier: Lois Weinberger. In: Noëma Art Journal, cahier 46, 1998, p. 96.

4 Lois Weinberger in Anne Katrin Feßler, « Künstler Lois Weinberger: Eine Begegnung mit dem forschenden Feldarbeiter, » *Der Standard*, 25.11.2018, cf. www.derstandard.de/story/2000092082231/lois-weinbergereine-begegnung-mit-dem-forschenden-feldarbeiter (consulté le 22.04.2021).

5 Tina Zürn, Steffen Haug, Thomas Helbig, *Bild, Blick, Berührung: Optische und taktile Wahrnehmung in den Künsten.* Paderborn, Fink, 2019, p. 2.

6 Reiner Maria Matysik, *Sexuelles vegetieren/sexual creeping*, Francfort-sur-le-Main, Gutleut, 2008.

7 Cf. Hans von Trotha, *GartenKunst. Auf der Suche nach dem verlorenen Paradies*, Cologne 2012, Quadriga; Michel Foucault, « Des espaces autres, » In: Dits et Écrits, tome IV : 1980–1988, (en traduction allemande) Francfort-sur-le-Main, Suhrkamp, 2005, p. 931–942, ici p. 938–939.

8 Inge Hinterwaldner: « Erlebnis-Raum in *Der Garten* und *Heufieber*, » dans, *Soziale Systeme*, année 17, cahier 1 et 2, 2012, p. 323–345.

9 Voir aussi Kirsten Claudia Voigt: « Gerda Steiner und Jörg Lenzlinger. Humus humanum oder das Hirn ein Wald, die Seele ein Garten, » dans, *Kunstforum International*, année. 46, N° 258, 2019, p. 142–151.

10 Cf. www.dataisnature.com (consulté le 22.04.2021).

11 Nicole Karafyllis, *Biofakte. Versuch über den Menschen zwischen Artefakt und Lebewesen*, Paderborn 2003, Mentis, p. 16 ; à ce sujet, voir également : « Biofakte als neue Kategorie der Informatik? » dans, Raimund Jakob, Lothar Phillips, Erich Schweighofer, Czaba Varga, *Auf dem Weg zur Idee der Gerechtigkeit: Gedenkschrift für Ilmar Tammelo*, Münster, LIT, 2009, p. 249–262.

12 À ce sujet, se reporter également à l'exposition Critical Zones du Zentrum für Kunst und Medien Karlsruhe (ZKM), que Bruno Latour a organisée en tant que curateur sous le concept du « nouveau régime climatique » (du 23.05.2020 au 08.08.2021). Cf. Bruno Latour/Peter Weibel (Hg.) : *Critical Zones. The Science and Politics of Landing on Earth*, MIT Press, Cambridge, Massachusetts, 2020.

13 Cf. Judith Elisabeth Weiss: « Pflanzenhorror. Vom Paradiesgärtlein zur grünen Hölle, » dans, Kathrin Meyer, Judith Elisabeth Weiss (publié sur mandat du Deutsches Hygiene-Museum Dresden), *Von Pflanzen und Menschen*, Göttingen, Wallstein, 2019, p. 104–108 ; voir aussi Judith Elisabeth Weiss, « Der Weltgarten. Wider das Unbehagen in der Kultur, » dans, *Le même : Disziplinierung der Pflanzen. Bildvorlagen zwischen Ästhetik und Zweck.* Berlin, Deutscher Kunstverlag, 2020, p. 119–149.

5 Tina Zürn, Steffen Haug, Thomas Helbig (Hg.): Bild, Blick, Berührung: Optische und taktile Wahrnehmung in den Künsten: Paderborn 2019: Fink, S. 2.

6 Reiner Maria Matysik: sexuelles vegetieren/sexual creeping. Frankfurt am Main 2008: Gutleut.

7 Vgl. Hans von Trotha: GartenKunst. Auf der Suche nach dem verlorenen Paradies. Köln 2012: Quadriga; Michel Foucault: Von anderen Räumen. In: Derselbe: Dits et Ecrits. Schriften 1980–1988. Band 4. Frankfurt am Main 2005: Suhrkamp, S. 931–942, hier S. 938–939.

8 Inge Hinterwaldner: Erlebnis-Raum in *Der Garten* und *Heufieber*. In: *Soziale Systeme*, Jg. 17, Heft 1 und 2, 2012, S. 323–345.

9 Siehe auch Kirsten Claudia Voigt: Gerda Steiner und Jörg Lenzlinger. Humus humanum oder das Hirn ein Wald, die Seele ein Garten. In: Kunstforum International, Jg. 46, Nr. 258, 2019, S. 142–151.

10 Siehe www.dataisnature.com (zuletzt am 22.04.2021 abgefragt).

11 Nicole Karafyllis: Biofakte. Versuch über den Menschen zwischen Artefakt und Lebewesen. Paderborn 2003: Mentis, S. 16; siehe auch dies.: Biofakte als neue Kategorie der Informatik?. In: Raimund Jakob, Lothar Phillips, Erich Schweighofer, Czaba Varga (Hg.): Auf dem Weg zur Idee der Gerechtigkeit. Gedenkschrift für Ilmar Tammelo. Münster 2009: LIT, S. 249–262.

12 Siehe hierzu auch die Ausstellung Critical Zones im Zentrum für Kunst und Medien Karlsruhe (ZKM), die Bruno Latour unter dem Stichwort des »neuen Klimaregimes« kuratiert hat (23.05.2020 bis 08.08.2021). Vgl. auch: Bruno Latour/Peter Weibel (Hg.): Critical Zones. The Science and Politics of Landing on Earth, MIT Press, Cambridge, Massachusetts, 2020.

13 Vgl. Judith Elisabeth Weiss: Pflanzenhorror. Vom Paradiesgärtlein zur grünen Hölle. In: Kathrin Meyer, Judith Elisabeth Weiss (herausgegeben im Auftrag des Deutschen Hygiene-Museums Dresden): Von Pflanzen und Menschen. Göttingen 2019: Wallstein, S. 104–108; siehe auch Judith Elisabeth Weiss: Der Weltgarten. Wider das Unbehagen in der Kultur. In: Dieselbe: Disziplinierung der Pflanzen. Bildvorlagen zwischen Ästhetik und Zweck. Berlin 2020: Deutscher Kunstverlag, S. 119–149.

14 Robert Smithson: The Collected Writings. Herausgegeben von Jack Flam. Berkeley, Los Angeles, London 1996: University Of California Press, S. 105.

15 A. a. O., S. 113.

14 Robert Smithson, *The Collected Writings*, publié par Jack Flam, Berkeley, Los Angeles, Londres 1996, University Of California Press, p. 105 Citation originale : « Memory traces of tranquil gardens as ›ideal nature‹ – jejune Edens that suggest an idea of banal ›quality‹ – persist in popular magazines like House Beautiful and Better Homes and Gardens. [...] Many art magazines have gorgeous photographs of artificial industrial ruins (sculpture) on their pages. The ›gloomy‹ ruins of aristocracy are transformed into the ›happy‹ ruins of the humanist. Could one say that art degenerates as it approaches gardening? »

15 idem, p. 113. Citation originale : « The sinister in a primitive sense seems to have its origin in what could be called ›quality gardens (Paradise)‹. Dreadful things seem to have happened in those half-forgotten Edens. Why does the Garden of Delights suggest something perverse? Torture Gardens. Deer Park. The Grottos of Tiberius. Gardens of Virtue are somehow always ›lost‹. A degraded paradise is perhaps worse than a degraded hell. [...] Too much thinking about ›gardens‹ leads to perplexity and agitation. Gardens like the levels of criticism bring one to the brink of chaos. This footnote is turning into a dizzying maze, full of tenuous paths and innumerable riddles. The abysmal problem of gardens somehow involves a fall from somewhere or something. The certainty of the absolute garden will never be regained. »

ART & JARDINS | HAUTS-DE-FRANCE. KÜNSTLERISCHE LANDSCHAFTSGESTALTUNG IM DIENST EINER REGION

GILBERT FILLINGER

Der Verein Art & Jardins | Hauts-de-France wurde 2017 auf Initiative der Region Hauts-de-France ins Leben gerufen und hat seitdem, ausgehend vom Themenkomplex des Gartens, eines klaren Zeichens des Miteinanderlebens, eine ganze Reihe von Projekten im öffentlichen Raum umgesetzt. Nach der Übernahme des internationalen Gartenfestivals Festival International de Jardins | Hortillonnages Amiens weitete der Verein seine Tätigkeit auf die gesamte Region aus und schuf mit dem Weg der Jardins de la Paix, Gärten des Friedens, in der Region Hauts-de-France und in Belgien einen Beitrag zur Erinnerungsarbeit. Bereits seit einiger Zeit beschäftigt er sich in Gemeinschafts- und Bürgergärten mit der Geschichte der Bergbauregion und entwickelt derzeit zudem eine Route landschaftsarchitektonischer Projekte entlang der Somme. Im Rahmen des Kulturprojekts lille3000 beteiligte sich der Verein mit bildhauerischen und landschaftsarchitektonischen Werken am Kunst- und Ausstellungsfestival Eldorado.

Seit Herbst 2020 konzipiert der Verein für die Gymnasien der fünf Departements der Region Hauts-de-France Nutzgärten, die dann von Landschaftsarchitektinnen und -architekten, Lehrkräften, Schülerinnen und Schülern angelegt werden. Auf internationaler Ebene realisiert Art & Jardins | Hauts-de-France derzeit ein grenzüberschreitendes Vorhaben mit Belgien und entwickelt zudem Projekte mit anderen europäischen Städten sowie mit Marrakesch und Teheran. Diesen Projekten liegen verschiedene Schwerpunktthemen zugrunde, die den heutigen Notwendigkeiten Rechnung tragen. So kann ein kulturelles Vorhaben gleichzeitig zu einem gesellschaftlichen und sozialen Projekt werden, das sich mit künftigen Herausforderungen, vor allem mit dem Klimawandel und dem Thema Frieden, auseinandersetzt.

ART & JARDINS | HAUTS-DE-FRANCE. AMÉNAGEMENTS ARTISTIQUES AU SERVICE D'UN TERRITOIRE

GILBERT FILLINGER

Créée en 2017, à l'initiative de la Région Hauts-de-France, l'association Art & Jardins | Hauts-de-France s'est engagée depuis dans une dynamique unique au cœur de l'espace public à partir de la thématique du jardin, authentique marqueur du vivre ensemble. Après avoir repris le Festival International de Jardins | Hortillonnages Amiens, elle a étendu son activité sur l'ensemble du territoire régional et a ainsi initié un travail autour de la mémoire en créant le circuit des Jardins de la Paix dans les Hauts-de-France et en Belgique. L'association entame alors son itinérance paysagère le long de la Somme tout en contribuant à mettre en valeur l'histoire du bassin minier en créant des jardins participatifs et citoyens. Dans le cadre de lille3000 et du festival Eldorado, elle participe à l'élaboration d'œuvres d'arts plastique et paysager.

À partir de l'automne 2020, elle conçoit des potagers dans des lycées des cinq départements des Hauts-de-France, mis en œuvre par des paysagistes, des enseignants et des lycéens. À l'échelle internationale, Art & Jardins réalise un projet transfrontalier avec la Belgique et d'autres initiatives sont en cours avec plusieurs villes européennes, auxquelles s'ajoutent Marrakech et Téhéran. La réalisation de ces projets est sous-tendue par différents axes qui répondent aujourd'hui à des nécessités ; ils permettent de transformer un projet culturel en un projet sociétal et social qui questionne les enjeux de demain : principalement les thèmes du changement climatique et de la paix.

Der Verein Art & Jardins | Hauts-de-France entdeckt und fördert Talente und verfolgt mit seiner Tätigkeit mehrere Zielsetzungen:

▸ Etablierung als Einrichtung für künstlerische Produktion und Förderung des landschaftsgestalterischen, architektonischen und künstlerischen Schaffens unter besonderer Berücksichtigung junger Künstler;

▸ Auseinandersetzung mit Naturlandschaften, um das kulturelle Erbe zu bewahren, die touristische Attraktivität des Ortes zu erhöhen und damit die wirtschaftliche Entwicklung zu stimulieren;

▸ Förderung der beruflichen Wiedereingliederung durch Wiedereingliederungsmaßnahmen und durch die Zulassung für den Freiwilligendienst;

▸ Aufwerfen von Fragen nach der Funktion bestimmter Orte als Nahrungsmittellieferanten und ganz allgemein Auseinandersetzung mit den gesellschaftlichen und ökologischen Herausforderungen – insbesondere der Versorgung mit Wasser und Nahrungsmitteln und dem Klimawandel;

▸ durch Ausgabe der erzeugten Nahrungsmittel Beteiligung an einer sozialen und solidarischen Wirtschaft;

▸ Ansprechen neuer Zielgruppen, insbesondere junger Menschen, die keinen oder kaum Zugang zu Kultur haben, um sie für kreatives Schaffen, für die Landschaft, für Nahrungsmittelerzeugung, für kurze Transportwege, für gute Ernährung und für die Probleme des Klimawandels zu sensibilisieren, sowie Durchführung partizipativer Bürgeraktionen;

▸ Anregen zum Nachdenken über Erinnerung, Frieden und seine Wahrung in einer Zeit, in der Europa auf der Suche nach sich selbst ist und daran erinnert werden muss, dass Frieden die Grundlage des europäischen Einigungswerks und die Zukunft unseres Planeten ist;

Véritable catalyseur et révélateur de talents, Art & Jardins | Hauts-de-France agit pour répondre à plusieurs objectifs

▸ S'affirmer comme une structure de production et soutenir la création en art paysager, architectural et plastique, et particulièrement des jeunes artistes ;

▸ Examiner les sites naturels pour valoriser et préserver l'héritage patrimonial et culturel, développer l'attractivité touristique du territoire et stimuler le développement économique ;

▸ Favoriser l'insertion professionnelle grâce à un chantier d'insertion et à l'agrément de volontariat en service civique ;

▸ Réinterroger la fonction nourricière de certains sites, et plus largement intégrer les enjeux sociétaux et environnementaux – particulièrement la question de l'eau, de la nourriture et du changement climatique ;

▸ Participer à l'économie sociale et solidaire en distribuant la nourriture produite ;

▸ Rencontrer de nouveaux publics, notamment les jeunes générations n'ayant pas ou peu accès à la culture, pour les sensibiliser à la création, au paysage, à la production nourricière, aux circuits courts, au « manger sain », aux problématiques du changement climatique, et mener des actions participatives et citoyennes ;

▸ Encourager une réflexion autour de la paix, sa commémoration, sa préservation, à un moment où l'Europe se cherche et où il est essentiel de rappeler que la paix est le ciment de la construction européenne et de l'avenir de notre planète ;

▸ Construire des partenariats internationaux autour de notre démarche et de nos préoccupations artistiques, écologiques, sociales et sociétales.

- Aufbau internationaler Partnerschaften für die Anliegen des Vereins und seine künstlerischen, ökologischen, sozialen und gesellschaftlichen Initiativen.

Der Verein wird tatkräftig unterstützt durch die Region Hauts-de-France, für die berufliche Wiedereingliederung durch den französischen Staat, durch die Departements Pas-de-Calais und Somme, die Metropole Amiens, für spezielle Projekte auch von anderen Kommunen, sowie von (lokalen, regionalen, nationalen und internationalen) Mäzenen. Der Verein Art & Jardins | Hauts-de-France, das sind:

- aktuell 80 regionale landschaftsgestalterische Werke; bis zum Jahr 2023 sollen 120 dauerhafte landschaftsgestalterische, architektonische und bildhauerische Kunstwerke entstehen;

- 1 Million Besucherinnen und Besucher, Touristinnen und Touristen pro Jahr an den Standorten der Werke.

Jardins de la Paix – Gärten des Friedens.
Eine Landschaftsroute zu den Erinnerungsorten des Ersten Weltkriegs

Zusammen mit der für die Planung des Programms zum 100-jährigen Gedenken an den Ersten Weltkrieg eingerichteten Mission du Centenaire de la Première Guerre mondiale hat der Verein Art & Jardins | Hauts-de-France an den symbolträchtigen Erinnerungsorten des Ersten Weltkriegs ein einzigartiges dauerhaftes Landschaftsprojekt geschaffen, eine kreative und innovative Route, die den von diesem Krieg betroffenen Nationen gewidmet ist, die das Anliegen der Wahrung des Friedens in der heutigen Welt verbindet. Landschaftsarchitektinnen und Landschaftsarchitekten aus diesen Ländern sind eingeladen, in einer Welt, die von ökonomischen, politischen und ökologischen Umwälzungen erschüttert wird, Denkanstöße zum Thema Frieden zu geben. Die Jardins de la Paix schaffen Räume der Ruhe und der Einkehr, in denen sie einen anderen Blick auf unser Sein und den immer wieder bedrohten Frieden eröffnen.

Seit 2018 wurden in den fünf Departements der Region Hauts-de France und in Belgien 14 Jardins de la Paix angelegt, die sich den Erinnerungsorten auf

L'association est fortement soutenue par la Région Hauts-de-France, par l'État pour l'insertion professionnelle, par les Départements du Pas-de-Calais et de la Somme, par la Métropole d'Amiens, et par d'autres collectivités territoriales pour des projets spécifiques, ainsi que par des mécènes (locaux, régionaux, nationaux et internationaux). Art & Jardins | Hauts-de-France, ce sont :

▸ Un patrimoine contemporain régional de 80 créations, avec un objectif à l'horizon 2023 de 120 œuvres d'art paysager, architectural et plastique pérennes

▸ Un public d'1 million de personnes par an sur les sites des créations

Jardins de la Paix.
Un parcours paysager sur les lieux de mémoire de la Grande Guerre

L'association Art & Jardins | Hauts-de-France et la Mission du Centenaire de la Première Guerre mondiale ont élaboré un projet paysager pérenne et unique sur les sites emblématiques du souvenir de la Première Guerre mondiale. Il s'agit d'un parcours créatif et innovant aux couleurs des nations meurtries qui embrassent conjointement la cause de la pacification du monde contemporain. C'est une invitation aux paysagistes, venus des différents pays ayant participé à ce conflit mondial, à tracer des pistes de réflexions autour de la paix, dans un monde traversé par des bouleversements économiques, politiques et écologiques. Les Jardins de la Paix créent des espaces de repos et de retour à soi-même, proposant un regard alternatif sur notre devenir et sur cette paix toujours remise en question.

Depuis 2018, quatorze Jardins de la Paix ont été créés dans les cinq départements de la région Hauts-de France et en Belgique. Ils offrent une approche différente, sensible et complémentaire aux lieux de mémoire. À l'horizon 2026, trente-cinq jardins seront produits, ce qui permettra de créer un « chemin de la Paix », en lien avec celui du circuit de la Mémoire. Les Jardins de la Paix à visiter :

eine andere, sensible und komplementäre Weise annähern. Bis 2026 soll ihre Zahl auf 35 steigen, wodurch ein Chemin de la Paix, ein Weg des Friedens, in Verbindung mit dem Circuit de la Mémoire, der Route der Erinnerung, entstehen wird. Diese Gärten des Friedens können besucht werden:

Aisne
Craonne, Chemin des Dames
- Thilo Folkerts, deutscher Garten
- Lorenza Bertolazzo, Luca Catalano und Claudia Clementini, italienischer Garten
- Karim El Achak und Bernard Depoorter, marokkanischer Garten

Nord
Le Quesnoy, Graben der Festungsanlagen von Vauban
- Xanthe White Design, neuseeländischer Garten
- Collectif Plan B, belgischer Garten

Oise
Compiègne, Lichtung des Waffenstillstands
- Marc Blume, Gilles Brusset und Francesca Liggieri, deutsch-französischer Garten

Pas-de-Calais
- Arras: Anna Rhodes und Melissa Orr, schottischer Garten
- Neuville-Saint-Vaast: Lenka Drevjaná, Zuzana Nemecková und
- Miroslava Staneková, tschechischer und slowakischer Garten
- Notre-Dame-de-Lorette: Elise und Martin Hennebicque, französischer Garten
- Vimy: Collectif Escargo, kanadischer Garten

Somme
- Péronne: Peter Donegan und Ian Price, irischer und nordirischer Garten
- Thiepva: Helen und James Basson, englischer Garten; Dan Bowyer und Andrew Fisher Tomlin, walisischer Garten

Belgien
- Passchendaele: Mathieu Gontier und Pierre David (Wagon Landscaping), französischer Garten

Aisne

Craonne, Chemin des Dames
- Thilo Folkers, jardin allemand
- Lorenza Bertolazzo, Luca Catalano et Claudia Clementin, jardin italien
- Karim El Achak et Bernard Depoorter, jardin marocain

Nord

Le Quesnoy, Douves des fortifications Vauban
- Xanthe White Design, jardin néo-zélandais
- Collectif Plan B, jardin belge

Oise

Compiègne, Clairière de l'Armistice
- Marc Blume, Gilles Brusset et Francesca Liggieri, jardin franco-allemand

Pas-de-Calais
- Arras: Anna Rhodes et Melissa Orr, jardin écossais
- Neuville-Saint-Vaast: Lenka Drevjaná, Zuzana Nemecková et Miroslava Staneková, jardin tchèque et slovaque
- Notre-Dame-de-Lorette: Elise et Martin Hennebicque, jardin français
- Vimy: Collectif Escargo, jardin canadien

Somme
- Péronne: Peter Donegan et Ian Price, jardin irlandais et nord-irlandais
- Thiepval: Helen et James Basson, jardin anglais; Dan Bowyer et Andrew Fisher Tomlin, jardin gallois

Belgique
- Passchendaele: Mathieu Gontier et Pierre David (Wagon Landscaping), jardin français

**Internationales Gartenfestival | Hortillonnages Amiens.
Kunstparcours im Herzen eines einzigartigen Naturraums**

Dieses Gartenfestival wurde 2010 durch die Maison de la Culture von Amiens begründet, um das kreative Schaffen junger Landschaftsarchitekten, Architekten und Bildhauer in einem außergewöhnlichen Naturraum in der Metropole Amiens, den Hortillonnages, zu fördern. Die auf kleinen Inseln gelegenen Gärten und zeitgenössischen Installationen stellen einen poetischen Parcours dar, der Besucherinnen und Besucher wie Einheimische einlädt, einen ästhetischen, bisweilen verschobenen, lustigen oder kritischen, immer jedoch neuartigen Blick auf diese vielschichtige Umgebung, ihre Geschichte und ihre Entwicklung zu werfen. Der Besuch wird zur Erkundung und regt dazu an, angesichts der vielfältigen Auswirkungen des Klimawandels über die Verbindung zwischen Natur, Kultur, Landwirtschaft und Kulturerbe nachzudenken.

Die 50 Werke, darunter jedes Jahr zehn Neuschöpfungen, die von einer internationalen Jury ausgewählt werden, sind überwiegend mit dem Boot zu erkunden, zum Teil auch zu Fuß. In Ansatz und gestalterischer Umsetzung tragen sie den Anforderungen der nachhaltigen Entwicklung und der Bewahrung der Umwelt Rechnung: Erhaltung eines einzigartigen Ökosystems, Erosion der Uferböschungen, Wasserressourcen, Nahrungsmittelproduktion und Gemüseanbau sowie Qualität der Ernährung.

Seit 2020 können sich auch Studierende der Fachrichtungen Kunst, Landschaftsarchitektur und Architektur an dem Festival beteiligen. In Vermittlungsangeboten und Workshops für verschiedenste Zielgruppen widmet sich das Festival der Wiedergewinnung, der Aufwertung und dem Fortbestand dieses Naturerbes. Zudem wird durch den Verkauf der erzeugten Nahrungsmittel ein Beitrag zu einer sozialen und solidarischen Wirtschaft geleistet und durch die Beschäftigung von Menschen in Wiedereingliederungsmaßnahmen für die Begleitung der Künstlerinnen und Künstler und die Gartenpflege sowie des Freiwilligendienstes des Service civique am Empfang die soziale Integration gefördert. In den zehn Jahren des Festivals entstanden 150 Werke von 245 Landschaftsarchitektinnen und Landschaftsarchitekten, Architektinnen und Architekten, Bildhauerinnen und Bildhauern, die mehr als 400.000 Besucherinnen und Besucher anzogen.

Festival international de jardins | Hortillonnages Amiens
Un parcours artistique au cœur d'un site naturel unique au monde

Créé en 2010 par la Maison de la Culture d'Amiens, le Festival a pour vocation de promouvoir la jeune création en paysage, architecture et art plastique dans ce site naturel d'exception de la Métropole d'Amiens que sont les Hortillonnages. Disposés sur des îlots, les jardins et les installations contemporaines constituent un parcours poétique qui invite le public et les habitants à poser un regard esthétique, parfois décalé, drôle ou critique, mais toujours inédit, sur cet environnement complexe, son histoire et son devenir. C'est aussi une découverte en itinérance douce qui permet de questionner les liens entre nature, culture, agriculture et patrimoine en regard des nombreuses incidences provoquées par le changement climatique.

Les 50 productions dont dix nouvelles créations chaque année, sélectionnées par un jury international, se découvrent principalement en bateau, mais aussi à pied. Elles intègrent pleinement dans leur réflexion et dans leur conception les problématiques du développement durable et de la préservation de l'environnement : sauvegarde d'un écosystème unique, fragilisation des berges, ressource en eau, activité nourricière et maraîchère, qualité de l'alimentation.

À partir de 2020, le Festival s'est également ouvert aux étudiants des écoles d'arts, de paysage et d'architecture. La philosophie du Festival, appuyée par des propositions de médiation et d'ateliers adaptées à tous les publics, vise à une reconquête, une valorisation et une pérennisation de ce patrimoine vert. S'ajoutent la volonté de participer à l'économie sociale et solidaire par la distribution de la nourriture produite ainsi qu'une démarche d'intégration sociale, que ce soit avec les agents du chantier d'insertion pour l'accompagnement des artistes et l'entretien des jardins ou les volontaires en service civique pour l'accueil. Au fil des dix éditions, 150 œuvres ont été réalisées par 245 paysagistes, architectes ou artistes plasticiens et appréciées par plus de 400 000 visiteuses et visiteurs.

Projekte in der Region Hauts-de-France.
Die Schätze der Region zur Geltung bringen

Die Bürgergärten in der Bergbauregion

In der zum UNESCO-Weltkulturerbe gehörenden Bergbauregion schlägt der Verein Art & Jardins | Hauts-de-France die Anlage von Gemeinschaftsgärten vor, um das industrielle Erbe zu unterstreichen und die Solidarität der Arbeiterinnen und Arbeiter zu würdigen.

Inspiriert von den Halden, Gruben, Fördertürmen und Bergarbeitersiedlungen entwickeln Landschaftsarchitektinnen und Landschaftsarchitekten, Künstlerinnen und Künstler die Gärten und Anlagen zusammen mit den Einwohnerinnen und Einwohnern, den Kommunalpolitikerinnen und Kommunalpolitikern in einem ganz neuartigen Prozess der Bürgerbeteiligung und der inklusiven Mediation. Im Austausch mit den Einwohnerinnen und Einwohnern geht es um Erinnerungen, die bewahrt werden sollen, um erzählenswerte Geschichten, zu erhaltende Traditionen und zu schützende Naturräume.

Vier Gärten wurden auf diese Weise bereits geschaffen oder befinden sich gerade in der Umsetzung. Sie laden Anwohnerinnen und Anwohner, Besucherinnen und Besucher zu einer neuen Sicht auf die industrielle Vergangenheit Nordfrankreichs ein. Im Pas-de-Calais sind sechs neue Gärten in Planung, wodurch sich die Möglichkeit eröffnet, einen Chemin du souvenir minier, einen Weg zur Erinnerung an den Bergbau, zu schaffen.

Die Gärten im Tal der Somme

Im Departement Somme plant Art & Jardins | Hauts-de-France eine Neugestaltung der Uferzonen und Bereiche in Flussnähe durch Kunstwerke und landschaftsarchitektonische Werke, um die außergewöhnliche Schönheit des Flusses, seit der Antike Lebensader der Region, mit seinen vielfältigen Naturlandschaften, der Allgegenwart des Wassers, der großen Vielfalt der Fauna zu unterstreichen. Der Verein wurde eingeladen, sich im Rahmen des Projekts Vallée de Somme, Vallée idéale (Somme-Tal, idea-

Projets en région Hauts-de-France.
Valoriser les richesses des territoires

Les jardins citoyens du bassin minier

Dans le bassin minier, classé au patrimoine mondial de l'UNESCO, Art & Jardins | Hauts-de-France propose la réalisation de jardins participatifs pour souligner cet héritage industriel et célébrer la solidarité ouvrière. Terrils, fosses, chevalements, corons sont autant d'éléments d'inspiration pour les paysagistes et les artistes qui construisent les jardins et les installations avec la population et les élus locaux, grâce à un processus inédit de concertation citoyenne et de médiation inclusive. Lors des échanges avec les habitantes et habitants, il est tour à tour question de mémoire à préserver, d'histoires à raconter, de traditions à perpétuer et d'espaces naturels à protéger.

Quatre jardins ont ainsi été réalisés ou sont en cours de réalisation. Ils sont une invitation, lancée aux gens du cru comme à ceux de passage, à réinterpréter le passé industriel du nord de la France. Six nouveaux jardins sont en projet dans le Pas-de-Calais, ce qui permettra de créer un chemin du souvenir minier.

Les jardins de la Vallée de la Somme

Dans le département de la Somme, Art & Jardins | Hauts-de-France propose une reconquête des rives et des abords du fleuve par des créations artistiques et paysagères qui viennent souligner l'incroyable beauté de la colonne vertébrale qu'il constitue depuis l'Antiquité : mosaïque de milieux naturels, omniprésence de l'eau, grande diversité de la faune... L'association est invitée à s'inscrire dans le cadre du projet « Vallée de Somme, une vallée idéale » par la conception de nouveaux jardins aux abords des maisons éclusières et de différents sites emblématiques de la vallée. Trois jardins participent déjà à l'itinérance paysagère, artistique et poétique.

les Tal), mit der Konzeption neuer Gärten um die Schleusenhäuser und an anderen symbolträchtigen Orten des Tales einzubringen. Drei Gärten beteiligen sich bereits an den Wegen zu Landschaft, Kunst und Poesie.

Bürgergärten in der Bergbauregion:

Pas-de-Calais
- Calonne-Ricouart (3 Gärten) ehemals cité Quenehem: Wagon Landscaping, Green Resistance, Solène Ortoli
- Grenay, Îlot Saint-Louis: Atelier de l'Ours

Gärten im Tal der Somme:

Somme
- Abbeville: Parc de la Bouvaque, Atelier LJN, Preis AJAP 2016
- Long: Maison éclusière, Wagon Landscaping, Preis AJAP 2016

Aisne
- Saint-Quentin: Parc d'Isle, Élise und Martin Hennebicque, Preis AJAP 2018

Neue Ansätze

5 Gymnasien, 5 Nutzgärten, 5 Landschaftsgestalterinnen und -gestalter

In Partnerschaft mit den Schulbehörden von Lille und Amiens und in Abstimmung mit den Behörden der Region Hauts-de-France arbeitet der Verein an der Einrichtung von pädagogischen Nutzgärten in Gymnasien, um Jugendliche für Fragen der «gesunden Ernährung», kurze Transportwege und die gesellschaftlichen Herausforderungen zu sensibilisieren, die sich in Zukunft aus dem Klimawandel ergeben. An fünf Schulen in den fünf Departements der Region werden die ersten Versuche unternommen, eine erste Ernte der Produkte war im Frühjahr 2021. Schülerinnen und Schüler sind unter der Anleitung von Lehrkräften und Landschaftsgärtnerinnen und -gärtnern an allen Etappen vom Entwurf dieser Nutzgärten bis hin zur Ernte beteiligt. Die Gärten werden gemäß den Prinzipien einer nachhal-

Jardins citoyen du bassin minier:

Pas-de-Calais

▸ Calonne-Ricouart (3 jardins) ancienne cité Quenehem:
  Wagon Landscaping, Green Resistance, Solène Ortoli
▸ Grenay: Îlot Saint-Louis: Atelier de l'Ours

Jardins de la Vallée de la Somme:

Somme

▸ Abbeville: Parc de la Bouvaque, Atelier LJN, Prix AJAP 2016
▸ Long: Maison éclusière, Wagon Landscaping, Prix AJAP 2016

Aisne

▸ Saint-Quentin: Parc d'Isle, Élise et Martin Hennebicque,
  Prix AJAP 2018

De nouvelles ambitions

5 lycées, 5 potagers, 5 paysagistes

En partenariat avec les rectorats des Académies de Lille et d'Amiens, de même qu'avec les services de la Région Hauts-de-France, l'association travaille à la création de jardins potagers et pédagogiques dans les lycées pour sensibiliser les jeunes aux questions nourricières et du « manger sain », des circuits courts et des enjeux sociétaux de demain liés au changement climatique. Les premières expérimentations ont lancées dans cinq établissements des cinq départements de la Région, avec une première récolte des productions au printemps 2021. Encadrés par des enseignants et des paysagistes, les lycéens participent à toutes les phases, de la conception à la récolte de ces jardins-potagers, conçus selon les principes d'une agriculture raisonnée sur le modèle de la permaculture. Les récoltes approvisionnent en partie les cantines et réfectoires.

tigen Landwirtschaft nach dem Modell der Permakultur konzipiert, ihre Ernte soll in den Schulkantinen Verwendung finden.

Erschließung neuer Zielgruppen

Um auf die Arbeiten der Landschaftsgestaltung in der Region aufmerksam zu machen, wird der Verein Art & Jardins | Hauts-de-France markante einheitliche Informationstafeln aufstellen, die Anwohnerinnen und Anwohnern wie Besucherinnen und Besuchern den Ansatz der Künstlerinnen und Künstler und den Bezug zum jeweiligen Entstehungskontext der Werke erläutern. In Zusammenarbeit mit lokalen Akteurinnen und Akteuren, Kultureinrichtungen und Gedenkorten sind des Weiteren Veranstaltungen zur Vermittlung für ein breites Publikum sowie Vortragsreihen geplant, um die Gärten sowie die Themen Umwelt, gute Ernährung, Klimawandel und Frieden verstärkt ins Bewusstsein der Bürgerinnen und Bürger zu rücken.

Internationale Zusammenarbeit

Durch grenzüberschreitende Projekte, wie das Frankreich-Wallonien-Flandern-INTERREG-Projekt in Zusammenarbeit mit dem Memorial Museum Passchendaele 1917, konnten zwei Gärten des Friedens angelegt werden – einer in Le Quesnoy in Frankreich, der andere in Passchendaele in Belgien. Dieses Projekt hat auch Möglichkeiten der professionellen Vernetzung eröffnet sowie Austausch und Debatten zwischen Landschaftsarchitektinnen und -architekten, Lehrkräften und Studierenden ermöglicht. Darüber hinaus bestehen Überlegungen für ein weiterreichendes europäisches Projekt zu Fragen des Wassers und althergebrachter Bewässerungstechniken mit Partnern aus dem Mittelmeerraum unter Einbeziehung der Städte Marrakesch, Teheran, Madrid und Palermo. Für den ersten Teil, «Landschaftsgestaltung» in Marokko, wurde mit der Ecole Nationale d'Architecture, der Nationalen Architekturhochschule von Marrakesch gemeinsam mit der Hochschule für Architektur und Landschaftsarchitektur École Nationale Supérieure d'Architecture et de Paysage in Lille eine Partnerschaftsvereinbarung geschlossen.

À la conquête de nouveaux publics

Pour valoriser les interventions implantées dans le territoire, Art & Jardins | Hauts-de-France va déployer une signalétique informative typique, qui permettra à la population d'ici et d'ailleurs de mieux comprendre la démarche des artistes en fonction des contextes de création. De même, en lien avec les acteurs locaux, les institutions culturelles et les lieux mémoriaux, des actions de médiation et des cycles de conférences à destination de tous les publics sont programmés pour sensibiliser davantage aux jardins, aux questions environnementales, à l'alimentation, aux évolutions climatiques et au thème de la paix.

Des coopérations internationales

Nous développons également des projets transfrontaliers tel le projet INTERREG France-Wallonie-Flandres avec le Memorial Museum Passchendaele 1917. Ce programme de coopération a permis la création de deux Jardins de la Paix – l'un en France à Le Quesnoy, l'autre en Belgique à Passchendaele. Ce projet a aussi permis de mener des actions professionnelles de mises en réseau et d'élaborer des temps de médiations croisées entre les paysagistes, les élèves et les étudiants. Un projet européen de plus grande envergure est également en réflexion avec des partenaires du Bassin méditerranéen concernant les questions de l'eau et les techniques ancestrales d'irrigation, qui impliquera également les villes de Marrakech, Téhéran, Madrid et Palerme. Une convention de partenariat a été signée avec l'École Nationale d'Architecture de Marrakech pour l'accompagnement de la première section « Paysage » au Maroc, en lien avec l'École Nationale Supérieure d'Architecture et de Paysage de Lille.

1 Festival international de jardins,
Hortillonnages Amiens,
Atelier L. J. N., *Coup d'œil entre
deux eaux*, 2018 (oben und unten)
© Yann Monel

1 Festival international de jardins,
Hortillonnages Amiens,
Atelier L. J. N., *Coup d'œil entre
deux eaux*, 2018 (en haut et en bas)
© Yann Monel

2 Festival international de jardins, Hortillonnages Amiens, Atelier de l'Ours, *Carrés fertiles*, 2018 (oben), © Yann Monel

2 Festival international de jardins, Hortillonnages Amiens, Atelier de l'Ours, *Carrés fertiles*, 2018 (en haut), © Yann Monel

3 Festival international de jardins, Hortillonnages Amiens, Agence Chorème – Florent et Grégory Morisseau, *Le bois des rémanents*, 2017 (links), © Yann Monel

3 Festival international de jardins, Hortillonnages Amiens, Agence Chorème – Florent et Grégory Morisseau, *Le bois des rémanents*, 2017 (à gauche), © Yann Monel

4 Festival international de jardins, Hortillonnages Amiens, Studio Basta, *Jardin des rives*, 2012 (links, Seite 254), © Yann Monel

4 Festival international de jardins, Hortillonnages Amiens, Studio Basta, *Jardin des rives*, 2012 (à gauche, page 254), © Yann Monel

5 Festival international de jardins, Hortillonnages Amiens, Joost Emmerik, *Chasse aux fleurs*, 2019, © Yann Monel

5 Festival international de jardins, Hortillonnages Amiens, Joost Emmerik, *Chasse aux fleurs*, 2019, © Yann Monel

6 Festival international de jardins, Hortillonnages Amiens, Stéphane Larcin et Baptiste Demeulemeester, *Cabotans maraîchers*, 2019, © Yann Monel

6 Festival international de jardins, Hortillonnages Amiens, Stéphane Larcin et Baptiste Demeulemeester, *Cabotans maraîchers*, 2019, © Yann Monel

7 Bassin minier, Calonne-
Ricouart, Jardins citoyens,
Wagon Landscaping, *L'Aéroport
jardin d'atterrissage*, 2020
© art & jardins, Hauts-de-France

7 Bassin minier, Calonne-
Ricouart, Jardins citoyens,
Wagon Landscaping, *L'Aéroport
jardin d'atterrissage*, 2020
© art & jardins, Hauts-de-France

8 Jardin de la Paix écossais,
Arras, Melissa Orr und Anna
Rhodes, *La Paix des sonneurs*
© Yann Monel

8 Jardin de la Paix écossais,
Arras, Melissa Orr et Anna Rho-
des, *La Paix des sonneurs*
© Yann Monel

9 Jardin de la Paix belge,
Le Quesnoy, collectif Plan B,
À l'assaut du rempart
(rechts, Seite 257), © Yann Monel

9 Jardin de la Paix belge,
Le Quesnoy, collectif Plan B,
À l'assaut du rempart
(à droite, page 257), © Yann Monel

10 Jardin de la Paix franco-
allemand, Compiègne,
Gilles Brusset, Marc Blume &
Francesca Liggieri,
Le Jardin du troisième train,
© Yann Monel

10 Jardin de la Paix franco-
allemand, Compiègne,
Gilles Brusset, Marc Blume &
Francesca Liggieri,
Le Jardin du troisième train,
© Yann Monel

11 Jardin de la Paix franco-
allemand, Compiègne,
Gilles Brusset, Marc Blume &
Francesca Liggieri,
Le Jardin du troisième train
© Yann Monel

11 Jardin de la Paix franco-
allemand, Compiègne,
Gilles Brusset, Marc Blume &
Francesca Liggieri,
Le Jardin du troisième train
© Yann Monel

12 lille3000-ELDORADO,
Elsa Tomkowiak, Out/
Michel Eugène, 2019
(rechts, S. 261)
© Yann Monel

12 lille3000-ELDORADO,
Elsa Tomkowiak, Out/
Michel Eugène, 2019
(à droite, p. 261)
© Yann Monel

AUTORINNEN UND AUTOREN

Gilbert Fillinger ist Direktor des Vereins *Arts & Jardin – Hauts-de-France in Amiens*. Als Vermittler von Gartenkunst und -kultur hat er zahlreiche Initiativenw und Projekte zu diesen Themen geleitet und realisiert. Darunter ist zum Beispiel das *Festival international de jardins Hortillonnages* in Amiens, das von der der französischen Regierung finanziert wurde.

Thilo Folkerts leitet das Büro *100Landschaftsarchitektur* in Berlin. Sein Interesse gilt experimentellen Landschaftsarchitekturprojekten zum Konzept des Gartens. Über sein Arbeiten als experimentierender und bauender Landschaftsarchitekt hinaus verfolgt er sein Interesse am Konzept des Gartens als Lehrer, Autor und Übersetzer.

Christophe Girot ist emeritierter Professor für Landschaftsarchitektur der ETH Zürich. Seine Lehr- und Forschungsinteressen umfassen topologische Methoden in der Landschaftsgestaltung, -wahrnehmung und -analyse durch Klang und Medien sowie zeitgenössische Theorie und Geschichte der Landschaftsarchitektur. Seine berufliche Praxis im *Atelier Girot* ist spezialisiert auf großräumige Landschaftsprojekte, bei denen angewandtes Pflanzenwissen und fortschrittliche topologische 3D-Techniken zum Einsatz kommen.

Catherine Mosbach leitet das Büro *Mosbach paysagistes* und war 2017 bis 2019 Gastprofessorin an der Harvard Graduate School of Design. Sie ist Mitgründerin des Magazins *Pages Paysages*. In ihren Arbeiten setzt sie sich besonders mit Fragen des Natur- und Kulturerlebens und deren räumlicher Vermittlung auseinander. Zu ihren bekanntesten Projekten gehören der Botanische Garten von Bordeaux, der Museumspark am Louvre-Lens und der *Gateway Park* in Taiwan.

Gilbert Fillinger est directeur de l'association *Arts & Jardins / Hauts-de-France* à Amies. En tant que médiateur de l'art et de la culture des jardins, il a dirigé et mis en œuvre nombre d'initiatives et de projets sur ces thématiques, dont le *le Festival international des jardins Hortillonages Amiens*, financé par le gouvernement français.

Thilo Folkerts est le fondateur de l'agence *100Landschaftsarchitektur* à Berlin. Il s'intéresse tout particulièrement aux projets de paysage expérimentaux touchant au thème du jardin. Outre son travail d'architecte paysagiste expérimentateur et bâtisseur, c'est également en tant qu'enseignant, auteur et traducteur qu'il réfléchit au concept de jardin.

Christophe Girot est professeur émérite en architecture du paysage à l'ETH de Zurich. Son enseignement et ses recherches proposent une approche topologique de la perception, de l'analyse et de la conception du paysage par les médias et le son. Il s'intéresse aussi de près à la théorie contemporaine et l'histoire de l'architecture du paysage. À l'Atelier Girot, sa pratique se concentre sur les projets de paysage à grande échelle, pour lesquels il fait appel à la connaissance appliquée des végétaux et à des techniques topologiques 3D avancées.

Catherine Mosbach est le fondatrice de l'agence *Mosbach paysagistes*. De 2017 à 2019, elle a été professeure invitée à la Harvard Graduate School of Design. Elle est aussi à l'origine de la revue *Pages Paysages*. Son travail s'articule autour des questions de l'expérience de la nature et de la culture, et de leur médiation dans l'espace. Parmi ses projets emblématiques figurent le jardin botanique de Bordeaux, le parc du Louvre-Lens et le *Gateway Park* de Taïwan.

Laure Planchais ist seit drei Jahrzehnten in der Landschafts- und Stadtplanung tätig. Ihre Herangehensweise zeichnet sich durch Pragmatismus und einen Sinn für die Poesie des Lebendigen aus, verbunden mit einer besonderen Aufmerksamkeit für den Kontext und die Geschichte des Ortes. Laure Planchais wurde mit zahlreichen Preisen ausgezeichnet, darunter 2012 mit dem Grand Prix National du Paysage des französischen Umweltministeriums.

Jürgen Weidinger leitet das Büro *Weidinger Landschaftsarchitekten* und ist Professor für Landschaftsarchitektur Entwerfen an der Technischen Universität Berlin. Er entwirft und realisiert vor allem Parks, Plätze und Freiräume im Zusammenhang mit öffentlichen Bauten. Diese Praxis versteht er als Grundlage für seine wissenschaftliche Auseinandersetzung mit der Landschaftsarchitektur.

Judith Elisabeth Weiss ist Kunsthistorikerin und Ethnologin und Autorin zahlreicher Publikationen zur Gegenwartskunst. Sie leitete ein Forschungsprojekt zu Bildvorlagen von Natur am Leibniz-Zentrum für Literatur- und Kulturforschung Berlin. Ihre Forschungsschwerpunkte liegen unter anderem in der kulturellen Bedeutung von Pflanzen und der Verflechtungsgeschichte von Botanik und Ästhetik.

Laure Planchais exerce en tant que maître d'œuvre en paysage et en urbanisme depuis une trentaine d'années. Son approche frugale, conjuguant pragmatisme et poésie du vivant, est toujours à l'écoute du contexte et de sa mémoire. Les projets qui en résultent accompagnent les paysages en devenir. Laure Planchais a reçu de nombreux prix, dont le Grand Prix National du Paysage en 2012, décerné par le Ministère de l'Écologie.

Jürgen Weidinger est le fondateur de l'agence *Weidinger Landschaftsarchitekten* et directeur du département d'architecture du paysage à l'université technique de Berlin, en qualité de professeur. Il conçoit et réalise principalement des parcs, des places et des espaces ouverts en lien avec des bâtiments publics. Cette pratique constitue pour lui le socle de la réflexion scientifique qu'il mène sur l'architecture du paysage.

Judith Elisabeth Weiss est historienne de l'art, ethnologue et autrice de nombreuses publications sur l'art contemporain. Elle a dirigé un projet de recherche sur les images de la nature au Centre Leibniz pour la recherche littéraire et culturelle (Leibniz-Zentrum für Literatur- und Kulturforschung) à Berlin. Ses principaux axes de recherches portent notamment sur la signification culturelle des plantes et l'histoire croisée de la botanique et de l'esthétique.

Familie Mehdorn Stiftung

zur Förderung der Neurologischen Forschung
und der Interkulturellen Kommunikation

© 2024 by jovis Verlag
Ein Unternehmen der Walter de Gruyter
GmbH, Berlin/Boston.

Bibliografische Information der Deutschen
Nationalbibliothek:
Die Deutsche Nationalbibliothek verzeichnet
diese Publikation in der Deutschen Nationalbibliografie; detaillierte bibliografische
Daten sind im Internet über
http://dnb.d-nb.de abrufbar.

jovis Verlag
Genthiner Straße 13
10785 Berlin
www.jovis.de

jovis-Bücher sind weltweit im ausgewählten
Buchhandel erhältlich. Informationen zu
unserem internationalen Vertrieb erhalten
Sie von Ihrer Buchhandlung oder unter
www.jovis.de.

ISBN 978-3-98612-069-6 (Softcover)
ISBN 978-3-98612-070-2 (E-Book)

Herausgeber:
Jürgen Weidinger

Buchgestaltung und -satz:
Juliane Feldhusen und Sebastian Feldhusen

Umschlaggestaltung:
Tianheng Fu und Jürgen Weidinger
Die Umschlaggestaltung basiert auf einer
grafischen Interpretation des Gemäldes
Nymphéas (1908) von Claude Monet.

Übersetzung:
Civit – Dolmetschen und Übersetzen
(Seiten 1–19; 98–265)
Martine Sgard (Seiten 20–97)

Korrektorat deutsche Texte:
Ehrengard Heinzig

Korrektorat französische Texte:
Martine Sgard

Druck:
Kistmacher GmbH

Bildnachweise:
TU Berlin (S. 4–5; 10–11)
Monique Ulrich (S. 13)
Michael von Aulock (S. 17)

Schrift:
Real Text und Real Display

Förderer dieser Publikation:
Institut für Landschaftsarchitektur und
Umweltplanung der Technischen Universität
Berlin sowie Familie Mehdorn Stiftung
(www.mehdorn-stiftung.de).

© 2024 by jovis Verlag
Membre de Walter de Gruyter GmbH, Berlin/ Boston.

Information bibliographique de la Bibliothèque nationale allemande : la Deutsche Nationalbibliothek répertorie cette publication dans la « Deutsche Nationalbibliografie » ; les données bibliographiques détaillées peuvent être consultées sur Internet à l'adresse http://dnb.d-nb.de.

jovis Verlag
Genthiner Straße 13
10785 Berlin
www.jovis.de

Les livres jovis sont disponibles dans le monde entier dans des librairies sélectionnées. Vous pouvez obtenir des informations sur notre distribution internationale auprès de votre libraire ou sur le site www.jovis.de.

ISBN 978-3-98612-069-6 (imprimé)
ISBN 978-3-98612-070-2 (livre électronique)

Éditeur :
Jürgen Weidinger

Conception et composition du livre :
Juliane Feldhusen et Sebastian Feldhusen

Conception de la couverture :
Tianheng Fu et Jürgen Weidinger
La conception de la couverture repose sur une interprétation graphique du tableau *Nymphéas* (1908) de Claude Monet.

Traduction :
Civit – Dolmetschen und Übersetzen
(pages 1–19 ; 98–265)
Martine Sgard (pages 20–97)

Correction du texte allemand :
Ehrengard Heinzig

Correction du texte français :
Martine Sgard

Impression :
Kistmacher GmbH

Crédits photographiques :
TU de Berlin (S. 4–5, S. 10–11)
Monique Ulrich (p. 13)
Michael von Aulock (p. 17)

Police de caractères :
Real Text et Real Display

Mécènes de cette publication :
Institut für Landschaftsarchitektur et Umweltplanung de la TU Berlin et la fondation Familie Mehdorn (www.mehdorn-stiftung.de).